模拟导游

主 编 颉 洁
副主编 秦 梅 张燕霞 张雅丽
豆媛媛 张 超

西南交通大学出版社
·成 都·

图书在版编目（C I P）数据

模拟导游 / 颉洁主编. —成都：西南交通大学出
版社，2023.7
ISBN 978-7-5643-9363-2

Ⅰ. ①模… Ⅱ. ①颉… Ⅲ. ①导游 – 教材 Ⅳ.
①F590.63

中国国家版本馆 CIP 数据核字（2023）第 112792 号

Moni Daoyou
模拟导游

主　编 / 颉　洁

责任编辑 / 罗爱林
封面设计 / 李思巧

西南交通大学出版社出版发行
（四川省成都市金牛区二环路北一段 111 号西南交通大学创新大厦 21 楼　610031）
发行部电话：028-87600564　028-87600533
网址：http://www.xnjdcbs.com
印刷：四川玖艺呈现印刷有限公司

成品尺寸　185 mm × 260 mm
印张　20　　字数　523 千
版次　2023 年 7 月第 1 版　　印次　2023 年 7 月第 1 次

书号　ISBN 978-7-5643-9363-2
定价　52.00 元

课件咨询电话：028-81435775

前言

PREFACE

近年来，旅游业逐渐成为规模巨大的产业之一。随着中国经济高速发展，我国旅游业总规模也在实现稳步增长，正在成为经济增长的重要引擎，并且带动其他产业的发展。旅游产业的快速发展对新型旅游人才同样提出了数量与质量上的要求。作为旅行社的代表、旅游产品的提供人，导游的职业素养与职业能力直接决定旅游服务水平与质量。因此，打造提供优质导游服务的队伍是提升旅游目的地形象、扩大旅行社知名度、获得广大客源的制胜法宝。实践教学能提供更真实的学习场景，可以有效地提高旅游类专业学生的实际工作能力与实操水平，使之真正实现毕业即能上岗的职业教育需要。

本教材的编写，以导游工作流程为导向，注重导游服务工作中的流程与方法，强调学生的体验性学习与规范化服务，旨在通过课程任务实训切实提高学生的导游工作能力与导游服务水平。本书通过模块化教学内容将全书分为导游接团服务、参观游览服务、导游讲解服务、旅行生活服务、问题与事故的处理、送团服务 6 个模块。根据导游工作中的实际需要组织教材编排，系统训练旅游类专业学生的导游岗位技能，切实提高学生的实操能力与解决实际问题的能力。

本教材以导游工作流程为主线，在编写过程中，注重体现如下特色：

1. 实操性强。本教材以导游工作流程为主线，以工作任务为内容，详细安排实训课程的工作步骤，使学生在实训过程中规范掌握工作流程与工作方法，切实提高学生的实际工作能力。

2. 理实一体化紧密结合。“模拟导游”课程中的许多理论知识学生在“导游业务”课程中已经学习过，为巩固学生已学的理论知识，保证学生能正确、规范地开展实训工作，本书设置了“知识链接”，以帮助学生在完成实训任务前能系统复习，巩固理论知识。

3. 紧贴工作实际。教材编写过程中紧密结合甘肃省重要旅游资源，以导游词、思维导图等为示范，方便学生通过课程学习快速掌握工作中的实际技能，真正实现毕业即能上岗。

本教材由甘肃交通职业技术学院颉洁任主编，甘肃交通职业技术学院秦梅、张燕霞、张雅丽、豆媛媛与西固区博物馆张超任副主编，颉洁最终统稿。其中，颉洁编写模块一、二，秦梅共同编写模块六，张燕霞、豆媛媛共同编写模块四，张燕霞、张雅丽共同编写模块五；张超、颉洁、张燕霞、张雅丽、豆媛媛共同编写模块三。

本教材在编写过程中，参阅了国内许多同类教材、相关研究和旅游企业提供的案例素材，已尽可能地标明出处，在此，谨向各位作者表示衷心的感谢！

由于编者知识水平和实践经验有限，书中难免存在不足之处，敬请各位专家、学者不吝赐教！

编者

2022 年 10 月

目录

CONTENT

模块一　导游接团服务

模块二　参观游览服务

模块三　导游讲解服务

模块四　旅行生活服务

模块五　问题与事故的处理

模块六　送团服务

模块一　导游接团服务

项目一　导游接团前的服务准备

项目介绍

地陪工作千头万绪，非常繁杂，稍有疏漏可能就会给团队服务工作带来很多麻烦与困难。因此，做好接团前的服务准备是为团队提供优质服务的前提和基础。一般情况下，导游接团前的服务准备应从业务准备（熟悉接待计划、落实接待事宜）、语言和知识准备、物质准备、形象准备、心理准备 5 个方面着手。

学习目标

1. 知识目标：

（1）明确导游服务准备的内容；

（2）掌握导游接待计划的内容；

（3）掌握落实接待事宜的具体事项。

2. 能力目标：

（1）能根据旅游接待计划准确把握团队相关信息；

（2）懂得如何落实接待计划，为接团服务做好业务准备。

3. 素质目标：

（1）培养学生工作责任意识、团队精神和集体意识；

（2）培养学生分析问题、解决问题的能力；

（3）培养学生良好的职业素养和职业道德。

工作情景描述

从日本东京来中国丝绸之路旅游的“梦之旅”旅游团一行 12 人，于 2 月 26 日抵达西安游览 4 天后，将于 3 月 2 日晚抵达兰州中川机场。你作为甘肃 SC 国际旅行社的地陪导游，请做好接团前的准备工作。

工作任务一　熟悉接待计划

【任务要求】

1. 能根据旅游接待计划准确把握团队信息；
2. 学会制作旅游接待计划。

【实施条件】

模拟导游实训室或多媒体教室。

【实施过程】

表 1-1-1　实施过程

<table>
<tr><th>实训步骤</th><th>操作及说明</th><th>注意事项</th></tr>
<tr><td>步骤一</td><td>1. 教师分发导游委派单、旅游线路、团员名单表等旅游接待计划的相关资料；
2. 教师带领学生复习回顾熟悉旅游接待计划的知识要点</td><td rowspan="4">1. 学生一般 5～7 人一组，成员之间应明确分工，互相协作，保证完成工作任务；
2. 通过小组对资料的分析掌握团队接待的相关信息，制订旅游接待计划</td></tr>
<tr><td>步骤二</td><td>学生分组分析该团队接待的相关信息：
1. 旅行社与履行辅助人信息；
2. 旅游团概况；
3. 团队接待信息；
4. 旅游团成员基本情况；
5. 旅游团大交通情况；
6. 注意事项</td></tr>
<tr><td>步骤三</td><td>学生制订旅游接待计划</td></tr>
<tr><td>步骤四</td><td>小组总结根据旅游团接待信息分析、汇报该旅游团的基本情况，指出该团队接待过程中应该注意的事项</td></tr>
</table>

【知识链接】

一、旅游接待计划的相关信息

（一）旅行社与各供应商信息

1. 组团社信息：组团社名称、传真号、联系人姓名、电话或其他联络方式；
2. 地陪社信息：地陪社名称、传真号、联系人姓名、电话或其他联系方式；
3. 领队、全陪、地陪的姓名、电话或其他联络方式；
4. 司机、酒店、餐厅、景区等各供应商的姓名、电话或其他联络方式。

（二）旅游团概况

1. 旅游团名称、团号、电脑序号；
2. 团队种类（全包价、半包价、小包价、组合旅游等）；
3. 团队等级（豪华团、标准团、经济团）；
4. 团队结算方式。

（三）团队接待信息

1. 酒店：名称、地址、等级、房型、房间数、床位数、是否加床、是否有大床房、特殊要求；
2. 车辆：车座位数、车况、特殊要求；
3. 用餐：餐厅名称、地点、时间、用餐标准、特殊要求；
4. 游览点：旅游团行程安排、当地行程安排与游览时间、收费标准、开放时间、团队所需游览时间、优惠政策等；
5. 自费项目：娱乐等自费项目名称、收费标准、优惠政策等；
6. 购物安排：有无购物、购物商店名称、购物停留时间等。

（四）旅游团成员基本情况

数量（总人数、男性人数、女性人数、儿童人数）、年龄、国籍、性别、职业、文化层次、宗教信仰、风俗习惯、特殊要求、重点旅客（婴儿、儿童、老年人、残疾人）等。

（五）旅游团大交通情况

1. 抵离交通工具类型、时间、交通港名称与地点、航班（车次、船次）号、等级、注意事项等；
2. 交通票据是否订妥，有无变更，接待社是否要订票等。

另外，还需要列明注意事项。

【学生文本任务单】

旅游行程计划单

NO.

组团社：________________________，团号：________________________________；

人数：______人，男：___人，女：___人，儿童：___人，联系电话：________________；

地陪社：________________________，联系电话：________________________；

全陪：__________，电话：__________；地陪导游：__________，电话：__________；

司机：______________，车号：________________，电话：________________________；

_______年___月___日____时____分乘__________航班（车次）由_______到_______；

_______年___月___日____时____分乘__________航班（车次）去________；

日期	游览安排	用餐地点、标准(元)			住宿地点	购物次数	自费项目	自由活动(时间)	备注
		早	午	晚					
	上午：								
	下午：								
	上午：								
	下午：								

组团社签章：　　　　　　　　地陪社签章：

全陪签字：　　　　　　　　地陪签字：

地址：

说明：本表一式三份，旅行社、地陪、全陪各持一份。

【任务相关材料】

一、线路

（一）行程

表 1-1-2　甘肃兰州—甘肃省博物馆+桥门清真大寺+黄河铁桥 2 日 1 晚

天数	日期	行程	餐饮	住宿
D1	3月2日	当晚搭乘 **MF3402** 航班由西安抵达兰州，**20：20** 抵达**中川机场**，入住**万达 WH 酒店**	无	兰州
D2	3月3日	**08：30 在万达 WH 酒店大厅集合，乘车前往甘肃省博物馆(车程约 30 分钟，游览约 3 小时)**。甘肃省博物馆是展现甘肃丰厚的文化底蕴和陇原大地留下的大量珍贵文化遗存的展馆，是中国最早成立的综合性博物馆之一，也是甘肃省规模较大的综合性博物馆。甘肃省博物馆馆藏珍贵历史文物、自然标本 8 万余件(组)，其中一级文物 686 件(组)(含国宝 16 件)、二级文物 2606 件(组)、三级文物 48 164 件(组)，汇集了甘肃从远古时期到近现代的大量文化珍宝，尤以新石器时代之冠的甘肃彩陶、汉代简牍文书、汉唐丝绸之路珍品、佛教艺术瑰宝、古生物化石等珍贵文物独具特色，反映了甘肃厚重的历史文化。甘肃省博物馆先后被评选为全国爱国主义教育基地，全国科普教育基地；2012 年年底，荣升国家一级博物馆；2018 年 10 月，被命名为全国中小学生研学实践教育基地。 **乘车前往桥门清真大寺(车程约 15 分钟，游览约 1 小时)**。桥门寺坐落在中山桥以南的回族聚居区桥门巷内，是一个多门宦的团结清真寺，是兰州较早的六大清真寺之一，现位于兰州市中山路。相传始建于明洪武五年(1372 年)，据传早在明代桥门巷(街)即有一座简陋的清真寺。清康熙年间(1662—1722 年)由当地穆斯林名人刘伯阳捐宅地 8 亩(5333.33 平方米)，与其子刘继	早中晚	张掖

续表

天数	日期	行程	餐饮	住宿
		宗两代共同呕心沥血逐步将该寺扩建。经其父子两代苦心经营，于康熙六十一年(1722 年)扩建而成，并题记落成年代于大殿的脊檩下。桥门寺坐西向东，全寺由卷棚、大殿，后窑殿及跨院、沐浴室等建筑物组成。殿内宽敞豁亮，可容千人同时礼拜。此寺建筑艺术的特点是大殿、后窑殿及前卷棚均使用重檐，且高大华丽，为国内古建筑中所罕见。 **步行前往黄河铁桥(游览约 2 小时)。**黄河铁桥又名中山桥，是兰州的标志性建筑，也是游客到兰州游玩一定要去的地方。铁桥长 200 多米，宽约有七八米，保持了一百多年前修建时的黑色铁架桥身，十分古朴。在百年来的修缮过程中，桥身上还架起了 5 座大铁拱，非常美观。这座铁桥修建于清朝末年，是当时黄河上较早的一座常年通行桥，当年由德国人建设施工，所有的材料都从德国运来。走上铁桥，下面便是安静流淌的黄河，而两岸的风景也很不错。铁桥南侧是兰州环境较好的街区滨河路，而北边则是有名的白塔山，山上有很多建筑和古迹，登山俯瞰拍摄铁桥和兰州全景更是非常漂亮。晚上的铁桥则是另外一番美景，此时遍布桥身的彩灯都会亮起，整个铁桥的轮廓明亮清晰。推荐娱乐项目：羊皮筏子、黄河水上游轮或快艇。 **赴中川机场乘机(CZ1002)，21：05 前往张掖**		

（二）服务标准

1. 交通：往返豪华旅游专车接送。

2. 用餐：含一早二正(1000 元/桌，10 人一桌)，1.2～1.5m 儿童餐费减半，1.2m 以下儿童免费。

3. 门票：行程所列大门票。

4. 导游：优秀导游服务。

5. 保险：全程旅行社责任险+人身意外险。

6. 住宿：兰州万达 WH 酒店(4 星)，单房差 150 元。

7. 购物：无购物。

8. 娱乐：羊皮筏子、黄河观光游轮、快艇(自选项目)。

9. 不减少景点的前提下，景点游览顺序可能做合理调整。如有不可抗力因素造成滞留所产生的费用根据法律规定由责任人承担。

（三）注意事项

1. 当地日照和紫外线比较，强烈建议携带一些防护用品，如墨镜、帽子和防晒霜等。

2. 当地许多景点海拔较高，游客可能会出现高原反应，可以携带一些预防高原反应的药品。此外，为了防止水土不服，也可以准备一些常用药。

3. 以上行程可能会因天气、路况等原因做相应调整，敬请谅解。

二、导游委派单

导游委派单 1

NO：1364

兹委派导游 王×× ，证号 WBE461×× ， 2022 年 2 月 26 日至 2022 年 3 月 18 日，接待“梦之旅”团，团号 DY220216-GJXA21 ，一行成人 8 人 ，儿童 4 人 。带团由 西安 出发，途经 兰州 、 张掖 、 嘉峪关 、 敦煌 、 哈密 、 吐鲁番 、 乌鲁木齐 ，最后从 乌鲁木齐 乘机抵达 兰州 后送团队返回 东京 。

导游电话：136791453××

旅行社联络电话：029-85539××

导游签名：王××　　旅行社签章：西安 DY 国际旅行社

2022 年 2 月 15 日

说明：本表一式二份，旅行社、导游各持一份。

导游委派单 2

NO：2398

兹委派导游 张×× ，证号 WPN342×× ， 2022 年 3 月 2 日至 2022 年 3 月 3 日，接待“梦之旅”团，团号 DY220216-GJXA21 ，一行成人 8 人 ，儿童 4 人 。带团在 兰州 开展接待服务，3 月 3 日晚送机赴 张掖 。

导游电话：138933022××

旅行社联络电话：0931-76231××

导游签名：张××　　旅行社签章：甘肃 SC 国际旅行社

2022 年 2 月 27 日

说明：本表一式二份，旅行社、导游各持一份。

三、游客名单表

表 1-1-3　游客名单表

序号	姓名	性别	年龄	联系电话	游客关系	备注
1	小菊	女	38	148609×××	一家四口	亲子房
2	田中	男	35	152346×××		
3	夏美	女	4	145254×××		

续表

序号	姓名	性别	年龄	联系电话	游客关系	备注
4	铃木	男	9	148355×××	一家四口	亲子房
5	宇都	男	45	148623×××	一家四口	标间
6	西园	女	43	148834×××		
7	小纯	女	14	148256×××		
8	酒井	女	8	148897×××		
9	松岛	女	28	148465×××	夫妻	大床房
10	高岛	男	32	148276×××		
11	二宫	女	30	148289×××	单女	可拼房
12	城田	男	32	148331×××	单男	不拼房

【考核评价】

表 1-1-4　学生自评表

<table>
<tr><td colspan="3">评价项目：</td><td colspan="2">班级：</td><td>姓名：</td></tr>
<tr><td colspan="3">小组名称：</td><td colspan="3">小组组长：</td></tr>
<tr><td colspan="6">小组成员：</td></tr>
<tr><td rowspan="2">本课学习难度</td><td>非常容易</td><td>比较容易</td><td>可以接受</td><td>比较难</td><td>非常难</td></tr>
<tr><td></td><td></td><td></td><td></td><td></td></tr>
<tr><td rowspan="2">本课学习兴趣</td><td>很有兴趣</td><td>比较有兴趣</td><td>一般</td><td>不大有兴趣</td><td>完全没兴趣</td></tr>
<tr><td></td><td></td><td></td><td></td><td></td></tr>
<tr><td rowspan="2">团队合作情况</td><td>非常愉快</td><td>比较愉快</td><td>可以接受</td><td>比较困难</td><td>非常困难</td></tr>
<tr><td></td><td></td><td></td><td></td><td></td></tr>
<tr><td rowspan="7">学习内容掌握程度（10 分）</td><td colspan="3">评价标准</td><td>评分标准</td><td>评分</td></tr>
<tr><td colspan="3">掌握旅行社与履行辅助人信息</td><td>1</td><td></td></tr>
<tr><td colspan="3">掌握旅游团概况</td><td>2</td><td></td></tr>
<tr><td colspan="3">掌握团队接待信息</td><td>2</td><td></td></tr>
<tr><td colspan="3">掌握旅游团成员基本情况</td><td>2</td><td></td></tr>
<tr><td colspan="3">掌握旅游团大交通情况</td><td>2</td><td></td></tr>
<tr><td colspan="3">掌握注意事项的程度</td><td>1</td><td></td></tr>
<tr><td colspan="4">总分</td><td colspan="2"></td></tr>
<tr><td>学习反思</td><td colspan="5"></td></tr>
</table>

表 1-1-5　小组互评表

评价项目：		班级：	
小组名称：		小组组长：	
小组成员：			
项目	指标	评分标准	评分
制作旅游接待计划（4 分）	完整	1	
	准确	2	
	规范	1	
评价、分析团队情况（6 分）	分析完整、全面	2	
	条理清晰、思路严谨	2	
	语言表达清晰、准确流畅	1	
	团队协作能力	1	
总分			

表 1-1-6　教师评价表

评价项目：	班级：		姓名：
小组名称：	小组组长：		
小组成员：			
考评内容	评分指标	评分标准	得分
旅游接待计划内容（5 分）	掌握旅行社与履行辅助人信息、旅游团概况	1	
	掌握团队接待信息、旅游团成员基本情况	2	
	掌握旅游团大交通情况、注意事项	1	
	文本任务单完成情况	1	
团队分析表达能力（5 分）	把握团队性质与特点	1	
	把握团队服务要点	1	
	把握团队注意事项	1	
	分析、汇报表达能力	1	
	团队协作能力	1	
总分			

工作任务二　落实接待事宜

【任务要求】

1. 掌握导游与旅行社计调、各履行辅助人落实的具体事项；
2. 会与旅行社计调、各履行辅助人落实团队的相关事宜。

【实施条件】

模拟导游实训室或多媒体教室。

【实施过程】

表 1-1-7　实施过程

<table>
<tr><th>实训步骤</th><th>操作及说明</th><th>注意事项</th></tr>
<tr><td>步骤一</td><td>1. 教师带领学生回顾落实接待事宜的要点；
2. 教师分配落实任务，小组进行角色分配。学生扮演地陪、司机、餐厅接待人员、酒店前台工作人员、旅行社计调、景区工作人员等</td><td rowspan="5">1. 情景模拟演练过程中，小组成员应分工协作，各负其责，保证完成工作任务；
2. 情景模拟演练过程中，小组成员应根据脚本用自己的语言完成工作任务</td></tr>
<tr><td>步骤二</td><td>各小组撰写落实情景模拟的脚本</td></tr>
<tr><td>步骤三</td><td>各小组完成落实接待事宜的情景模拟剧：
1. 与计调核实日程；
2. 落实车辆；
3. 落实酒店与餐饮；
4. 落实行李运送；
5. 落实景区参观事项；
6. 落实娱乐与购物安排</td></tr>
<tr><td>步骤四</td><td>各小组情景模拟结束后总结与各履行辅助人落实事宜的要点</td></tr>
<tr><td>步骤五</td><td>模拟过程中完成学生自评、小组互评、教师点评，对模拟中存在的问题在模拟结束后进行反思、总结</td></tr>
</table>

【知识链接】

一、落实接待事宜

（一）核对日程安排

根据接待计划单认真核实接待计划的各项事宜，包括团队人数、用餐、住宿、旅游大交通、市内小交通、旅游行程安排、自费项目、购物等事项，发现不合理的安排应及时与地接社计调联系、核实，确保团队能正常接待。

（二）落实车辆

出团前应与司机联系，做好接团与出游准备。与司机核实一般应包括核实司机姓名、联系电话、车辆座位数、车牌号、车况（新旧程度、话筒、空调、电视、音响等设施设备）、见面时间与地点。

与行李车司机联系，告知游客到站时间、地点、人数、下榻饭店。

（三）落实酒店与餐饮

落实酒店的具体位置、星级、新旧程度、设施设备、周边环境（交通、生活、娱乐环境等）、交通港抵达酒店所需时间、常规路线等。

接团前与酒店提前联系，落实团队房间数量、房型、入住时间、离店时间、早餐情况、收费标准、停车场、特殊要求等。

接团前与餐厅提前联系，落实团队团号、人数、时间、桌数、每桌人数、每桌菜品标准（数量、荤素比例、菜单）、收费标准、特殊要求等。

（四）落实景区参观事项

落实景区点地理位置、行车路线、到达景区所需时间、开放时间、门票价格、门票优惠政策、景区收费项目与收费标准、最佳游览路线、卫生间位置、常规游览时间、演出场次与时间等。

（五）核实旅游团离开当地的交通票据情况

地陪与地接社计调联系，落实旅游团离开本地搭乘的交通工具、航班号（车次、船次等）、票据数量等信息。

（六）落实其他事项的安排情况

团队若在当地参加宴会、会见等活动，地陪要提前与地接社计调联系，落实这些事宜的准备情况，保证活动正常、顺利开展。

（七）与全陪联系

若是入境首站抵达团队，地陪应联系全陪，约定见面时间与地点，一起提前到站迎接团队。

若是中途接待点，地陪应提前与全陪联系，掌握团队人数、团队整体情况、有无需求变动等，以便能更有针对性地为团队提供服务。

二、落实接待事宜示范

落实车辆

司机：您好。

导游：您好，张师傅。我是甘肃SC国际旅行社的导游张××，请问您是张×师傅吗？

司机：是的，我是。

导游：您好，张师傅。明天我和您一起去中川机场接待上海来兰州的夕阳红团队，共28人，对吗？

司机：是，我接到旅行社的通知了。明天我们什么时候出发，在哪里见呢？

导游：张师傅，明天团队到达中川机场的时间是晚上7:00。我们需要至少提前半小时到达机场，您看咱们什么时候出发？

司机：嗯，你在哪里住呢？

导游：我住在安宁区培黎广场。

司机：那这样吧，我晚上5:20去培黎广场接你，然后我们一起去机场。这段路程大概需要50分钟，但考虑到晚上五六点钟是下班高峰期，咱们多留20分钟的时间，这样晚上6:30肯定能到机场，你看行吗？

导游：好的，张师傅。那就这样说定了，我明天晚上5:20在培黎广场106路公交车站的位置等您好吗？

司机：好的！

导游：张师傅，我再跟您确认一下，您的车牌号是甘ADE6××的47座的金龙是吗？

司机：是的！

导游：您车上的麦克风、空调等设备都是好的吧？

司机：都是好的，放心，我今年新买的旅游车。

导游：好的，那辛苦您了，具体的行程见面了我再跟您细说。

司机：好的，我知道了。

导游：张师傅，辛苦您了，明天见！

司机：再见！

【学生文本任务单】

请各小组完成地陪与计调、地陪与司机、地陪与酒店前厅、地陪与餐厅、地陪与景区、地陪与全陪等的“落实接待事宜”的情景模拟剧脚本。

落实接待事宜情景模拟剧脚本

☐：____

☐：____

☐：____

☐：____

☐：____

☐：____

☐：____

☐：____

☐：____

☐：____

☐：____

【考核评价】

表 1-1-8　学生自评表

评价项目：		班级：		姓名：	
小组名称：		小组组长：			
小组成员：					
本课学习难度	非常容易	比较容易	可以接受	比较难	非常难
本课学习兴趣	很有兴趣	比较有兴趣	一般	不大有兴趣	完全没兴趣
团队合作情况	非常愉快	比较愉快	可以接受	比较困难	非常困难
学习内容掌握程度（10 分）	评价标准			评分标准	评分
	掌握与各部门落实的具体事项			2	
	模拟与旅行社计调核实日程			1	
	模拟落实车辆			2	
	模拟落实酒店与餐饮			2	
	模拟落实行李运送			1	
	模拟落实景区参观事项			1	
	模拟落实娱乐与购物安排			1	
总分					
学习反思					

表 1-1-9　小组互评表

<table>
<tr><td colspan="2">评价项目：</td><td colspan="2">班级：</td></tr>
<tr><td colspan="2">小组名称：</td><td colspan="2">小组组长：</td></tr>
<tr><td colspan="4">小组成员：</td></tr>
<tr><td>项目</td><td>指标</td><td>评分标准</td><td>评分</td></tr>
<tr><td rowspan="3">情景模拟剧脚本
（4 分）</td><td>角色分配恰当</td><td>1</td><td></td></tr>
<tr><td>内容完整</td><td>1</td><td></td></tr>
<tr><td>落实事宜规范</td><td>2</td><td></td></tr>
<tr><td rowspan="4">情景模拟
（6 分）</td><td>正确、恰当地落实事宜</td><td>2</td><td></td></tr>
<tr><td>语言表达清晰、准确、流畅</td><td>1</td><td></td></tr>
<tr><td>沟通方式恰当、得体、有礼貌</td><td>2</td><td></td></tr>
<tr><td>团队协作能力</td><td>1</td><td></td></tr>
<tr><td colspan="2">总分</td><td colspan="2"></td></tr>
</table>

表 1-1-10　教师评价表

<table>
<tr><td>评价项目：</td><td colspan="2">班级：</td><td>姓名：</td></tr>
<tr><td>小组名称：</td><td colspan="3">小组组长：</td></tr>
<tr><td colspan="4">小组成员：</td></tr>
<tr><td>考评内容</td><td>评分指标</td><td>评分标准</td><td>得分</td></tr>
<tr><td rowspan="3">落实接待事宜内容
（3 分）</td><td>掌握与各部门落实的具体事项</td><td>1</td><td></td></tr>
<tr><td>能清晰划分情景剧角色</td><td>1</td><td></td></tr>
<tr><td>脚本完整、规范</td><td>1</td><td></td></tr>
<tr><td rowspan="6">团队模拟表达能力
（7 分）</td><td>完整呈现落实接待事宜情景</td><td>1</td><td></td></tr>
<tr><td>规范操作落实程序</td><td>1</td><td></td></tr>
<tr><td>遵循落实接待事宜的处理原则</td><td>2</td><td></td></tr>
<tr><td>语言表达与沟通能力</td><td>1</td><td></td></tr>
<tr><td>表演能力与代入感</td><td>1</td><td></td></tr>
<tr><td>团队协作能力</td><td>1</td><td></td></tr>
<tr><td colspan="2">总分</td><td colspan="2"></td></tr>
</table>

工作任务三　其他工作准备

【任务要求】

1. 明确其他工作准备的要求；
2. 能准确完成各项准备工作。

【实施条件】

模拟导游实训室或多媒体教室。

【实施过程】

表 1-1-11　实施过程

实训步骤	操作及说明	注意事项
步骤一	1. 根据教师分配的团型与旅游景点，各小组讨论知识准备的要点； 2. 在表格中归纳整理； 3. 以小组为单位进行汇报	汇报过程中，针对各小组存在的问题，其他小组应及时记录，并在其汇报结束后反馈、讨论，直至问题解决
步骤二	1. 根据教师准备的“物质准备”图片，各小组判断是否准备充分； 2. 根据不同的旅游目的地，各小组用卡片做好行前物资准备	
步骤三	1. 请各小组绘制导游上团时的恰当服饰、妆容、发饰与佩饰等； 2. 各小组介绍形象准备的细节与依据	
步骤四	1. 引导学生分析带团前应做好哪些心理准备； 2. 各小组介绍心理准备的要点	
步骤五	教师综合点评各组工作完成情况，汇总各组成果；引导学生梳理熟悉接待计划时应掌握的信息，增强学生的工作责任意识，培养学生良好的职业素养	

【知识链接】

一、语言和知识准备

地陪导游接团之前，需要做好的知识准备主要包括以下几个方面：①应根据旅游团的具体参观游览项目，做好相应的知识准备。例如，旅游接待计划中参观的景点讲解知识、景点相关的历史与文化知识、城市概况、城市风情风光介绍等。②若接待的是专业团队，应做好相关专业知识与术语、词汇的准备。③应准备好热门话题或游客可能感兴趣的话题。④还应了解客源国（地区）知识，以便更了解游客。⑤如果是入境旅游团，地陪导游还应做好外语翻译与外语词汇的准备。

表 1-1-12　知识准备要点归纳

团型	要点	知识准备
日本夕阳红团队	天水市	城市概况、城市风情风光文化知识
	沿途	热门话题、游客可能感兴趣的话题
	麦积山石窟	景点概况、发展历史、游览路线、佛教知识、石窟知识
	天水伏羲庙	景点概况、建筑布局、文化知识与内涵、民俗知识等
	天水玉泉观	景点概况、建筑布局、文化知识与内涵、道教文化、民俗文化等
	日本	客源国概况、客源国文化与民俗知识等
	日语(语言)	导游词的日语准备

二、物资准备

表 1-1-13　常规物资准备

类型		物品名称
工作物品	证件	身份证、电子导游证、导游身份标识
	带团物品	导游旗、扩音器
	上团物品	旅游车标志、接站牌、行李标签、通讯录、笔记本、文件袋等
	工作表单	旅游接待计划、导游委派单、团员名单表、团员分房名单表、旅游团费用结算单、游客反馈意见单等
个人物品	服装	休闲服或运动装、睡衣、正装(若要带团队参加正式会见等)
	洗漱用品	牙刷、毛巾、洗漱用品、化妆品(女)、梳子、皮筋等
	药品	感冒药、胃肠道药品、防中暑药品(夏季)等
	防护用品	防晒霜、雨伞(遮阳伞)、遮阳帽、太阳镜、防晒服等
	其他	手机充电器、充电宝、耳机、眼罩、耳塞、腰包等

物资准备会根据不同的团队行程、不同的旅游目的地而有所不同，并在此基础上灵活调整、掌握。

三、形象准备

表 1-1-14　导游形象准备

分类	部位		礼仪要求
仪容准备	头发	色彩	黑色、棕色等近黑色；不得有红色、黄色、绿色等发色
		长度	男士：前不覆眉、侧不掩耳、后不及领； 女士：前不覆眉、侧不掩耳，后部头发长时应扎马尾或盘发，不得披头散发
		卫生	干净、洁净，无明显的头皮屑
	面部	眼睛	无眼屎、无眼疾、不充血、不画烟熏妆
		耳朵	干净、无外露耳屎、无耳毛
		鼻子	无鼻涕、无鼻毛
		胡子	不蓄须，每天刮胡子
		嘴巴	嘴唇滋润、无异物；口腔无异味；带团时不嚼口香糖、槟榔；不涂绿、紫等色口红
		牙齿	干净、整洁；无异物
	手部	手指	干净、滋润、无裂纹等
		指甲	长度适当，无美甲，不涂鲜艳的指甲油
仪表准备	着装	禁忌	不过分暴露、不过分紧身、不过分透视
		适宜	简洁、舒适、大方、得体，方便工作
	饰物	数量	1～2 件，不宜过多
		颜色	同色，不推荐五颜六色

四、心理准备

地陪接团时总会面对形形色色的游客，每位游客的需求不尽相同，旅途中也经常发生突发事件。为此，地陪应具备良好的心理素质，在接团前做好以下几方面的心理准备。

（一）准备面临艰苦复杂的工作

地陪在接团时要根据导游服务程序与服务质量完成接待工作，为游客提供旅游接待服务，尽可能地满足游客合理而可能的个别要求，还要及时处理各种突发事件和问题事故。

（二）准备承受抱怨和投诉

旅游行程中吃、住、行、游、购、娱等服务中可能面临不可控因素，游客对事物的接受程度也不尽相同，因此时常会出现游客挑剔、抱怨、指责，甚至是投诉的情况。面对这些情况，导游应当及时调整情绪，冷静处理，善始善终地做好服务工作。

（三）准备面对形形色色的“精神污染”和“物质污染”

旅游行程中，地陪经常会遇到一些商家用不健康的内容来吸引游客，或以回扣等方式诱导地陪为其输送客源。面对这些诱惑，导游应恪尽职守，按照导游工作职责认真完成工作。

【学生文本任务单】

一、语言和知识准备

各小组根据教师分配的团型与旅游行程，归纳总结带团前应做好哪些知识准备工作。

表 1-1-15　知识准备要点归纳

团型	要点	知识准备

二、物资准备

各小组根据教师分配的团型、旅游行程、季节等信息，归纳总结带团前应做好哪些物质准备工作，并分析汇报。

表 1-1-16　常规物资准备

类型		物品名称
工作物品	证件	
	带团物品	
	上团物品	
	工作表单	
个人物品	服装	
	洗漱用品	
	药品	
	防护用品	
	其他	

物资准备会根据不同的团队行程、不同的旅游目的地而有所不同，应在此基础上灵活调整、掌握。

【考核评价】

表 1-1-17　学生自评表

评价项目：		班级：		姓名：	
小组名称：		小组组长：			
小组成员：					
本课学习难度	非常容易	比较容易	可以接受	比较难	非常难
本课学习兴趣	很有兴趣	比较有兴趣	一般	不大有兴趣	完全没兴趣
团队合作情况	非常愉快	比较愉快	可以接受	比较困难	非常困难
学习内容掌握程度（10 分）	评价标准			评分标准	评分
	明确接团前知识准备的要点			1	
	明确接团前常备的物资准备的要求			1	
	明确接团前标准的形象准备的要求			1	
	明确接团前心理准备的要求			1	
	能根据不同情况做好知识准备			1	
	能根据不同情况做好物资准备			2	
	能根据不同情况做好形象准备			2	
	能根据不同情况做好心理准备			1	
总分					
学习反思					

表 1-1-18　小组互评表

评价项目：		班级：	
小组名称：		小组组长：	
小组成员：			
项目	指标	评分标准	评分
学生文本任务单（4 分）	内容完整	2	
	内容规范	2	
汇报分析（6 分）	语言表达清晰、准确、流畅	2	
	分析完整、全面	2	
	条理清晰、思路严谨	1	
	团队协作能力	1	
总分			

表 1-1-19　教师评价表

评价项目：		班级：	姓名：
小组名称：		小组组长：	
小组成员：			
考评内容	评分指标	评分标准（分）	得分
各项准备工作（4 分）	明确接团前知识准备的要点，能做好相关准备工作	1	
	明确接团前常备的物资准备的要求，能做好相关准备工作	1	
	明确接团前标准的形象准备的要求，能做好相关准备工作	1	
	明确接团前心理准备的要求，能做好相关准备工作	1	
团队分析汇报能力（6 分）	汇报 PPT 制作与文本任务单完成情况	2	
	语言表达清晰、准确、完整	2	
	逻辑思维清晰、严谨	1	
	团队协作能力	1	
总分			

【课后作业】

请学生归纳、总结项目一所学的知识点，根据项目一所学内容，绘制思维导图。

项目二　接团服务

项目介绍

导游接待工作就像一个系统工程，每个环节都很重要，其中最重要的环节莫过于与客人的初次见面。有心理学家发现，人与人之间的第一印象往往形成于交往的前7秒，好的开始将为后续的交往打下良好的基础。接团服务是导游与客人的首次见面，此时如能给客人留下良好的印象，得到他们的信任，将为以后的接待工作赢得主动。因此，导游在首次接触游客时应格外注意。

学习目标

1. 知识目标：

（1）掌握接站与赴饭店途中导游服务的工作流程与规范；

（2）掌握欢迎词与首次沿途导游的内容。

2. 能力目标：

（1）能按照导游服务标准进行接站、赴饭店途中服务工作；

（2）能够讲解欢迎词；

（3）能够进行首次沿途导游讲解。

3. 素质目标：

（1）培养学生工作责任意识、团队精神；

（2）提升学生的沟通协作能力、语言表达能力与管理能力；

（3）培养学生良好的职业素养和职业道德。

工作情景描述

从日本东京来中国丝绸之路旅游的“梦之旅”旅游团一行12人，将于3月2日晚搭乘MF3402航班由西安抵达兰州，20：20抵达中川机场。你作为甘肃SC国际旅行社的地陪导游，请做好接团服务工作。

工作任务一　接站服务

【任务要求】

1. 能做好接站前的准备工作；
2. 能够准确、规范地完成接团工作。

【实施条件】

模拟导游实训室或多媒体教室。

【实施过程】

表 1-2-1　实施过程

实训步骤	操作及说明	注意事项
步骤一	学生分组扮演不同团队角色：领队、全陪、地陪、司机、行李员、机场工作人员、游客等	1. 小组成员分配时主角应逐次更换，以保证全员参与到课堂实践过程中来； 2. 小组可在情景模拟演练前准备简单的脚本，帮助成员梳理工作流程，探索工作技巧，尽可能保证完整、得体地完成实训任务
步骤二	学生制作接站牌： 大型团队应突出组团社、领队、全陪、团号信息； 小型散客应写带队游客的姓名	
步骤三	学生进行“旅游团抵达前的业务安排”情景模拟： 1. 到站前时间的“三核实”：接待计划时间、时刻表时间、问询时间； 2. 联系司机：约定会合时间与地点，确保提前 30 分钟到接站地点，告知团队活动日程与具体时间； 3. 联系行李员：告知团队名称、人数、行李运送地点； 4. 到站后时间的核实：在问讯处或显示牌核实交通工具准确抵达时间； 5. 持接站牌迎接团队：在醒目位置，持接站牌，热情迎接	
步骤四	学生进行“旅游团抵达后的服务”情景模拟： 1. 认找旅游团：1 联、2 看、3 问，快速准确地寻找旅游团队； 2. 认真核实人数：核对团队人数，与旅游接待计划人数不符合时要及时报告旅行社； 3. 集中检查行李：工作团队清点行李数量，全陪填写行李卡，全陪与行李员双方签字并留存； 4. 集合登车：导游团队配合引导游客前往旅游车，请游客登车，做好游客登车后的服务、人数清点等工作	
步骤五	模拟过程中完成学生自评、小组互评、教师点评，对模拟中存在的问题在模拟结束后进行反思、总结	

【知识链接】

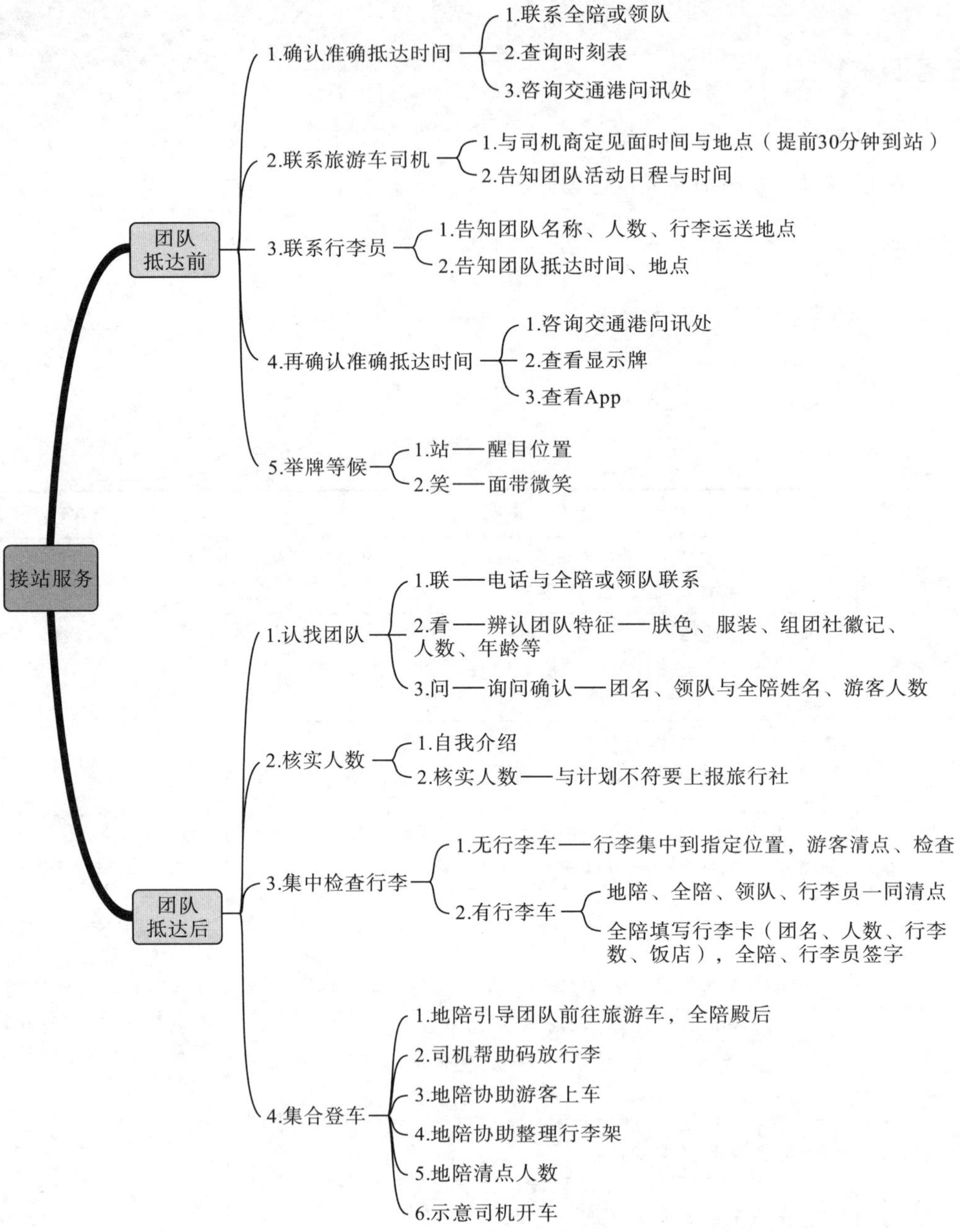

图 1–2–1　接站服务工作流程图

【学生文本任务单】

一、制作接站牌

各小组同学按要求制作完成一块团队接站牌、一块散客接站牌。

二、情景模拟剧脚本

请各小组同学根据教师分配的工作任务，选定人物角色，撰写“旅游团抵达前的业务安排”“旅游团抵达后的服务”的情景模拟剧脚本。

旅游团抵达前的业务安排模拟剧脚本

□：________________

□：________________

□：________________

□：________________

□：________________

□：________________

□：________________

□：________________

□：________________

□：________________

旅游团抵达后的服务模拟剧脚本

□：________________

□：________________

□：________________

□：________________

□：________________

□：________________

□：________________

□：________________

□：________________

□：________________

【考核评价】

表 1-2-2　学生自评表

<table>
<tr><td colspan="2">评价项目：</td><td colspan="2">班级：</td><td colspan="2">姓名：</td></tr>
<tr><td colspan="2">小组名称：</td><td colspan="4">小组组长：</td></tr>
<tr><td colspan="6">小组成员：</td></tr>
<tr><td rowspan="2">本课学习难度</td><td>非常容易</td><td>比较容易</td><td>可以接受</td><td>比较难</td><td>非常难</td></tr>
<tr><td></td><td></td><td></td><td></td><td></td></tr>
<tr><td rowspan="2">本课学习兴趣</td><td>很有兴趣</td><td>比较有兴趣</td><td>一般</td><td>不大有兴趣</td><td>完全没兴趣</td></tr>
<tr><td></td><td></td><td></td><td></td><td></td></tr>
<tr><td rowspan="2">团队合作情况</td><td>非常愉快</td><td>比较愉快</td><td>可以接受</td><td>比较困难</td><td>非常困难</td></tr>
<tr><td></td><td></td><td></td><td></td><td></td></tr>
<tr><td rowspan="6">学习内容掌握程度（10 分）</td><td colspan="3">评价标准</td><td>评分标准</td><td>评分</td></tr>
<tr><td colspan="3">掌握团队与散客接站牌制作要领</td><td>2</td><td></td></tr>
<tr><td colspan="3">能做好旅游团抵达前的业务安排</td><td>2</td><td></td></tr>
<tr><td colspan="3">能做好旅游团认找工作</td><td>2</td><td></td></tr>
<tr><td colspan="3">能做好旅游团行李检查工作</td><td>2</td><td></td></tr>
<tr><td colspan="3">会引导游客登车</td><td>2</td><td></td></tr>
<tr><td colspan="4">总分</td><td colspan="2"></td></tr>
<tr><td>学习反思</td><td colspan="5"></td></tr>
</table>

表 1-2-3　小组互评表

<table>
<tr><td colspan="2">评价项目：</td><td colspan="2">班级：</td></tr>
<tr><td colspan="2">小组名称：</td><td colspan="2">小组组长：</td></tr>
<tr><td colspan="4">小组成员：</td></tr>
<tr><td>项目</td><td>指标</td><td>评分标准</td><td>评分</td></tr>
<tr><td rowspan="3">学生文本任务单（4 分）</td><td>内容正确、完整、规范</td><td>1</td><td></td></tr>
<tr><td>流程清晰、正确</td><td>1</td><td></td></tr>
<tr><td>能准确把握处理原则</td><td>2</td><td></td></tr>
<tr><td rowspan="4">情景模拟剧（6 分）</td><td>情景模拟正确、恰当</td><td>2</td><td></td></tr>
<tr><td>语言表达清晰、准确、流畅</td><td>1</td><td></td></tr>
<tr><td>沟通方式恰当、得体、有礼貌</td><td>2</td><td></td></tr>
<tr><td>团队协作能力</td><td>1</td><td></td></tr>
<tr><td colspan="2">总分</td><td colspan="2"></td></tr>
</table>

表 1-2-4　教师评价表

评价项目：		班级：	姓名：
小组名称：		小组组长：	
小组成员：			
考评内容	评分指标	评分标准	得分
模拟实操能力（6分）	团队与散客接站牌制作规范	1	
	能正确、规范操作旅游团抵达前的业务安排	2	
	能正确、规范操作旅游团接站工作	2	
	脚本制作完整、规范	1	
素质能力（4分）	遵循接团服务工作的处理原则	1	
	语言表达与沟通能力	1	
	表演能力与代入感	1	
	团队协作能力	1	
总分			

工作任务二　赴饭店途中服务

【任务要求】

1. 能够热情大方地致欢迎词；
2. 能够规范、热情地做好首次沿途导游。

【实施条件】

大巴车、模拟导游实训室或多媒体教室。

【实施过程】

表 1-2-5　实施过程

实训步骤	操作及说明	注意事项
步骤一	1. 根据教师分配，各小组承担不同类型团队的接待任务； 2. 各小组利用互联网、书籍、电子地图等查阅资料，根据要求完成团队接待的欢迎词与首次沿途导游的讲解词； 3. 各小组根据行车路线、沿途风光制作与讲解内容一致的PPT	1. 小组成员情景模拟演练时应注意待客礼貌与礼节； 2. 本任务首先要完成首次沿途导游讲解的PPT与讲解词，然后以图片为引导给“游客”讲解欢迎词与首次沿途导游
步骤二	1. 根据教师分配的不同团型，各小组选定一名学生作为地陪进行讲解。 2. 学生致欢迎词： (1)学生在车前方持麦克风站立讲解，礼貌问好后，微笑、热情地致欢迎词； (2)欢迎词内容应包括：问候语、欢迎语、介绍语、希望语、祝福语。 3. 学生为旅游团调整时间	
步骤三	小组进行“首次沿途导游”情景模拟讲解： 1. 本地概况介绍：包括地理位置、行政区划、气候、人口、历史沿革、居民生活、文化传统等； 2. 沿途风情风光介绍：对沿途游客感兴趣的景、物、人等做好讲解，讲解节奏应与游客的兴趣点同步； 3. 下榻饭店介绍：介绍下榻饭店的名称、位置、星级、周边配套设施与环境、入住手续等； 4. 宣布集合停车地点：到达饭店后，地陪告知游客下次集合时的停车地点、大巴车颜色、车牌号、标志等，提醒带好随身物品与行李	
步骤四	模拟过程中，完成学生自评、小组互评、教师点评，对模拟中存在的问题，在模拟结束后进行反思、总结	

【知识链接】

一、欢迎词

致欢迎词是导游在游客面前的第一次亮相，所以导游要精神饱满，给客人留下良好印象。一个好的欢迎词不仅能很好地调动游客的情绪，而且能快速消除导游与游客之间初次见面的拘谨与陌生，迅速建立起主客双方良好的合作关系，并给游客留下深刻而美好的印象。

（一）致欢迎词的时机

1. 机场（车站）。

如果一个旅游团人数很多，需多辆车运送，每辆车又不能保证有一位导游陪同，这种情况下在机场（车站）致欢迎词比较好。

2. 旅游车内。

游客新到一地对周围环境感到新奇，易左顾右盼，注意力不易集中。因此，旅游车内致欢迎词，一般应在游客放好物品、各自归位、静等片刻后再开始，以达到良好的讲解效果。

（二）了解致欢迎词的注意事项

首先，一站、二看、三微笑。一站：导游应面对游客，站在车厢前部、司机的旁边，这样导游能看到游客的表情和反应；二看：要用真诚、大方的目光注视车内所有的游客；三微笑：面带微笑，表情自然，要保持良好的精神风貌，以此很好地调动游客情绪。

其次，站稳扶好重礼仪，语调音量要适宜。因为车上颠簸不定，导游要站稳扶好，致欢迎词时不要摇晃摆动身体。不要把手插在裤子、衣兜里，不要拍话筒、吹话筒，可以通过问候来试音，注重自身的仪容仪表、行为风度。讲解的语气、语调、语速、音量要适中，节奏要得当，这是获得良好印象的基础。重要内容要着重强调，例如：跟客人告知自己的电话号码时，或告知旅游大巴车的车牌号等重要信息时，语速应该减慢，音量应该加大，语调应该加重，以示重视，让客人记住。团队游客是幼儿或老年人时语速应该慢一些，以方便他们能够听清楚。团队如果是老年团音量应适度提高，以保证全团游客都能准确清晰地接收语音信息。

最后，知你所想，给你想要。导游必须事先了解游客最需要的是什么，根据情况进行讲解。接触客人后要了解他们的旅游目的和心理需求，不要机械地为其讲解。因为一些人经长途旅行后比较疲劳，需要在车上休息，一些人或许心情烦躁，需要安慰和理解，这时不当的讲解容易使其反感。

（三）欢迎词的内容

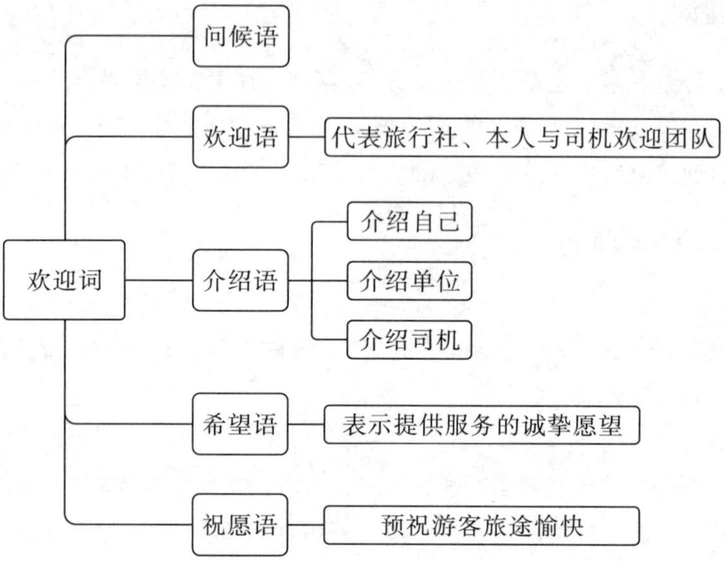

图 1–2–2　欢迎词的内容

（四）欢迎词的类型

欢迎词应视旅游团的性质、成员的文化水平、职业及居住地区等情况而有所不同。可根据不同阶层、不同职业、不同地区采取不同的方式，以达到最好的效果。欢迎词常用的类型有规范式、聊天式、安慰式、调侃式、抒情式等几种类型。

1. 规范式。

语言简单直接、要点全面，没有华丽的辞藻，也没有幽默的表现，适用于规格较高、身份特殊的旅游团接待。这种欢迎词规范，但是对游客而言亲切感较少，不够生动。

2. 聊天式。

语调亲切自然，感情真挚亲切、娓娓道来，尤其适合休闲消遣型旅游团，但也有可能让游客产生漫不经心的错觉。

3. 安慰式。

一般用于游客因天气不佳、交通工具晚点、行李物品损坏或遗失、与他人发生争执产生不快时。导游通过询问全陪或领队，观察游客的言谈举止从而做到心中有数，有的放矢地讲解。这种欢迎词要求导游讲解语气要温和、通情达理，试图用善解人意的话语化解游客的低落情绪。

欢迎词

各位亲爱的游客朋友们，大家好！欢迎大家来到西北明珠——兰州参观游览。在此，我谨代表我们甘肃 SC 国际旅行社、司机李师傅和我自己对各位北京朋友的远道而来表示热烈的欢迎。

我是甘肃 SC 国际旅行社的总经理派来的地陪导游×晴，晴空万里的晴。父母给我取名晴，就是希望我每天的生活都能够晴空万里。我希望也能把我的晴日美好带给团队中的每一位朋友，希望你们的每一天都晴空万里。在行程中，大家可以叫我小晴、晴晴都可以，谢谢大家。坐在我身旁的就是我们本次行程最劳苦功高的司机师傅李师傅了。李师傅不仅人长得帅，而且性格好，驾驶技术好，服务理念更好，相信由李师傅保驾护航，您一定会乘兴而来，满意而归。

未来的两天将由我们二位为大家提供在兰州的地陪服务，行程中我们将竭尽全力为大家提供最优质的服务。如果在工作过程中，您有什么特别的需要或者关照，都可以提出来，我们将竭尽全力为您服务。当然，如果我们有做得不好的地方，请您务必提出来，帮助我们改进、提高。谢谢大家！

最后，祝大家在兰州的二日游吃好、喝好、玩好，好上加好，给点掌声好不好！

二、调整时间

如果接待的是首站入境旅游团队，要提前查询北京时间与客源地时间的时差，提醒游客调整时间，以便后期通知旅游行程时间。

三、首次沿途导游

游客初到一地，对旅游地有强烈的好奇心和新鲜感。此时，地陪导游若能满足游客的好奇心，为其做好首次沿途导游，将会给游客留下良好的印象，增强游客对导游的信任感，为后续工作做好铺垫。通常情况，首次沿途导游包括本地概况介绍、风光介绍、风情介绍、酒店概况介绍。

（一）本地概况介绍

车程较长、景致变化较少时，本地概况介绍时可以较全面、系统地展开讲解；车程较短，吸引物较多时，本地概况介绍时可以在风光风情介绍时穿插讲解，使游客多角度了解旅游地。例如：从火车站接团队前往 YO 大酒店，可以沿途介绍兰州大学、读者大道、《读者》杂志、黄河、百里黄河风情线、水车博览园、兰州市概况、兰州市民生活、牛肉面、回族的民族风情与禁忌、中山桥、白塔山等游客感兴趣的点。

（二）风光介绍

赴酒店途中，风光介绍应随游客兴趣随时调整，见物说物、见人讲人。讲解内容要紧跟游客兴趣点转换节奏而调整，也可以适当引导游客，介绍旅游地具有标志性、代表性的景物。

（三）风情介绍

游客所见风光总会反映本地居民的风土人情，因此在移步换景介绍风光时，应穿插介绍与之相关联的风情文化，让游客初来乍到就能了解当地的民俗风情，一方面满足游客的求知欲，另一方面让游客能更快地入乡随俗，与当地居民和谐相处。

（四）酒店概况介绍

酒店概况一般是在即将到达酒店时进行介绍，应根据游客选择酒店时注重考虑的因素介绍酒店的名称、星级、档次、位置、周边生活环境、交通条件、注意事项等。介绍酒店时，通常客观介绍即可，不宜夸大其词，以免让游客产生过多的期待，以致入住后产生失望情绪。

酒店介绍

各位游客朋友们，今天我们为大家安排入住的酒店是兰州万达WH酒店。兰州万达WH酒店是一家四星级酒店，它位于兰州市核心区域——城关区，毗邻兰州万达广场，地理位置优越，交通便利。酒店拥有304套宽敞舒适的客房及套房，其中最小面积42平方米，总统套房面积219平方米。今天，我们为大家准备的是商务标间。所有客房内均摆放着一本散发千年墨香的《礼记》。万达客房的特色“妙梦”助眠系列可以帮助客人睡上一个舒适的好觉，大家可随性选择“眠之趣”提供的童趣公仔，“眠之香”放送的心仪香氛，“眠之籁”沉醉的经典音乐抑或“眠之阅”徜徉的睡前读物。希望今晚大家在兰州能有个好梦。另外，酒店还配备了各式餐厅、健身中心、游泳馆、行政酒廊等，大家晚上自由活动时可以在酒店娱乐消遣。简单介绍后，酒店到了，请大家带好自己的行李物品下车。我将为大家尽快办理入住手续，让大家能尽快在兰州“安家落户”。谢谢大家！

【学生文本任务单】

1. 撰写欢迎词。
2. 撰写首次沿途导游讲解词(包括风情风光导游、本地概况介绍、酒店概况介绍)。
3. 制作首次沿途导游的PPT(要与导游词讲解内容一致)。

【考核评价】

表 1-2-6　学生自评表

评价项目：		班级：		姓名：	
小组名称：		小组组长：			
小组成员：					
本课学习难度	非常容易	比较容易	可以接受	比较难	非常难
本课学习兴趣	很有兴趣	比较有兴趣	一般	不大有兴趣	完全没兴趣
团队合作情况	非常愉快	比较愉快	可以接受	比较困难	非常困难
学习内容掌握程度（10 分）	评价标准			评分标准	评分
	能规范撰写欢迎词与首次沿途导游讲解词			2	
	能制作首次沿途导游的 PPT			1	
	能按流程规范进行赴饭店途中服务			2	
	能讲解欢迎词			2	
	能做好首次沿途导游讲解			3	
总分					
学习反思					

表 1-2-7　小组互评表

评价项目：		班级：	
小组名称：		小组组长：	
小组成员：			
项目	指标	评分标准	评分
学生文本任务单（4 分）	内容正确、完整、规范	2	
	内容生动、有趣	1	
	PPT 制作精美	1	
情景模拟剧（6 分）	能按工作流程情景模拟	1	
	语言表达清晰、准确、流畅	2	
	讲解准确、生动、灵活，有吸引力	2	
	团队协作能力	1	
总分			

表 1-2-8　教师评价表

评价项目：		班级：	姓名：
小组名称：		小组组长：	
小组成员：			
考评内容	评分指标	评分标准	得分
模拟实操能力（6 分）	文本任务单完成正确、规范、完整	1	
	PPT 制作完整、精美	1	
	能按流程规范进行赴饭店途中导游服务	1	
	会讲解欢迎词	1	
	会进行首次沿途导游讲解	2	
素质能力（4 分）	语言表达清晰、流畅、准确	1	
	讲解内容生动、有趣，有吸引力	1	
	与游客互动效果好	1	
	团队协作良好	1	
总分			

项目三 入住饭店服务

项目介绍

入住饭店服务是指导游带领游客抵达下榻饭店后，为游客办妥相关手续，引导游客进入饭店并解决其间出现的问题的服务过程。能否让游客尽早进入房间并取得行李是检验导游工作能力的一个标志。

学习目标

1. 知识目标：

（1）掌握办理入住导游服务的工作流程与规范；

（2）掌握引客入住的服务流程与规范；

（3）掌握核对商定日程时的处理原则。

2. 能力目标：

（1）能够正确、规范地帮助团队办理入住；

（2）能够为游客入住提供规范、热情的服务；

（3）能够妥善地与导游工作集体核对商定日程；

（4）能够带客人用好第一餐。

3. 素质目标：

（1）提升学生对团队的管理能力、团队协作能力、社交能力；

（2）养成事无巨细的工作作风。

工作情景描述

从日本东京来中国丝绸之路旅游的“梦之旅”旅游团一行 12 人，今晚将在万达 WH 酒店入住。你作为甘肃 SC 国际旅行社的地陪导游，请做好入住饭店的导游服务工作。

工作任务一　入住饭店服务

【任务要求】

1. 能够尽早尽快地为团队办理好入住手续；
2. 学会分房、第一餐、特殊要求等具体工作细节的处理技巧。

【实施条件】

模拟导游实训室或多媒体教室或酒店综合实训室。

【实施过程】

表 1-3-1　实施过程

实训步骤	操作及说明	注意事项
步骤一	1. 课前，教师指导学生准备好分房名单表、房卡、团队行程单、行李等物品； 2. 学生小组内分角色扮演领队、全陪、地陪、前厅服务人员、旅行社行李员、饭店行李员、游客、餐厅经理、餐厅服务员等	1. 剧情所需扮演角色较多时，可从其他小组借用成员充当次要角色； 2. 各小组应在情景模拟前商定好当日或次日的活动安排、叫早时间
步骤二	情景模拟演练“入住饭店”服务： 1. 引客休息：地陪介绍公共卫生间位置，安排游客在大厅等候休息。 2. 协助办理入住： (1) 地陪请领队或全陪收齐游客证件，与分房名单表一起交前台，协助办理登记手续； (2) 填写好分房名单表中的房号，复印后地陪、全陪各留一份，一份交前台； (3) 请领队根据分房名单表中的房号分发房卡； (4) 导游集体互通房号、联系电话，记录前厅联系电话。 3. 介绍设施： (1) 地陪为全团分发饭店卡片，向全团游客介绍酒店设施设备、收费项目、注意事项等； (2) 宣布就餐时间、地点。 4. 引客进房，安排行李进房： (1) 礼貌请游客入住房间，处理游客入住后的问题； (2) 行李抵达饭店后与行李员、领队、全陪一起核对行李，再安排饭店行李员尽快送行李进房。 5. 宣布当日或次日活动安排：导游集体商议叫早时间、早餐时间与地点、集合时间与地点、旅游线路等，并由地陪向游客宣布，提醒游客做好必要的游览准备。 6. 确定叫早时间：领队或全陪通知游客，地陪通知前台与司机	
步骤三	情景模拟演练“带客人用好第一餐”： (1) 提前到达餐厅，为领队、全陪介绍餐厅经理，核实团队特殊要求与饮食禁忌是否安排妥当； (2) 向服务员询问团队桌次，引客入座； (3) 介绍团队餐饮标准、自费项目等； (4) 餐中做好巡视工作	
步骤四	模拟过程中完成学生自评、小组互评、教师点评，对模拟中存在的问题在模拟结束后进行反思、总结	

【知识链接】

一、介绍饭店设施

介绍饭店设施主要是介绍中西餐厅、安全楼梯口、电梯、外币兑换处、娱乐场所、商店等的位置，旅游团下榻的楼层以及客房收费项目与入住注意事项等。

介绍饭店设施

各位团友，大家好！史密斯先生刚刚把房卡已经分发给大家，接下来我给大家简单介绍一下酒店的基本情况。我们身后有个小超市，大家若有需要可以就近采购，也可以移步酒店外左侧的大型超市。我们的右手边是西餐厅，西餐厅的二楼正上方是中餐厅，我们今晚6:00的晚餐就安排在二楼中餐厅，请大家在房间稍事休息后，6:00 移步二楼中餐厅。我们的左手边有酒店的商务中心，有需要兑换外币的朋友可以在这里进行交易。商务中心的旁边是安全通道，有紧急情况时，请大家走安全通道。我们的右前方就是直梯，一会大家可以搭乘直梯到达房间。我们团队的房间全部在 8 楼，802—826 房，其中领队的房间在 812，全陪房间在 813，大家有什么事可以联系领队和全陪。一会请大家刷卡进房，然后在房门口插卡取电。进入房间后，请您检查下房间内的设施设备，若有不能正常运行等情况请及时给我打电话，我在酒店大厅等候大家。酒店为每个房间提供免费的矿泉水、茶叶、咖啡，房间内的其他用品请大家自行购买后使用，并请大家在离店前一天晚上在前台结清账目。大家如果有贵重物品请存放在酒店房间内的保险柜内，切记不可随意放置，以免丢失。接下来大家就可以坐直梯上楼，进房间休息半小时，6:00 坐直梯在二楼中餐厅就餐。谢谢大家！

二、宣布当日或次日活动安排

这项工作应尽早尽快完成，可以在赴饭店途中进行，也可以在安排游客入住后进行。地陪、全陪、领队共同商议当天或次日的活动安排，确定叫早时间、早餐时间与地点、集合时间与地点、旅游线路等。确定时间时一般采用倒序的方式来推算时间，即先确定集合时间，再确定早餐时间，最后确定叫早时间。通常由地陪导游向游客与司机宣布，并告知游客游览前应做好的相应准备工作。

三、确定叫早时间

叫早时间确定后，地陪导游应及时通知前台工作人员，以便他们能按时做好叫醒服务。

【学生文本任务单】

1. 各小组同学根据教师分配的工作任务选定人物角色，撰写情景模拟剧“入住饭店服务”的脚本。

☐：____

☐：____

□：____________________

□：____________________

□：____________________

□：____________________

□：____________________

□：____________________

□：____________________

□：____________________

□：____________________

□：____________________

2. 各小组同学根据教师分配的工作任务选定人物角色，撰写情景模拟剧“带客人用好第一餐”的脚本。

□：____________________

□：____________________

□：____________________

□：____________________

□：____________________

□：____________________

□：____________________

□：____________________

□：____________________

□：____________________

□：____________________

□：____________________

□：____________________

□：____________________

【考核评价】

表 1-3-2　学生自评表

<table>
<tr><td colspan="2">评价项目：</td><td colspan="2">班级：</td><td colspan="2">姓名：</td></tr>
<tr><td colspan="2">小组名称：</td><td colspan="4">小组组长：</td></tr>
<tr><td colspan="6">小组成员：</td></tr>
<tr><td rowspan="2">本课学习难度</td><td>非常容易</td><td>比较容易</td><td>可以接受</td><td>比较难</td><td>非常难</td></tr>
<tr><td></td><td></td><td></td><td></td><td></td></tr>
<tr><td rowspan="2">本课学习兴趣</td><td>很有兴趣</td><td>比较有兴趣</td><td>一般</td><td>不大有兴趣</td><td>完全没兴趣</td></tr>
<tr><td></td><td></td><td></td><td></td><td></td></tr>
<tr><td rowspan="2">团队合作情况</td><td>非常愉快</td><td>比较愉快</td><td>可以接受</td><td>比较困难</td><td>非常困难</td></tr>
<tr><td></td><td></td><td></td><td></td><td></td></tr>
<tr><td rowspan="6">学习内容掌握程度（10 分）</td><td colspan="3">评价标准</td><td>评分标准</td><td>评分</td></tr>
<tr><td colspan="3">能按程序办理入住</td><td>2</td><td></td></tr>
<tr><td colspan="3">会给游客介绍饭店设施</td><td>2</td><td></td></tr>
<tr><td colspan="3">能够合理安排活动与叫早时间等</td><td>2</td><td></td></tr>
<tr><td colspan="3">能做好安排游客进房工作</td><td>2</td><td></td></tr>
<tr><td colspan="3">能按程序带领游客用好第一餐</td><td>2</td><td></td></tr>
<tr><td colspan="4">总分</td><td colspan="2"></td></tr>
<tr><td>学习反思</td><td colspan="5"></td></tr>
</table>

表 1-3-3　小组互评表

<table>
<tr><td colspan="2">评价项目：</td><td colspan="2">班级：</td></tr>
<tr><td colspan="2">小组名称：</td><td colspan="2">小组组长：</td></tr>
<tr><td colspan="4">小组成员：</td></tr>
<tr><td>项目</td><td>指标</td><td>评分标准</td><td>评分</td></tr>
<tr><td rowspan="3">学生文本任务单（4 分）</td><td>内容正确、完整、规范</td><td>1</td><td></td></tr>
<tr><td>流程清晰、正确</td><td>1</td><td></td></tr>
<tr><td>能准确把握处理原则</td><td>2</td><td></td></tr>
<tr><td rowspan="4">情景模拟剧（6 分）</td><td>情景模拟正确、恰当</td><td>2</td><td></td></tr>
<tr><td>语言表达清晰、准确、流畅</td><td>1</td><td></td></tr>
<tr><td>沟通方式恰当、得体、有礼貌</td><td>2</td><td></td></tr>
<tr><td>团队协作能力</td><td>1</td><td></td></tr>
<tr><td colspan="2">总分</td><td colspan="2"></td></tr>
</table>

表 1-3-4　教师评价表

评价项目：		班级：		姓名：
小组名称：		小组组长：		
小组成员：				
考评内容	评分指标		评分标准	得分
模拟实操能力（6 分）	文本任务单角色分配合理，流程规范		1	
	能正确、规范操作办理入住手续		1	
	能正确、规范介绍酒店设施		1	
	能正确、规范做好行程安排		1	
	能正确、规范处理游客与行李进房时的各种问题		1	
	能规范带客人用好第一餐		1	
素质能力（4 分）	遵循接团服务工作的处理原则		1	
	语言表达清晰、流畅，沟通文明、有效		1	
	表演真实、生动，有代入感		1	
	团队协作良好		1	
总分				

【拓展资料】

入店服务中，查房应该是导游迅速缩短与游客距离的一个重要环节。导游必须到旅游团所在楼层，协助楼层服务员做好接待工作，并负责核对行李，督促行李员将行李送至游客房间。因此，将游客送进房间并不意味着万事大吉。入住时，常常会发生各种问题，如门锁打不开、室内设施不全或有损坏现象，卫生设施无法使用，房间不够清洁或是卫生漏做，电话线不通等问题。在入店服务中，导游要做很多事琐碎、看起来不起眼的事情。此时，服务质量往往就取决于细节问题的处理。

某领队从业近 20 年从未接到过客人的投诉。一地陪导游好奇地询问其秘诀，他说："我自认为没有什么秘诀，如果非要说有，那就是我能坚持以诚待人。这些年，我每次出团，无论入住酒店的时间有多晚，我自己有多累，我都会在行李送入客人房间后去查一次房，有问题就帮客人解决，没有问题就和客人聊几句或道晚安。特别是遇到年纪大一点的客人，我会帮他们调好空调温度才能安心。而且做完这些事情一般我都会在大厅喝咖啡，等半个多小时才会回自己的房间。这样客人有什么事情就可以及时解决，而且他们也不用顾忌会打扰到我。"

值得注意的是，导游在查房时，最好协同全陪或领队一同前往，避免重复查房打扰客人休息，同时也避免单独进入异性客房引起误会。

工作任务二　游客住宿个别要求的处理

【任务要求】

1. 掌握游客住宿个别要求的处理原则；
2. 能够妥善处理游客住宿方面的个别要求。

【实施条件】

模拟导游实训室或多媒体教室或客房模拟实训室。

【实施过程】

表 1-3-5　实施过程

实训步骤	操作及说明	注意事项
步骤一	1. 课前，教师指导学生小组内分角色扮演领队、全陪、地陪、游客甲、游客乙等； 2. 教师带领学生回顾“游客住宿个别要求的处理”方法	1. 教师分小组安排不同小组完成不同的工作任务； 2. 全体学生用思维导图归纳“游客住宿个别要求”的处理方法
步骤二	情景模拟演练“游客个别要求的处理”： 1. 要求调换饭店(客房低于合同标准)。 2. 要求调换房间： (1)房间有老鼠、蟑螂等； (2)房间卫生未打扫； (3)房间朝向、层数不佳； (4)要求住更高标准的房间。 3. 要求住单间： (1)因生活习惯； (2)因矛盾。 4. 要求延长住店时间。 5. 要求购买房中物品	
步骤三	模拟过程中完成学生自评、小组互评、教师点评，对模拟中存在的问题在模拟结束后进行反思、总结	
步骤四	课后，学生用思维导图归纳游客住宿个别要求的处理方法	

【知识链接】

表 1-3-6　游客住宿个别要求的处理方法

个别要求	原因	解决方案
要求调换饭店	客房低于合同标准	1. 地陪与接待社联系； 2. 予以调换； 3. 确有困难，妥善解决，说明理由，给予补偿

续表

个别要求	原因	解决方案
要求调换房间	房间有老鼠、蟑螂等	1. 立即满足； 2. 必要时调换饭店
	房间卫生未打扫	1. 立即打扫消毒； 2. 游客坚持，立即换房
	房间朝向、层数不佳	1. 不涉及价格，有空房，予以满足； 2. 内部调整； 3. 无法满足，耐心解释，向游客致歉
	要求住更高标准的房间	1. 有空房，予以满足； 2. 退房损失费和房费差价由游客自理
要求住单间	因生活习惯	1. 内部调整； 2. 饭店有空房，可满足； 3. 费用自理
	因矛盾	1. 请领队调解； 2. 内部调整； 3. 饭店有空房，可满足； 4. 费用自理(提出方付费)
要求延长住店时间	生病、访友、改变行程	1. 饭店有空房，可满足； 2. 费用自理； 3. 饭店无空房，联系其他酒店，费用由游客自理
要求购买房中物品	喜爱	1. 导游与饭店沟通联系； 2. 尽量满足游客要求

【学生文本任务单】

各小组同学根据教师分配的工作任务选定人物角色，撰写情景模拟剧“游客住宿个别要求处理”的脚本。

□：______________________________

□：______________________________

□：______________________________

□：______________________________

□：______________________________

□：______________________________

□：______________________________

□：______________________________

□：______________________________

【考核评价】

表 1-3-7　学生自评表

评价项目：		班级：		姓名：	
小组名称：		小组组长：			
小组成员：					
本课学习难度	非常容易	比较容易	可以接受	比较难	非常难
本课学习兴趣	很有兴趣	比较有兴趣	一般	不大有兴趣	完全没兴趣
团队合作情况	非常愉快	比较愉快	可以接受	比较困难	非常困难
学习内容掌握程度（10 分）	评价标准			评分标准	评分
	能按规范灵活处理游客要求调换饭店			2	
	能按规范灵活处理游客要求调换房间			3	
	能按规范灵活处理游客要求住单间			3	
	能按规范灵活处理游客要求延长住店时间			1	
	能按规范灵活处理游客要求购买房中物品			1	
总分					
学习反思					

表 1-3-8　小组互评表

评价项目：		班级：	
小组名称：		小组组长：	
小组成员：			
项目	指标	评分标准	评分
学生文本任务单（4 分）	内容正确、完整、规范	1	
	流程清晰、正确	1	
	能准确把握处理原则	2	
情景模拟剧（6 分）	情景模拟正确、恰当	2	
	语言表达清晰、准确、流畅	1	
	沟通方式恰当、得体、有礼貌	2	
	团队协作能力	1	
总分			

表 1-3-9　教师评价表

评价项目：		班级：		姓名：
小组名称：		小组组长：		
小组成员：				
考评内容	评分指标		评分标准	得分
模拟实操能力（6分）	文本任务单角色分配合理，流程规范		1	
	能根据原则妥善处理游客要求调换饭店的要求		1	
	能根据原则妥善处理游客要求调换房间的要求		1	
	能根据原则妥善处理游客要求住单间的要求		1	
	能根据原则妥善处理游客要求延长住店时间的要求		1	
	能根据原则妥善处理游客要求购买房中物品的要求		1	
素质能力（4分）	遵循接团服务工作的处理原则		1	
	语言表达清晰、流畅，沟通文明、有效		1	
	表演真实、生动，有代入感		1	
	团队协作良好		1	
总分				

【课后作业】

请学生根据本节课所学内容，归纳、总结本节课的知识点，绘制思维导图。

工作任务三　核对商定日程

【任务要求】

1. 掌握核对商定日程时不同情况下的处理原则；
2. 能够妥善处理核对商定日程时出现的分歧。

【实施条件】

模拟导游实训室或教室。

【实施过程】

表 1-3-10　实施过程

<table>
<tr><th>实训步骤</th><th>操作及说明</th><th>注意事项</th></tr>
<tr><td>步骤一</td><td>1. 课前教师指导学生准备好组团社、地接社旅游接待计划表(要求各自的行程安排不一致)；
2. 学生小组内分角色扮演领队、全陪、地陪</td><td rowspan="4">1. 展示核对商定日程时不同情况的处理，2 个小组安排一种情况，进行演练比赛；
2. 全体学生用思维导图归纳核对商定日程时不同情况的处理方法</td></tr>
<tr><td>步骤二</td><td>情景模拟演练“核对商定日程”：
1. 核对团队行程；
2. 核对团队食住行标准；
3. 核对团队娱乐、购物、自费项目等安排；
4. 核对团队交通安排、交通票据情况；
5. 核对团队特殊要求</td></tr>
<tr><td>步骤三</td><td>情景模拟演练“核对商定日程时不同情况的处理”：
1. 提出小的修改意见；
2. 提出较大变动或涉及接待规格；
3. 导游集体接待计划有部分出入</td></tr>
<tr><td>步骤四</td><td>模拟过程中完成学生自评、小组互评、教师点评，对模拟中存在的问题在模拟结束后进行反思、总结</td></tr>
<tr><td>步骤五</td><td>归纳核对商定日程时不同情况的处理方法</td><td></td></tr>
</table>

【知识链接】

表 1-3-11　核对商定日程时不同情况的处理方法

个别要求	解决方案
提出小的修改意见	1. 报告旅行社； 2.“合理而可能”的尽量满足； 3. 需要收费的提前收取； 4. 无法满足的耐心解释
提出较大变动或涉及接待规格	1. 婉言拒绝； 2. 领队或全团成员提出，确有特殊理由，请示旅行社后按规定处理

续表

个别要求	解决方案
导游集体接待计划有部分出入	1. 联系旅行社，核实情况； 2. 自己旅行社原因，向对方解释道歉； 3. 对方旅行社原因，不指责对方

【学生文本任务单】

1. 各小组同学根据教师分配的工作任务选定人物角色，撰写情景模拟剧“核对商定日程”的脚本。

□：____

□：____

□：____

□：____

□：____

□：____

□：____

□：____

□：____

2. 各小组同学根据教师分配的工作任务选定人物角色，撰写情景模拟剧“核对商定日程时不同情况的处理”的脚本。

□：____

□：____

□：____

□：____

□：____

□：____

□：____

□：____

□：____

【考核评价】

表 1-3-12　学生自评表

评价项目：		班级：		姓名：	
小组名称：		小组组长：			
小组成员：					
本课学习难度	非常容易	比较容易	可以接受	比较难	非常难
本课学习兴趣	很有兴趣	比较有兴趣	一般	不大有兴趣	完全没兴趣
团队合作情况	非常愉快	比较愉快	可以接受	比较困难	非常困难
学习内容掌握程度（10 分）	评价标准			评分标准	评分
	能按规范核对商定日程			2	
	能按规范灵活处理团队提出小的修改意见			3	
	能按规范灵活处理提出较大变动或涉及接待规格的需求			3	
	能按规范灵活处理导游集体接待计划有部分出入的情况			2	
总分					
学习反思					

表 1-3-13　小组互评表

评价项目：		班级：	
小组名称：		小组组长：	
小组成员：			
项目	指标	评分标准	评分
学生文本任务单（4 分）	内容正确、完整、规范	1	
	流程清晰、正确	1	
	能准确把握处理原则	2	
情景模拟剧（6 分）	情景模拟正确、恰当	2	
	语言表达清晰、准确、流畅	1	
	沟通方式恰当、得体、有礼貌	2	
	团队协作能力	1	
总分			

表 1-3-14 教师评价表

<table>
<tr><td colspan="2">评价项目：</td><td>班级：</td><td>姓名：</td></tr>
<tr><td colspan="2">小组名称：</td><td colspan="2">小组组长：</td></tr>
<tr><td colspan="4">小组成员：</td></tr>
<tr><td>考评内容</td><td>评分指标</td><td>评分标准</td><td>得分</td></tr>
<tr><td rowspan="5">模拟实操能力（6 分）</td><td>文本任务单角色分配合理，流程规范</td><td>1</td><td></td></tr>
<tr><td>能按规范核对商定日程</td><td>1</td><td></td></tr>
<tr><td>能按规范灵活处理团队提出小的修改意见</td><td>1</td><td></td></tr>
<tr><td>能按规范灵活处理提出较大变动或涉及接待规格的需求</td><td>2</td><td></td></tr>
<tr><td>能按规范灵活处理导游集体接待计划有部分出入的情况</td><td>1</td><td></td></tr>
<tr><td rowspan="4">素质能力（4 分）</td><td>遵循核对商定日程工作的处理方法</td><td>1</td><td></td></tr>
<tr><td>语言表达清晰、流畅，沟通文明、有效</td><td>1</td><td></td></tr>
<tr><td>表演真实、生动，有代入感</td><td>1</td><td></td></tr>
<tr><td>团队协作良好</td><td>1</td><td></td></tr>
<tr><td colspan="2">总分</td><td colspan="2"></td></tr>
</table>

模块二　参观游览服务

项目一　参观游览服务

项目介绍

参观游览是游客旅游的主要目的，也是导游工作的核心。因此，参观游览导游服务时，导游应为游客提供良好的引导、安全、讲解、娱乐、餐饮、购物等相关服务，努力提高游客旅游质量。

学习目标

1. 知识目标：

（1）掌握在参观游览阶段，导游服务的工作流程与规范；

（2）掌握在参观游览过程中，导游餐饮、购物、娱乐服务的流程与规范。

2. 能力目标：

（1）能够按照工作流程与规范为游客提供参观游览服务；

（2）能够按照工作流程与规范为游客提供餐饮、购物、娱乐服务。

3. 素质目标：

（1）具有良好的语言表达能力、沟通能力、协调能力，言谈举止得体；

（2）养成事无巨细的工作作风。

工作情景描述

从日本东京来中国丝绸之路旅游的“梦之旅”旅游团一行 12 人，住在万达 WH 酒店。你作为甘肃 SC 国际旅行社的地陪导游，请做好第二天的导游服务工作。

工作任务一　出发前的导游服务

【任务要求】

1. 能够提早做好带团队参观游览的准备工作；
2. 能根据原则处理出发前的各项突发事件。

【实施条件】

模拟导游实训室或大巴车上。

【实施过程】

表 2-1-1　实施过程

实训步骤	操作及说明	注意事项
步骤一	1. 教师准备好导游证、导游旗、麦克风、门票等； 2. 学生小组内分角色扮演领队、全陪、地陪、游客、司机等	该情景模拟演练时，游客由教师提前指定学生扮演，并提前设定一些情况（生病、访友等），考查学生对该情景下突发事件的处理能力
步骤二	情景模拟演练出发前的导游服务： 1. 提前到达，做好准备； 2. 提醒注意事项； 3. 请客登车，核实人数； 4. 再次核实人数，示意司机开车	
步骤三	模拟过程中完成学生自评、小组互评、教师点评，对模拟中存在的问题在模拟结束后进行反思、总结	

【知识链接】

出发前的导游服务流程主要如下：

一、提前到达，做好准备

1. 地陪至少提前 10 分钟到达酒店，做好游览前的准备工作。
2. 与游客沟通，征询游客对住宿、餐食服务的意见与建议。

二、提醒注意事项

向游客报告当天的天气、游览线路、地形、行走路线长短等，提醒游客带好相应的物品。

三、请客登车，核实人数

1. 提前请游客登车。
2. 与领队、全陪一起礼貌核实人数。发现有未到的游客，应及时找到；若游客不想随团，要问明原因妥善安排，必要时请饭店给予协助。

最后再次核实人数，示意司机开车。

【学生文本任务单】

撰写赴景区出发前导游服务的脚本。

【考核评价】

表 2-1-2　学生自评表

<table>
<tr><td colspan="2">评价项目：</td><td colspan="2">班级：</td><td colspan="2">姓名：</td></tr>
<tr><td colspan="2">小组名称：</td><td colspan="4">小组组长：</td></tr>
<tr><td colspan="6">小组成员：</td></tr>
<tr><td rowspan="2">本课学习难度</td><td>非常容易</td><td>比较容易</td><td>可以接受</td><td>比较难</td><td>非常难</td></tr>
<tr><td></td><td></td><td></td><td></td><td></td></tr>
<tr><td rowspan="2">本课学习兴趣</td><td>很有兴趣</td><td>比较有兴趣</td><td>一般</td><td>不大有兴趣</td><td>完全没兴趣</td></tr>
<tr><td></td><td></td><td></td><td></td><td></td></tr>
<tr><td rowspan="2">团队合作情况</td><td>非常愉快</td><td>比较愉快</td><td>可以接受</td><td>比较困难</td><td>非常困难</td></tr>
<tr><td></td><td></td><td></td><td></td><td></td></tr>
<tr><td rowspan="5">学习内容掌握程度（10 分）</td><td colspan="3">评价标准</td><td>评分标准</td><td>评分</td></tr>
<tr><td colspan="3">能按规范到达酒店，做好准备工作</td><td>3</td><td></td></tr>
<tr><td colspan="3">能按要求提醒注意事项</td><td>2</td><td></td></tr>
<tr><td colspan="3">能准确、快速地核实人数</td><td>2</td><td></td></tr>
<tr><td colspan="3">能按规范灵活处理游客未到的情况</td><td>3</td><td></td></tr>
<tr><td colspan="4">总分</td><td colspan="2"></td></tr>
<tr><td>学习反思</td><td colspan="5"></td></tr>
</table>

表 2-1-3　小组互评表

<table>
<tr><td colspan="2">评价项目：</td><td colspan="2">班级：</td></tr>
<tr><td colspan="2">小组名称：</td><td colspan="2">小组组长：</td></tr>
<tr><td colspan="4">小组成员：</td></tr>
<tr><td>项目</td><td>指标</td><td>评分标准</td><td>评分</td></tr>
<tr><td rowspan="3">学生文本任务单（4 分）</td><td>内容正确、完整、规范</td><td>1</td><td></td></tr>
<tr><td>流程清晰、正确</td><td>1</td><td></td></tr>
<tr><td>能准确把握处理原则</td><td>2</td><td></td></tr>
<tr><td rowspan="4">情景模拟剧（6 分）</td><td>情景模拟正确、恰当</td><td>2</td><td></td></tr>
<tr><td>语言表达清晰、准确、流畅</td><td>1</td><td></td></tr>
<tr><td>沟通方式恰当、得体、有礼貌</td><td>2</td><td></td></tr>
<tr><td>团队协作能力</td><td>1</td><td></td></tr>
<tr><td colspan="2">总分</td><td colspan="2"></td></tr>
</table>

表 2-1-4　教师评价表

<table>
<tr><td colspan="2">评价项目：</td><td>班级：</td><td>姓名：</td></tr>
<tr><td colspan="2">小组名称：</td><td colspan="2">小组组长：</td></tr>
<tr><td colspan="4">小组成员：</td></tr>
<tr><td>考评内容</td><td>评分指标</td><td>评分标准</td><td>得分</td></tr>
<tr><td rowspan="5">模拟实操能力（6 分）</td><td>文本任务单角色分配合理，流程规范</td><td>1</td><td></td></tr>
<tr><td>能按规范提前到达，做好准备工作；与游客沟通，征询游客的意见与建议</td><td>1</td><td></td></tr>
<tr><td>能恰当地提醒游客注意事项</td><td>1</td><td></td></tr>
<tr><td>能按规范快速、准确地核实人数</td><td>1</td><td></td></tr>
<tr><td>能按规范灵活处理游客未到的情况</td><td>2</td><td></td></tr>
<tr><td rowspan="4">素质能力（4 分）</td><td>遵循出发前导游服务工作的处理原则</td><td>1</td><td></td></tr>
<tr><td>语言表达清晰、流畅，沟通文明、有效</td><td>1</td><td></td></tr>
<tr><td>表演真实、生动，有代入感</td><td>1</td><td></td></tr>
<tr><td>团队协作良好</td><td>1</td><td></td></tr>
<tr><td colspan="2">总分</td><td colspan="2"></td></tr>
</table>

工作任务二　赴景区途中导游服务

【任务要求】

1. 能按照工作流程为游客提供赴景区途中导游服务；
2. 能够通过讲解、游戏等方式充分调动游客的游兴。

【实施条件】

模拟导游实训室或多媒体教室或大巴车上。

【实施过程】

表 2-1-5　实施过程

实训步骤	操作及说明	注意事项
步骤一	学生利用互联网查询相关信息，与小组成员商讨行车路线，并制作当天参观游览路线导览 PPT	1. 教师在各小组中随机抽取几位学生作为“地陪”，使其配合完成步骤三的工作任务，督促学生全员参与实训； 2. 地陪风情风光介绍时，教师提前安排学生作为“游客”向地陪提问，以增强情景模拟的现场感； 3. 受课堂时间限制，组织娱乐活动的时间一般要求在 5 分钟内完成
步骤二	根据教师事先指定的团型，学生以小组为单位准备赴景区途中的导游词：游览路线上风情风光导游词、热门新闻与话题、首站景点概况、娱乐活动等	
步骤三	情景模拟演练“赴景区途中”服务： 1. 地陪宣布当日活动日程：当日参观游览安排、正餐用餐时间与地点、首站游览目的地与抵达时间等。 2. 地陪沿途风情风光讲解：小组根据制作的游览路线导览 PPT，为游客介绍沿途风情风光。 3. 活跃气氛： (1) 介绍新闻与热门话题。地陪根据不同的团型，向游客介绍热门新闻与话题，与游客互动交流。 (2) 组织娱乐活动。地陪根据不同的团型，组织游客感兴趣的娱乐活动，如猜谜语、唱歌、讲故事等。 4.景点介绍： (1) 概况介绍。抵达景点之前，地陪对景点进行概要性介绍，激发游客的游兴。 (2) 注意事项。下车前，地陪介绍下车前、游览过程中的注意事项	
步骤四	模拟过程中完成学生自评、小组互评、教师点评，对模拟中存在的问题在模拟结束后进行反思、总结	
步骤五	课后，学生以小组为单位，利用互联网和问卷调查等形式搜集不同年龄、性别的游客的娱乐活动喜好	

【知识链接】

一、宣布当日活动日程

每本书都有目录，目录是一本书的索引。在出行前，游客一般都想知道当日的活动安排，一方面知道当天的行程安排游客心里会更踏实，另一方面知道当天的游览景点会让游客产生许多憧憬和渴望。因此，导游带团队前往景点途中，简单问候客人之后，首先要做的就是重申当天的活动安排，包括当天游览路线、各景点停留的大致时间、正餐用餐时间与地点、当天天气情况、首站游览目的地、到达第一个景点所需时间等。这项工作会使游客对行程做到心中有数，也能有效预防游客走失。

宣布当日活动日程

各位游客朋友们，大家好！今天我们为大家安排的游览点是黄河母亲像、水车园、中山桥、白塔山、张掖路。今天一早，我先带领大家游览白塔山，之后我们将去中山桥、水车园、黄河母亲像。在黄河母亲像游览点我们安排大家乘坐羊皮筏子，体验在黄河上观赏两岸风光。中午，我在中山桥附近为大家安排了兰州非常有特色的半坡牛肉面，满足大家跳动的味蕾。中餐过后，下午 2：00—4：30 安排大家在张掖路自由活动。其间，大家可以看看城隍庙里兰州有名的刻葫芦、黄河奇石、书画等旅游艺术品，还可以在附近的陇萃堂购买一些当地的虫草、玫瑰精油、锁阳等特产。晚餐在伊香园，让大家品尝兰州特色风味餐，有好吃的手抓羊肉、黄焖羊肉等各色美食等着大家哦！晚上 7：30，我们带大家去观看丝路花雨演出。今天天气不错，风和日丽，但兰州的紫外线比较强。一会，我们最先去白塔山，大概 8：10 能达到白塔山景区。爬山之前，请大家涂好防晒霜以防被晒伤。另外，兰州空气比较干燥，游览期间大家都要经常补充水分，以免因缺水造成嗓子干哑或其他身体不适。

二、沿途讲解服务

（一）风光、风情介绍

地陪应向游客介绍沿途有代表性的景物，见物讲物、见人说人，讲解内容与游客所见景物同步。讲解时语言要简明扼要、随机应变、点到即止。例如，在赴兰州市内景区参观的途中，可以从以下几个方面展开讲解。

（1）介绍当地风土人情——回族同胞的风俗、宗教信仰与禁忌。

看到兰州街头顶着小圆帽或盖头的人群，可以跟游客讲穆斯林文化(服饰、饮食、民俗禁忌)。看到兰州市内的牛肉面馆，可以跟游客介绍在兰州进入清真牛肉拉面馆不能带非清真食物。

（2）介绍兰州交通情况和沿途特色建筑。

对于市内交通情况，可以介绍兰州地铁、高架桥、桥梁等交通建设情况。兰州市内许多高耸的清真寺建筑让许多外地游客非常感兴趣，可以介绍清真寺建筑，延伸讲解清真寺文化。

（3）介绍黄河、百里黄河风情线。

路过滨河路，看到黄河，可以跟游客介绍黄河、黄河文化、兰州市内的百里黄河风情线，还可以将风情线跟其他地区的河流进行对比讲解，如将兰州百里黄河风情线与上海外滩、长沙湘江风光带等进行类比讲解。

风情风光介绍

兰州是黄河唯一穿城而过的省会城市，坐落于一条东西向延伸的狭长形谷地，夹于南北两山之间。黄河在市北的九州山脚下穿城而过。沿黄河南北岸，开通了一条东西 50 多千米的滨河路，并打造了全国唯一的城市内黄河风情线，被称为兰州的“外滩”。兰州市百里黄河风情线，于 2000 年开始动工建设，目前相继建成观光长廊、黄河母亲雕塑、绿色希望雕塑、西游记雕塑、平沙落雁雕塑、近水广场、亲水平台、音乐喷泉，以及龙源、体育公园、春园、秋园、夏园、冬园、绿色公园和其他沿河景观。

黄河发源于青海，流经兰州城内的水域并不像下游那样开阔，但犹如一幅现代的“清明上河图”的兰州黄河风情线却成了兰州人休闲娱乐的首选之地。每当炎炎夏日，坐在河边喝啤酒、吃酸奶，吹着凉风非常惬意。今天下午，我们将安排各位在兰州百里黄河风情线上，就主要景点逐一进行参观。

（二）介绍新闻和热门话题

地陪在准备新闻与热点话题时，应根据不同的团型，选择不同的交流内容与游客互动。例如：老年团队可以选择养生、保健、美食等新闻与话题，女性团队可以选择美容、健身、购物、娱乐新闻等新闻与话题，男性团队可以选择军事、运动、政治等新闻与话题，普通团队可以选择近期热点新闻或热门话题与游客交流，也可以根据自己的观察，揣测客人可能感兴趣的话题进行聊天。

（三）途中调节气氛

若客人兴致不高，途中车程时间较长，可采用唱歌、做游戏等方式来调节游客情绪，调动整个团队的气氛。组织娱乐活动时，地陪应根据不同的团型，组织游客感兴趣的娱乐活动，一般可以组织猜谜语、唱歌、讲故事、游戏等活动。

唱歌要针对游客年龄有针对性地选择传唱度高的歌曲，也可以选择当地民歌，如在兰州旅游期间可以选择“花儿”、西北民歌，通过这些歌曲传递地方特色文化。

做游戏，首先应选择客人普遍感兴趣的游戏，要积极健康，不要选择过难或过易的游戏，否则会有游客觉得太难不愿参加而冷场，也会有客人觉得太容易没意思；其次，导游要讲清游戏规则；再次，导游要充分调动游客热情，让所有的游客都参与进来，感受游戏的乐趣；最后，导游要把握游戏的时间，不要因为做游戏忘了途中的其他导游服务。

表 2-1-6　各年龄段团队适合合唱的歌曲

年龄段	推荐曲目
学生研学团队	《孤勇者》《雪龙吟》《踏山河》《暖暖》《半生雪》《万疆》《你笑起来真好看》《听我说谢谢你》《怕无归期怕空欢喜》
大学生团队	《偏爱》《起风了》《世间美好与你环环相扣》《苦尽甘来》《夜空中最亮的星》《感谢你曾经来过》《明天你好》

续表

年龄段	推荐曲目
中年人团队	《如果这都不算爱》《突然的自我》《童话》《挥着翅膀的女孩》《十年》《朋友》《光辉岁月》《阳光总在风雨后》《荷塘月色》
老年人团队	《年轻的朋友来相会》《草原之夜》《敖包相会》《夕阳红》《驼铃》《漫漫人生路》《我爱你塞北的雪》《莫斯科郊外的晚上》
红色之旅团队	《我和我的祖国》《团结就是力量》《歌唱祖国》《北京的金山上》《没有共产党就没有新中国》《黄河大合唱》

（四）简要介绍游览景点

每部影片都有序幕，在整部剧情中起着设置悬念、引人入胜的作用。旅游团即将到达游览景点前，地陪也应简明扼要地介绍景点概况，包括历史沿革、艺术价值、形成原因、景点特色等，使游客对景点有大致的了解，同时激起游客的游览兴趣。

天水麦积山风景名胜区

各位亲爱的游客朋友们，大家好！车行至此，我们今天的首站游览目的地——麦积山风景名胜区马上就要到了，请允许我对麦积山风景名胜区的基本情况给大家做简单的介绍。

在甘肃东南的茫茫群山中，绝立欲飞的天水麦积山可谓是一峰独秀。正是因为这样，在佛教传入中国的过程中，状如农家麦垛的天水麦积山便成了来往僧侣眼中不可多得的灵岩仙境。麦积山石窟创建于东晋十六国后秦时期，后经西秦、北魏、西魏、北周、隋、唐、五代、宋、元、明、清等十多个朝代的不断营造或重修。在历经 1600 多年的信仰崇拜之后，麦积山 194 个窟龛当中，也就有了 7800 余尊洋溢着世俗之美的佛教造像。麦积山也由此成为“东方雕塑艺术馆”，与莫高窟、云冈石窟、龙门石窟等并称为中国四大石窟。2010 年 12 月 15 日，国家旅游局正式批准麦积山风景名胜区为国家 5A 级旅游景区。2014 年 6 月 22 日，麦积山石窟被列入《世界遗产名录》。

麦积山以自然的奇绝与人文的深厚而闻名。在天水，人们往往更推崇其烟雨之景，认为烟雨之中的麦积山似乎更为缥缈而空灵。清朝天水学人吴西川在《麦积烟雨》一诗中就写道：“麦积峰千丈，凭空欲上天，最宜秋雨后，兼爱暮时烟。”事实上，麦积山风景区正处在中国中央造山系与贺兰、川滇南北构造带的交会位置，受这一特定构造的影响，景区内经历了长期的地质演变，汇集了从古远古代至新生代以紫色砾岩砂砾岩为主体的多种沉积地层，以片岩为主的变质岩地层，造就了石门花岗岩峰林中山地貌，麦积山、仙人崖丹霞地貌，以及深切的曲溪河谷地貌，形成了独特的自然地理和地质地貌景观。不仅如此，麦积山还处在我国南北气候的交替带上，从而形成了植物的多样性，以及云遮雾罩的自然景观。因此，天水以麦积为林泉之冠，麦积以烟雨朦胧为胜景，麦积山石窟是中国诸多石窟寺庙中风景最为秀丽的一座。

如果说敦煌是以丰富多彩的壁画而著称，那么麦积山石窟则是以精美的泥塑名扬天下，堪称“东方雕塑博物馆”。麦积山泥塑以形传神，神形兼备。无论是北朝的瘦骨清像，还是隋唐的丰满圆润，乃至宋代魁梧威猛的力士，都刻画得形神兼备，极具个性。如 133 窟 9 号龛内的小沙弥便是其中的典范之作，他静静地站在佛的身旁，身体略微前倾，情不自禁发出会心的微笑。你无论站在哪个角度都能感受到他对你微微含笑，时空仿佛在这一瞬间凝固，你会被这位可爱的小沙弥的情绪所感染。来到千年之前的佛国世界，在享受精神愉悦之中，使心灵也得到慰藉和升华。121 窟正壁两侧的菩萨和弟子亲密无间、窃窃私语，仿佛在交流聆听佛法的体会。这些塑像都充满了人情味和生活的情趣，映射出强烈的人文主义精神，充分反映出古代匠师非凡的艺术创造力。麦积山石窟的雕像，大的高达 16 米，小的仅有 10 多厘米，体现了千余年来各个时代塑像的特点，系统地反映了中国泥塑艺术的发展和演变过程。

亲爱的朋友们，如果您想感受麦积烟雨的胜景，看看长达 1600 年之久的泥塑艺术精品，登一登层层相连的凌空栈道，感受一下悬崖峭壁上窟龛构成的一派奇绝景象，那么就请跟我进入景区去一睹麦积山的风采吧。

（五）提醒游览时的注意事项

到达景区下车之前，导游需要提醒游客的注意事项一般包括：带好贵重物品，旅游车的车号、颜色、标志、停车位置，游览时间，集合时间、地点，游览时的民俗禁忌等。

提醒游览时的注意事项

各位团友，我们今天游览的首站目的地——麦积山石窟马上就要到了。景区参观过程中有些注意事项，请允许我在此给大家强调一下，以便大家能更好地参观游览。首先，麦积山石窟属于世界遗产，已历经 1600 多年，是优秀文化的历史沉淀，参观时请大家不要用手触摸佛像、壁画，不要用闪光灯拍照，以免造成文物的损毁，请大家文明旅游。其次，麦积山石窟修建于绝壁之上，今天，我们是靠凌空崛起的栈道登临参观的。栈道非常窄，也很陡，请大家游览时谨慎慢行，依次通过，不要拥挤推搡，游览时注意脚下安全，做到观景不走路，走路不观景。再次，为保护这些珍贵的石窟艺术，男性朋友进入石窟后就不能吸烟了，所以有需要吸烟的朋友，可以在进入景区前先抽两口。当然也不能点蜡和烧香，更不得燃放鞭炮。最后，麦积山特窟内有一些精华雕塑，如果您感兴趣的话请与景区工作人员联系，缴费后由景区讲解员带领进入参观。

各位团友，我们在麦积山石窟游览的时间是 3 个小时，车子将停在麦积山石窟景区门口的停车场，车子是绿色海格旅游车，牌号是甘 A002××，车前挡风玻璃上有我们旅行社的社标。买好门票后，我们集体进入景区参观游览。11：00 在景区大门口集合，乘车前往下一站。好了，各位团友，我们已经到达麦积山石窟，请大家携带好自己的随身物品，千万不要将贵重物品落在车上，以防丢失。现在，就请大家随我一同下车进入景区参观游览。

【学生文本任务单】

一、撰写赴景区途中导游服务的脚本

1. 宣布当日活动日程。
2. 沿途讲解服务：

（1）风光、风情介绍；
（2）介绍新闻和热门话题；
（3）途中调节气氛；
（4）简要介绍游览景点；
（5）提醒游览时的注意事项。

二、通过查询互联网搜集适合各年龄段游客的娱乐活动

表 2-1-7　适合各年龄段团队合唱的歌曲

团型	推荐曲目(至少 10 首)
学生研学团队	
大学生团队	
中年人团队	
老年人团队	
红色之旅团队	

表 2-1-8　适合给各年龄段团队讲的笑话或故事

团型	推荐笑话或故事(至少 3 个)
学生研学团队	
大学生团队	
中年人团队	
老年人团队	
红色之旅团队	

表 2-1-9　适合给各年龄段团队做的游戏

团型	推荐游戏(至少 3 个)
学生研学团队	
大学生团队	
中年人团队	
老年人团队	
红色之旅团队	

【考核评价】

表 2-1-10　学生自评表

<table>
<tr><td colspan="2">评价项目：</td><td colspan="2">班级：</td><td colspan="2">姓名：</td></tr>
<tr><td colspan="2">小组名称：</td><td colspan="4">小组组长：</td></tr>
<tr><td colspan="6">小组成员：</td></tr>
<tr><td rowspan="2">本课学习难度</td><td>非常容易</td><td>比较容易</td><td>可以接受</td><td>比较难</td><td>非常难</td></tr>
<tr><td></td><td></td><td></td><td></td><td></td></tr>
<tr><td rowspan="2">本课学习兴趣</td><td>很有兴趣</td><td>比较有兴趣</td><td>一般</td><td>不大有兴趣</td><td>完全没兴趣</td></tr>
<tr><td></td><td></td><td></td><td></td><td></td></tr>
<tr><td rowspan="2">团队合作情况</td><td>非常愉快</td><td>比较愉快</td><td>可以接受</td><td>比较困难</td><td>非常困难</td></tr>
<tr><td></td><td></td><td></td><td></td><td></td></tr>
<tr><td rowspan="5">学习内容掌握程度（10 分）</td><td colspan="3">评价标准</td><td>评分标准</td><td>评分</td></tr>
<tr><td colspan="3">会借助互联网制定合理的行车路线</td><td>1</td><td></td></tr>
<tr><td colspan="3">能为指定的团型准备相应的讲解与娱乐活动内容</td><td>2</td><td></td></tr>
<tr><td colspan="3">能准确、生动、灵活地讲解沿途风情风光、景点概况</td><td>5</td><td></td></tr>
<tr><td colspan="3">能组织积极有趣的娱乐活动</td><td>2</td><td></td></tr>
<tr><td colspan="4">总分</td><td colspan="2"></td></tr>
<tr><td>学习反思</td><td colspan="5"></td></tr>
</table>

表 2-1-11　小组互评表

<table>
<tr><td colspan="2">评价项目：</td><td colspan="2">班级：</td></tr>
<tr><td colspan="2">小组名称：</td><td colspan="2">小组组长：</td></tr>
<tr><td colspan="4">小组成员：</td></tr>
<tr><td>项目</td><td>指标</td><td>评分标准</td><td>评分</td></tr>
<tr><td rowspan="3">学生文本任务单（4 分）</td><td>内容正确、完整、规范</td><td>1</td><td></td></tr>
<tr><td>流程清晰、正确</td><td>1</td><td></td></tr>
<tr><td>能准确把握处理原则</td><td>2</td><td></td></tr>
<tr><td rowspan="4">情景模拟剧（6 分）</td><td>情景模拟正确、恰当</td><td>2</td><td></td></tr>
<tr><td>语言表达清晰、准确、流畅</td><td>1</td><td></td></tr>
<tr><td>沟通方式恰当、得体、有礼貌</td><td>2</td><td></td></tr>
<tr><td>团队协作能力</td><td>1</td><td></td></tr>
<tr><td colspan="2">总分</td><td colspan="2"></td></tr>
</table>

表 2-1-12　教师评价表

评价项目：		班级：	姓名：
小组名称：		小组组长：	
小组成员：			
考评内容	评分指标	评分标准	得分
模拟实操能力(7分)	行车路线合理，PPT 制作清晰、精美	1	
	导游词、热点话题、景点概况、娱乐活动等准备工作充分、恰当	1	
	能合理安排并宣布当日活动日程	1	
	能介绍沿途风情风光	2	
	能根据团型组织活跃气氛的话题与娱乐活动	1	
	会介绍首站目的地景点，能激发游客游兴	1	
素质能力(3分)	语言表达清晰、流畅，富有亲和力	1	
	讲解准确、生动、灵活，有吸引力	1	
	团队协作良好	1	
总分			

工作任务三　参观游览时导游服务

【任务要求】

1. 会为游客介绍景区导览图；
2. 懂得游览过程中应注意的事项。

【实施条件】

模拟导游实训室或多媒体教室或景区点。

【实施过程】

表 2-1-13　实施过程

实训步骤	操作及说明	注意事项
步骤一	1. 学生利用互联网查询相关信息，小组成员制作首站游览目的地景区导览图的 PPT； 2. 学生查阅景区常规游览路线，准备景区概要性介绍及参观游览注意事项等讲解内容	1.小组成员应分别阐述自己的思考，综合讨论后小组归纳、总结，形成思维导图； 2.汇报时，各小组注意发现问题，并在汇报结束后提出问题，全体同学共同讨论解决问题
步骤二	1. 介绍导览图： (1) 教师示范； (2) 学生以小组为单位介绍导览图。 2. 利用景区导览图或 PPT 介绍游览线路、所需游览时间、集合时间与地点、注意事项等	
步骤三	1. 根据教师事先指定的团型，学生以小组为单位思考、讨论。 (1) 不同的团型，参观游览时的注意事项有哪些不同； (2) 不同的团型，参观游览时的讲解注意事项有哪些不同。 2. 制作各类团型游览与讲解注意事项思维导图，以小组为单位进行汇报	
步骤四	模拟过程中完成学生自评、小组互评、教师点评，对模拟中存在的问题在模拟结束后进行反思、总结	

【知识链接】

一、介绍景区导览图

嘉峪关景区导览图介绍

各位游客朋友们，大家好！现在我们所处的位置就是嘉峪关景区停车场，一会我将带大家沿这条主干道从东向西过九眼泉湖，再向西北方向行至东南门到达嘉峪关关城游览区。现在大家眼前看到的这块黄色区域就是嘉峪关关城，它背向西域面向朝廷，由外城、内城、瓮城、罗城、城壕所组成，形成重城并守之势，壁垒森严。我们将沿着关城城墙自东向西参观游览。游览结束后从原路返回到东南门，我再带大家向北去长城博物馆参观游览，之后我们将沿着景区游览线路返回停车场。时值旅游旺季，游览过程中请大家不要拥挤，紧跟团队。景区游客非常多，所以请大家不要打伞游览，以免伤及他人，可以用遮阳帽、防晒霜来防晒。我们在关城的游览时间共 3 小时，现在是 8：30，请大家 11：30 在停车场集合。接下来就请大家随我进入景区参观游览。

二、参观游览服务

表 2-1-14　参观游览时不同类型游客导游服务技巧

团型	参观游览重点注意事项	讲解注意事项
老年团	节奏、安全	态度亲切、语速慢、音量大
儿童团	安全	语言和蔼、内容通俗易懂
残疾人团	方便、安全、受尊重	讲解应生动、清晰、准确，语速要慢，配合手语

【学生文本任务单】

1. 撰写不同景区导览图的讲解词。讲解要点要体现以下注意事项：游览线路、所需时间、集合时间与地点、注意事项等。

2. 完成导览图讲解 PPT。

【考核评价】

表 2-1-15 学生自评表

评价项目：		班级：		姓名：	
小组名称：		小组组长：			
小组成员：					
本课学习难度	非常容易	比较容易	可以接受	比较难	非常难
本课学习兴趣	很有兴趣	比较有兴趣	一般	不大有兴趣	完全没兴趣
团队合作情况	非常愉快	比较愉快	可以接受	比较困难	非常困难
学习内容掌握程度（10 分）	评价标准			评分标准	评分
	能清晰讲解景区常规游览路线			2	
	能清晰讲解景区概要性介绍及参观游览注意事项等内容			4	
	能区分不同团型在参观时的区别			2	
	能区分不同团型在讲解时的区别			2	
总分					
学习反思					

表 2-1-16 小组互评表

评价项目：		班级：	
小组名称：		小组组长：	
小组成员：			
项目	指标	评分标准	评分
学生文本任务单（4 分）	内容正确、完整、规范	2	
	流程清晰、合理、正确	2	
模拟、汇报（6 分）	模拟流程正确、规范、合理	1	
	语言表达清晰、准确、流畅	2	
	思维清晰，逻辑严密	2	
	团队协作能力	1	
总分			

表 2-1-17　教师评价表

评价项目：		班级：	姓名：
小组名称：		小组组长：	
小组成员：			
考评内容	评分指标	评分标准	得分
模拟实操能力（6 分）	导览图 PPT 制作清晰、精美，常规游览路线讲解清晰	1	
	会讲解景区(点)概要性情况、游览注意事项	2	
	学生文本任务单完成规范、完整、准确	1	
	讨论活动完成度好，有独到见解	1	
	汇报 PPT 制作精美，逻辑严谨，思维清晰	1	
素质能力（4 分）	遵循参观游览服务工作的处理原则	1	
	语言表达清晰、流畅、生动	2	
	团队协作良好	1	
总分			

工作任务四　返程途中导游服务

【任务要求】

1. 熟练掌握返程导游服务工作流程；
2. 能够用返程导游服务规范与流程为游客进行服务。

【实施条件】

模拟导游实训室或大巴车上。

【实施过程】

表 2-1-18　实施过程

实训步骤	操作及说明	注意事项
步骤一	1. 学生利用互联网查询相关信息，小组成员商讨行车路线，并制作返程游览路线导览 PPT； 2. 小组成员商定下一阶段活动日程安排，撰写返程时导游服务的脚本	1. 请小组成员思考、总结如何回答游客的问题； 2. 教师提前安排学生充当“游客”，在返程服务过程中回顾当天活动环节提出的问题，考查情景模拟中学生的临场应变能力
步骤二	情景模拟“返程时导游服务”： 1. 集合登车； 2. 回顾当天活动； 3. 沿途风情风光介绍； 4. 安排下一阶段活动； 5. 请客下车	
步骤三	模拟过程中完成学生自评、小组互评、教师点评，对模拟中存在的问题在模拟结束后进行反思、总结	

【知识链接】

返程时的导游服务内容如下：

1. 集合登车。

清点人数，示意司机开车。

2. 回顾当天活动。

了解游客当日游览感受，总结当日活动，做补充讲解，回答游客的问题。

3. 沿途风情风光介绍。

4. 安排下一阶段的活动。

（1）当日离开，宣布集合时间、地点、注意事项等。

（2）次日活动，宣布活动日程，叫早，集合时间、地点、注意事项等。

5. 请客下车。

（1）提醒旅游者下车前注意事项；

（2）照顾游客下车。

【学生文本任务单】

请各小组根据工作流程撰写返程途中导游服务的脚本。

【考核评价】

表 2-1-19　学生自评表

<table>
<tr><td colspan="2">评价项目：</td><td colspan="2">班级：</td><td colspan="2">姓名：</td></tr>
<tr><td colspan="2">小组名称：</td><td colspan="4">小组组长：</td></tr>
<tr><td colspan="6">小组成员：</td></tr>
<tr><td rowspan="2">本课学习难度</td><td>非常容易</td><td>比较容易</td><td>可以接受</td><td>比较难</td><td>非常难</td></tr>
<tr><td></td><td></td><td></td><td></td><td></td></tr>
<tr><td rowspan="2">本课学习兴趣</td><td>很有兴趣</td><td>比较有兴趣</td><td>一般</td><td>不大有兴趣</td><td>完全没兴趣</td></tr>
<tr><td></td><td></td><td></td><td></td><td></td></tr>
<tr><td rowspan="2">团队合作情况</td><td>非常愉快</td><td>比较愉快</td><td>可以接受</td><td>比较困难</td><td>非常困难</td></tr>
<tr><td></td><td></td><td></td><td></td><td></td></tr>
<tr><td rowspan="6">学习内容掌握程度（10 分）</td><td colspan="3">评价标准</td><td>评分标准</td><td>评分</td></tr>
<tr><td colspan="3">会借助互联网制定合理的返程路线、PPT</td><td>1</td><td></td></tr>
<tr><td colspan="3">会与导游团队商讨、合理安排下一阶段活动日程</td><td>2</td><td></td></tr>
<tr><td colspan="3">能按工作流程做好返程时导游服务</td><td>3</td><td></td></tr>
<tr><td colspan="3">能做好沿途风光风情介绍</td><td>2</td><td></td></tr>
<tr><td colspan="3">掌握回顾当天活动的技巧，巧妙回答游客提问</td><td>2</td><td></td></tr>
<tr><td colspan="4">总分</td><td colspan="2"></td></tr>
<tr><td>学习反思</td><td colspan="5"></td></tr>
</table>

表 2-1-20　小组互评表

<table>
<tr><td colspan="2">评价项目：</td><td colspan="2">班级：</td></tr>
<tr><td colspan="2">小组名称：</td><td colspan="2">小组组长：</td></tr>
<tr><td colspan="4">小组成员：</td></tr>
<tr><td>项目</td><td>指标</td><td>评分标准</td><td>评分</td></tr>
<tr><td rowspan="3">学生文本任务单（4 分）</td><td>内容正确、完整、规范</td><td>1</td><td></td></tr>
<tr><td>流程清晰、正确</td><td>1</td><td></td></tr>
<tr><td>能准确把握处理原则</td><td>2</td><td></td></tr>
<tr><td rowspan="4">情景模拟剧（6 分）</td><td>情景模拟正确、恰当</td><td>2</td><td></td></tr>
<tr><td>语言表达清晰、准确、流畅</td><td>1</td><td></td></tr>
<tr><td>沟通方式恰当、得体、有礼貌</td><td>2</td><td></td></tr>
<tr><td>团队协作能力</td><td>1</td><td></td></tr>
<tr><td colspan="2">总分</td><td colspan="2"></td></tr>
</table>

表 2-1-21　教师评价表

评价项目：		班级：	姓名：
小组名称：		小组组长：	
小组成员：			
考评内容	评分指标	评分标准（分）	得分
模拟实操能力（7 分）	会借助互联网制定合理的返程路线、PPT	1	
	会与导游集体团队商讨、合理安排下一阶段活动日程	1	
	掌握回顾当天活动的技巧，巧妙回答游客提问	1	
	能做好沿途风光风情介绍	2	
	能清晰、准确地为团队介绍下一阶段活动安排	1	
	能做好清点人数与下车前的提醒工作	1	
素质能力（3 分）	遵循返程服务工作的流程	1	
	语言表达清晰、准确、流畅、生动	1	
	团队协作良好	1	
总分			

项目二　参观游览过程中游客个别要求的处理

项目介绍

参观游览过程中，游客会因为各种原因提出个别要求，这些要求若不能妥善处理，可能会引起游客的不快，给后期的服务工作造成困难。因此，导游在合理而可能的情况下，应尽可能满足游客的个别要求；对于无法满足的要求，协调处理能更好地体现导游服务的水平与能力。

学习目标

1. 知识目标：

(1) 掌握游客在游览方面个别要求的处理方法；

(2) 掌握游客要求自由活动的处理方法。

2. 能力目标：

(1) 能够正确、规范处理游客在游览方面的个别要求；

(2) 能够正确、规范处理游客在自由活动方面的个别要求。

3. 素质目标：

(1) 提升学生的独立思考能力、应变能力；

(2) 树立游客至上、质量第一的职业道德意识。

工作情景描述

从日本东京来中国丝绸之路旅游的“梦之旅”旅游团一行 12 人，在兰州 2 日游。参观游览过程中，有个别游客提出了个别要求。面对这些要求，你作为甘肃 SC 国际旅行社的地陪导游，请做好相应的导游服务工作。

工作任务一　游客在游览方面个别要求的处理

【任务要求】

1. 掌握游客在游览方面个别要求的处理方法；
2. 能够妥善处理游客在游览方面的个别要求。

【实施条件】

模拟导游实训室或多媒体教室。

【实施过程】

表 2-2-1　实施过程

<table>
<tr><th>实训步骤</th><th>操作及说明</th><th>注意事项</th></tr>
<tr><td>步骤一</td><td>1. 课前，教师指导学生准备好导游证、导游旗、麦克风等；
2. 教师引导学生回顾游客在游览方面个别要求的处理方法；
3. 学生小组内分角色扮演领队、全陪、地陪、旅行社计调等</td><td rowspan="4">1. 剧情所需“游客”由教师在课前指定学生扮演，并根据所学知识设定不同个性化需求的“游客”；
2. 教师应提前设定剧情，并分小组安排模拟演练内容</td></tr>
<tr><td>步骤二</td><td>情景模拟演练“游客在游览方面个别要求的处理”：
1. 游客要求更换或取消游览项目。
(1) 一般应婉拒，耐心解释；
(2) 全团提出，请示计调，让其与组团社联系，同意后可更换。
2. 游客要求增加游览项目。
(1) 时间允许，积极协调。联系地接社，请其报价；游客同意，则先收费，并上交旅行社，陪同前往。
(2) 时间不允许，耐心解释</td></tr>
<tr><td>步骤三</td><td>各小组模拟演练后总结该情景的处理方法</td></tr>
<tr><td>步骤四</td><td>模拟过程中完成学生自评、小组互评、教师点评，对模拟过程中存在的问题在模拟结束后进行反思、总结</td></tr>
</table>

【知识链接】

表 2-2-2　游客在游览方面个别要求的处理方法

<table>
<tr><th colspan="2">个别要求</th><th>情况</th><th>原则</th><th>解决方案</th></tr>
<tr><td rowspan="4">游览点个别要求</td><td rowspan="2">更换或取消游览项目</td><td>个别游客</td><td>一般婉拒</td><td>婉拒、耐心解释</td></tr>
<tr><td>全团提出</td><td>协调后可能更换</td><td>请示计调，组团社同意后可更换</td></tr>
<tr><td rowspan="2">增加游览项目</td><td>时间允许</td><td>积极协调</td><td>(1) 联系地陪社，请其报价；
(2) 游客同意则收费，并上交旅行社，陪同前往</td></tr>
<tr><td>时间不允许</td><td>婉言拒绝</td><td>耐心解释</td></tr>
</table>

【学生文本任务单】

各小组同学根据教师分配的工作任务选定人物角色，撰写情景模拟剧“游客在游览方面个别要求的处理”的脚本。

☐：____

☐：____

☐：____

☐：____

☐：____

☐：____

☐：____

☐：____

☐：____

☐：____

☐：____

☐：____

☐：____

☐：____

☐：____

☐：____

☐：____

☐：____

☐：____

☐：____

☐：____

☐：____

☐：____

【考核评价】

表 2-2-3 学生自评表

评价项目：		班级：		姓名：	
小组名称：		小组组长：			
小组成员：					
本课学习难度	非常容易	比较容易	可以接受	比较难	非常难
本课学习兴趣	很有兴趣	比较有兴趣	一般	不大有兴趣	完全没兴趣
团队合作情况	非常愉快	比较愉快	可以接受	比较困难	非常困难
学习内容掌握程度（10 分）	评价标准			评分标准	评分
	能处理游客要求更换游览项目（个别游客）			1	
	能处理游客要求更换游览项目（团队）			2	
	能处理游客取消游览项目（个别游客）			2	
	能处理游客取消游览项目（团队）			2	
	能处理游客要求增加游览项目（时间允许）			2	
	能处理游客要求增加游览项目（时间不允许）			1	
总分					
学习反思					

表 2-2-4 小组互评表

评价项目：		班级：	
小组名称：		小组组长：	
小组成员：			
项目	指标	评分标准	评分
学生文本任务单（4 分）	内容正确、完整、规范	1	
	流程清晰、正确	1	
	能准确把握处理原则	2	
情景模拟剧（6 分）	情景模拟正确、恰当	2	
	语言表达清晰、准确、流畅	1	
	沟通方式恰当、得体、有礼貌	2	
	团队协作能力	1	
总分			

表 2-2-5　教师评价表

评价项目：		班级：	姓名：
小组名称：		小组组长：	
小组成员：			
考评内容	评分指标	评分标准	得分
模拟实操能力（7 分）	文本任务单填写完整、清晰、规范	1	
	能处理游客要求更换游览项目（个别游客）	1	
	能处理游客要求更换游览项目（团队）	1	
	能处理游客取消游览项目（个别游客）	1	
	能处理游客取消游览项目（团队）	1	
	能处理游客要求增加游览项目（时间允许）	1	
	能处理游客要求增加游览项目（时间不允许）	1	
素质能力（3 分）	语言表达清晰、流畅，沟通文明、有效	1	
	表演真实、生动，有代入感	1	
	团队协作良好	1	
总分			

工作任务二　游客要求自由活动的处理

【任务要求】

1. 熟练掌握游客要求自由活动的处理方法；
2. 能够妥善处理游客要求自由活动的个别要求。

【实施条件】

模拟导游实训室或多媒体教室。

【实施过程】

表 2-2-6　实施过程

<table>
<tr><th>实训步骤</th><th>操作及说明</th><th>注意事项</th></tr>
<tr><td>步骤一</td><td>1. 课前，教师指导学生准备好导游证、导游旗、麦克风等；
2. 教师引导学生回顾游客要求自由活动的处理方法；
3. 学生小组内分角色扮演领队、全陪、地陪、旅行社计调等</td><td rowspan="4">1. 剧情所需“游客”由教师在课前指定学生扮演，并根据所学知识设定不同个性化需求的“游客”；
2. 教师应提前设定剧情，并分小组安排模拟演练内容</td></tr>
<tr><td>步骤二</td><td>情景模拟演练“游客要求自由活动的处理”：
1. 游客要求全天或某一景点不随团活动：
(1) 告知费用问题。所有费用不退，增加的费用自理。
(2) 告知就餐时间、地点。
(3) 做好提醒工作：提醒其注意安全，保管好自己的财物；提醒其带好饭店卡片；为其提供便条、导游电话等。
2. 到游览点后要求自由活动。
(1) 环境许可，可满足；
(2) 提醒其集合时间、地点、车牌号、导游电话等。
3. 自由活动时间或晚间要求单独行动：
(1) 提醒不要走太远；
(2) 不要携带贵重物品；
(3) 不要去秩序混乱的场所；
(4) 不要太晚返回，注意安全等。
4. 少数人要求一起活动：
(1) 与大多数游客在一起；
(2) 确保旅游计划全面实施</td></tr>
<tr><td>步骤三</td><td>各小组模拟演练后总结该情景的处理方法</td></tr>
<tr><td>步骤四</td><td>模拟过程中，完成学生自评、小组互评、教师点评，对模拟过程中存在的问题在模拟结束后进行反思、总结</td></tr>
</table>

【知识链接】

表 2-2-7　游客要求自由活动的处理方法

个别要求		情况	原则	解决方案
游客要求自由活动	全天或某景点不随团	条件允许	可允许	(1) 告知费用问题：所有费用不退，增加的费用自理； (2) 告知就餐时间、地点； (3) 做好提醒工作（注意安全，保管好自己的财物；带好饭店卡片；为其提供便条、导游电话等）
	游览点要自由活动	环境许可	可允许	做好提醒工作： (1) 集合时间、地点； (2) 停车位置、车牌号； (3) 导游电话
	自由活动时间或晚间要求单独行动	环境许可	可允许	做好提醒工作： (1) 不要走太远； (2) 不要携带贵重物品； (3) 不要去秩序乱的场所； (4) 不要太晚返回，注意安全
	少数人要一起活动	环境许可	可允许	与大多数游客在一起

【学生文本任务单】

各小组同学根据教师分配的工作任务选定人物角色，撰写情景模拟剧“游客要求自由活动的处理”的脚本。

□：______________________________

□：______________________________

□：______________________________

□：______________________________

□：______________________________

□：______________________________

□：______________________________

□：______________________________

□：______________________________

□：______________________________

□：______________________________

【考核评价】

表 2-2-8　学生自评表

<table>
<tr><td colspan="2">评价项目：</td><td colspan="2">班级：</td><td colspan="2">姓名：</td></tr>
<tr><td colspan="2">小组名称：</td><td colspan="4">小组组长：</td></tr>
<tr><td colspan="6">小组成员：</td></tr>
<tr><td rowspan="2">本课学习难度</td><td>非常容易</td><td>比较容易</td><td>可以接受</td><td>比较难</td><td>非常难</td></tr>
<tr><td></td><td></td><td></td><td></td><td></td></tr>
<tr><td rowspan="2">本课学习兴趣</td><td>很有兴趣</td><td>比较有兴趣</td><td>一般</td><td>不大有兴趣</td><td>完全没兴趣</td></tr>
<tr><td></td><td></td><td></td><td></td><td></td></tr>
<tr><td rowspan="2">团队合作情况</td><td>非常愉快</td><td>比较愉快</td><td>可以接受</td><td>比较困难</td><td>非常困难</td></tr>
<tr><td></td><td></td><td></td><td></td><td></td></tr>
<tr><td rowspan="6">学习内容掌握程度（10 分）</td><td colspan="3">评价标准</td><td>评分标准</td><td>评分</td></tr>
<tr><td colspan="3">能处理游客要求全天或某一景点不随团活动</td><td>2</td><td></td></tr>
<tr><td colspan="3">能处理游客到游览点后要求自由活动</td><td>2</td><td></td></tr>
<tr><td colspan="3">能处理游客自由活动时间或晚间要求单独行动</td><td>2</td><td></td></tr>
<tr><td colspan="3">能处理游客晚间要求单独行动</td><td>2</td><td></td></tr>
<tr><td colspan="3">能处理少数人要求一起活动的情况</td><td>2</td><td></td></tr>
<tr><td colspan="4">总分</td><td colspan="2"></td></tr>
<tr><td>学习反思</td><td colspan="5"></td></tr>
</table>

表 2-2-9　小组互评表

<table>
<tr><td colspan="2">评价项目：</td><td colspan="2">班级：</td></tr>
<tr><td colspan="2">小组名称：</td><td colspan="2">小组组长：</td></tr>
<tr><td colspan="4">小组成员：</td></tr>
<tr><td>项目</td><td>指标</td><td>评分标准</td><td>评分</td></tr>
<tr><td rowspan="3">学生文本任务单（4 分）</td><td>内容正确、完整、规范</td><td>1</td><td></td></tr>
<tr><td>流程清晰、正确</td><td>1</td><td></td></tr>
<tr><td>能准确把握处理原则</td><td>2</td><td></td></tr>
<tr><td rowspan="4">情景模拟剧（6 分）</td><td>情景模拟正确、恰当</td><td>2</td><td></td></tr>
<tr><td>语言表达清晰、准确、流畅</td><td>1</td><td></td></tr>
<tr><td>沟通方式恰当、得体、有礼貌</td><td>2</td><td></td></tr>
<tr><td>团队协作能力</td><td>1</td><td></td></tr>
<tr><td colspan="2">总分</td><td colspan="2"></td></tr>
</table>

表 2-2-10　教师评价表

评价项目：		班级：	姓名：	
小组名称：		小组组长：		
小组成员：				
考评内容	评分指标		评分标准	得分
模拟实操能力（7 分）	文本任务单填写完整、清晰、规范		1	
	能处理游客要求全天或某一景点不随团活动		2	
	能处理游客到游览点后要求自由活动		1	
	能处理游客自由活动时间或晚间要求单独行动		1	
	能处理游客晚间要求单独行动		1	
	能处理少数人要求一起活动的情况		1	
素质能力（3 分）	语言表达清晰、流畅，沟通文明、有效		1	
	表演真实、生动，有代入感		1	
	团队协作良好		1	
总分				

工作任务三　游客要求亲友随团活动的处理

【任务要求】

1. 掌握游客要求亲友随团活动的处理方法；
2. 能够妥善处理不同情况下游客要求亲友随团活动的个别要求。

【实施条件】

模拟导游实训室或多媒体教室。

【实施过程】

表 2-2-11　实施过程

<table>
<tr><th>实训步骤</th><th>操作及说明</th><th>注意事项</th></tr>
<tr><td>步骤一</td><td>1. 课前教师指导学生准备好导游证、导游旗、麦克风等；
2. 教师带领学生回顾游客要求亲友随团活动的处理方法；
3. 学生小组内分角色扮演领队、全陪、地陪、团队游客等</td><td rowspan="3">1. 剧情所需“游客”由教师在课前指定学生扮演，并根据所学知识设定不同个性化需求的“游客”；
2. 教师应提前设定剧情，并分小组安排模拟演练内容</td></tr>
<tr><td>步骤二</td><td>情景模拟演练“游客要求亲友随团活动的处理”：
1. 游客要求中国籍亲友随团活动。
(1)条件允许(车上有空位，不影响他人)；
(2)征得领队和其他团员同意后可满足；
(3)旅行社办理入团手续，支付费用。
2.游客要求外国籍亲友随团活动：
(1)条件允许(车上有空位，不影响他人)；
(2)征得领队和其他团员同意后可满足；
(3)出示有效证件，旅行社办理入团手续，支付费用；
(4)外交官员应享受外交礼遇，接待按规定办理；
(5)亲友以记者身份参团，一般应婉拒</td></tr>
<tr><td>步骤三</td><td>模拟过程中，完成学生自评、小组互评、教师点评，对模拟过程中存在的问题在模拟结束后进行反思、总结</td></tr>
</table>

【知识链接】

表 2-2-12　游客要求亲友随团活动的处理方式

<table>
<tr><th colspan="2">个别要求</th><th>情况</th><th>原则</th><th>解决方案</th></tr>
<tr><td rowspan="2">游客要求亲友随团活动</td><td>中国籍亲友随团活动</td><td>条件允许(车有空位，不影响他人)</td><td>可以考虑</td><td>(1)征得领队和其他团员同意后可满足；
(2)在旅行社办理入团手续，支付费用</td></tr>
<tr><td>外国籍亲友随团活动</td><td>条件允许(车有空位，不影响他人)</td><td>可以考虑</td><td>(1)征得领队和其他团员同意后可满足；
(2)出示有效证件，在旅行社办理入团手续，支付费用；
(3)外交官员应享受外交礼遇，接待按规定办理；
(4)亲友以记者身份参团，一般应婉拒</td></tr>
</table>

【学生文本任务单】

各小组同学根据教师分配的工作任务选定人物角色，撰写情景模拟剧“游客要求亲友随团活动的处理”的脚本。

□：______________________________

□：______________________________

□：______________________________

□：______________________________

□：______________________________

□：______________________________

□：______________________________

□：______________________________

□：______________________________

□：______________________________

□：______________________________

□：______________________________

□：______________________________

□：______________________________

□：______________________________

□：______________________________

□：______________________________

□：______________________________

□：______________________________

□：______________________________

□：______________________________

□：______________________________

□：______________________________

【考核评价】

表 2-2-13　学生自评表

<table>
<tr><td colspan="2">评价项目：</td><td colspan="2">班级：</td><td colspan="2">姓名：</td></tr>
<tr><td colspan="2">小组名称：</td><td colspan="4">小组组长：</td></tr>
<tr><td colspan="6">小组成员：</td></tr>
<tr><td rowspan="2">本课学习难度</td><td>非常容易</td><td>比较容易</td><td>可以接受</td><td>比较难</td><td>非常难</td></tr>
<tr><td></td><td></td><td></td><td></td><td></td></tr>
<tr><td rowspan="2">本课学习兴趣</td><td>很有兴趣</td><td>比较有兴趣</td><td>一般</td><td>不大有兴趣</td><td>完全没兴趣</td></tr>
<tr><td></td><td></td><td></td><td></td><td></td></tr>
<tr><td rowspan="2">团队合作情况</td><td>非常愉快</td><td>比较愉快</td><td>可以接受</td><td>比较困难</td><td>非常困难</td></tr>
<tr><td></td><td></td><td></td><td></td><td></td></tr>
<tr><td rowspan="3">学习内容掌握程度（10 分）</td><td colspan="3">评价标准</td><td>评分标准</td><td>评分</td></tr>
<tr><td colspan="3">会处理游客要求中国籍亲友随团活动</td><td>5</td><td></td></tr>
<tr><td colspan="3">会处理游客要求外国籍亲友随团活动</td><td>5</td><td></td></tr>
<tr><td colspan="4">总分</td><td colspan="2"></td></tr>
<tr><td>学习反思</td><td colspan="5"></td></tr>
</table>

表 2-2-14　小组互评表

<table>
<tr><td colspan="2">评价项目：</td><td colspan="2">班级：</td></tr>
<tr><td colspan="2">小组名称：</td><td colspan="2">小组组长：</td></tr>
<tr><td colspan="4">小组成员：</td></tr>
<tr><td>项目</td><td>指标</td><td>评分标准</td><td>评分</td></tr>
<tr><td rowspan="3">学生文本任务单（4 分）</td><td>内容正确、完整、规范</td><td>1</td><td></td></tr>
<tr><td>流程清晰、正确</td><td>1</td><td></td></tr>
<tr><td>能准确把握处理原则</td><td>2</td><td></td></tr>
<tr><td rowspan="4">情景模拟剧（6 分）</td><td>情景模拟正确、恰当</td><td>2</td><td></td></tr>
<tr><td>语言表达清晰、准确、流畅</td><td>1</td><td></td></tr>
<tr><td>沟通方式恰当、得体、有礼貌</td><td>2</td><td></td></tr>
<tr><td>团队协作能力</td><td>1</td><td></td></tr>
<tr><td colspan="2">总分</td><td colspan="2"></td></tr>
</table>

表 2-2-15　教师评价表

评价项目：		班级：	姓名：
小组名称：		小组组长：	
小组成员：			
考评内容	评分指标	评分标准	得分
模拟实操能力（7 分）	文本任务单填写完整、正确、规范、清晰	1	
	会处理游客要求中国籍亲友随团活动	3	
	会处理游客要求外国籍亲友随团活动	3	
素质能力（3 分）	语言表达清晰、流畅，沟通文明、有效	1	
	表演真实、生动，有代入感	1	
	团队协作良好	1	
总分			

工作任务四　游客要求中途离团的处理

【任务要求】

1. 熟练掌握游客在不同情况下要求中途离团的处理方法；
2. 能够对不同情况下游客要求中途离团进行妥善处理。

【实施条件】

模拟导游实训室或多媒体教室。

【实施过程】

表 2-2-16　实施过程

实训步骤	操作及说明	注意事项
步骤一	1. 课前，教师指导学生准备好导游证、导游旗、麦克风等； 2. 教师带领学生回顾游客要求中途离团的处理方法； 3. 学生小组内分角色扮演领队、全陪、地陪、团队游客、旅行社计调、机场工作人员等	1. 剧情所需“游客”由教师在课前指定学生扮演，并根据所学知识设定不同个性化需求的“游客”； 2. 教师应提前设定剧情，并分小组安排模拟演练内容
步骤二	情景模拟演练“游客要求中途离团的处理”。 1. 因特殊原因提前离开旅游团： (1) 接待社与组团社协商后可予以满足； (2) 剩余费用按协议部分退还，或不予退还。 2. 无特殊原因提前离开旅游团： (1) 导游配合领队做说服工作，劝其继续旅游； (2) 若接待社有责任，设法弥补； (3) 若游客提出无理要求，耐心解释； (4) 若劝说无效，可满足，旅游费用不予退还。 (5) 对于外国游客，导游要在领导的指示下协助其返回，费用自理	
步骤三	模拟过程中完成学生自评、小组互评、教师点评，对模拟过程中存在的问题在模拟结束后进行反思、总结	

【知识链接】

表 2-2-17　游客要求中途离团的处理方法

个别要求	情况	原则	解决方案
游客要求中途离团的处理	因特殊原因	予以协助	(1) 接待社与组团社协商后可予以满足； (2) 剩余费用按协议部分退还，或不予退还
	无特殊原因	说服、弥补、道歉、协助	(1) 导游配合领队做说服工作，劝其继续旅游； (2) 若接待社有责任，设法弥补； (3) 若游客提出无理要求，耐心解释； (4) 若劝说无效，可满足，旅游费用不予退还； (5) 对于外国游客，导游要在领导的指示下协助其返回，费用自理

【学生文本任务单】

各小组同学根据教师分配的工作任务选定人物角色，撰写情景模拟剧“游客要求中途离团的处理”的脚本。

□：____

□：____

□：____

□：____

□：____

□：____

□：____

□：____

□：____

□：____

□：____

□：____

□：____

□：____

□：____

□：____

□：____

□：____

□：____

□：____

□：____

□：____

□：____

【考核评价】

表 2-2-18　学生自评表

评价项目：		班级：		姓名：	
小组名称：		小组组长：			
小组成员：					
本课学习难度	非常容易	比较容易	可以接受	比较难	非常难
本课学习兴趣	很有兴趣	比较有兴趣	一般	不大有兴趣	完全没兴趣
团队合作情况	非常愉快	比较愉快	可以接受	比较困难	非常困难
学习内容掌握程度（10 分）	评价标准			评分标准	评分
	会处理游客因特殊原因提前离开旅游团			5	
	会处理游客无特殊原因提前离开旅游团			5	
总分					
学习反思					

表 2-2-19　小组互评表

评价项目：		班级：	
小组名称：		小组组长：	
小组成员：			
项目	指标	评分标准	评分
学生文本任务单（4 分）	内容正确、完整、规范	1	
	流程清晰、正确	1	
	能准确把握处理原则	2	
情景模拟剧（6 分）	情景模拟正确、恰当	2	
	语言表达清晰、准确、流畅	1	
	沟通方式恰当、得体、有礼貌	2	
	团队协作能力	1	
总分			

表 2-2-20　教师评价表

<table>
<tr><td colspan="2">评价项目：</td><td>班级：</td><td></td><td>姓名：</td><td></td></tr>
<tr><td colspan="2">小组名称：</td><td colspan="4">小组组长：</td></tr>
<tr><td colspan="6">小组成员：</td></tr>
<tr><td>考评内容</td><td colspan="3">评分指标</td><td>评分标准</td><td>得分</td></tr>
<tr><td rowspan="3">模拟实操能力（7分）</td><td colspan="3">文本任务单填写完整、正确、规范、清晰</td><td>1</td><td></td></tr>
<tr><td colspan="3">会处理游客因特殊原因提前离开旅游团</td><td>3</td><td></td></tr>
<tr><td colspan="3">会处理游客无特殊原因提前离开旅游团</td><td>3</td><td></td></tr>
<tr><td rowspan="3">素质能力（3分）</td><td colspan="3">语言表达清晰、流畅，沟通文明、有效</td><td>1</td><td></td></tr>
<tr><td colspan="3">表演真实、生动，有代入感</td><td>1</td><td></td></tr>
<tr><td colspan="3">团队协作良好</td><td>1</td><td></td></tr>
<tr><td colspan="4">总分</td><td colspan="2"></td></tr>
</table>

工作任务五　游客要求延长旅游的处理

【任务要求】

1. 掌握游客在不同情况下要求延长旅游的处理方法；
2. 能够对不同情况下游客要求延长旅游进行妥善处理。

【实施条件】

模拟导游实训室或多媒体教室。

【实施过程】

表 2-2-21　实施过程

<table>
<tr><th>实训步骤</th><th>操作及说明</th><th>注意事项</th></tr>
<tr><td>步骤一</td><td>1. 课前，教师指导学生准备好导游证、导游旗、麦克风等；
2. 教师带领学生回顾游客要求延长旅游的处理方法；
3. 学生小组内分角色扮演领队、全陪、地陪、团队游客、旅行社计调等</td><td rowspan="4">1. 剧情所需“游客”由教师在课前指定学生扮演，并根据所学知识设定不同个性化需求的“游客”；
2. 教师应提前设定剧情，并分小组安排模拟演练内容</td></tr>
<tr><td>步骤二</td><td>情景模拟演练“游客要求延长旅游的处理”。
1. 中途退团，但本人继续在当地逗留需延长旅游期：
(1) 导游应帮助其办理一切相关手续；
(2) 伤病住院者，导游应前往医院探视，协助解决患者或其陪伴家属生活上的困难。
2. 不随团离开或出境：
(1) 不需要延长签证，一般可满足；
(2) 需要延长签证，原则上应婉拒；
(3) 需要延长签证，有特殊原因的，请示旅行社后，提供必要的帮助</td></tr>
<tr><td>步骤三</td><td>各小组完成延长签证手续的流程图，以小组为单位进行汇报</td></tr>
<tr><td>步骤四</td><td>模拟过程中完成学生自评、小组互评、教师点评，对模拟过程中存在的问题在模拟结束后进行反思、总结</td></tr>
</table>

【知识链接】

表 2-2-22　游客要求延长旅游的处理方法

<table>
<tr><th colspan="2">个别要求</th><th>情况</th><th>原则</th><th>解决方案</th></tr>
<tr><td rowspan="4">游客要求延长旅游</td><td>本人继续在当地逗留</td><td>中途退团（生病、探友）</td><td>予以协助</td><td>(1) 导游应帮助其办理一切相关手续；
(2) 伤病住院者，导游应前往医院探视，协助解决患者或其陪伴家属生活上的困难</td></tr>
<tr><td rowspan="3">不随团离开或出境</td><td>不延长签证</td><td>可满足</td><td>一般可满足</td></tr>
<tr><td rowspan="2">要延长签证</td><td>一般应婉拒</td><td>原则上应婉拒</td></tr>
<tr><td>特殊原因</td><td>请示旅行社后，提供必要的帮助</td></tr>
</table>

【学生文本任务单】

各小组同学根据教师分配的工作任务选定人物角色，撰写情景模拟剧“游客要求延长旅游的处理”的脚本。

☐：____

☐：____

☐：____

☐：____

☐：____

☐：____

☐：____

☐：____

☐：____

☐：____

☐：____

☐：____

☐：____

☐：____

☐：____

☐：____

☐：____

☐：____

☐：____

☐：____

☐：____

☐：____

☐：____

【考核评价】

表 2-2-23　学生自评表

<table>
<tr><td colspan="2">评价项目：</td><td colspan="2">班级：</td><td colspan="2">姓名：</td></tr>
<tr><td colspan="2">小组名称：</td><td colspan="4">小组组长：</td></tr>
<tr><td colspan="6">小组成员：</td></tr>
<tr><td rowspan="2">本课学习难度</td><td>非常容易</td><td>比较容易</td><td>可以接受</td><td>比较难</td><td>非常难</td></tr>
<tr><td></td><td></td><td></td><td></td><td></td></tr>
<tr><td rowspan="2">本课学习兴趣</td><td>很有兴趣</td><td>比较有兴趣</td><td>一般</td><td>不大有兴趣</td><td>完全没兴趣</td></tr>
<tr><td></td><td></td><td></td><td></td><td></td></tr>
<tr><td rowspan="2">团队合作情况</td><td>非常愉快</td><td>比较愉快</td><td>可以接受</td><td>比较困难</td><td>非常困难</td></tr>
<tr><td></td><td></td><td></td><td></td><td></td></tr>
<tr><td rowspan="4">学习内容掌握程度（10 分）</td><td colspan="3">评价标准</td><td>评分标准</td><td>评分</td></tr>
<tr><td colspan="3">会处理游客中途退团，但本人在当地逗留需延长旅游期</td><td>3</td><td></td></tr>
<tr><td colspan="3">会处理游客不随团离开或出境</td><td>4</td><td></td></tr>
<tr><td colspan="3">能完成延长签证手续的流程图</td><td>3</td><td></td></tr>
<tr><td colspan="4">总分</td><td colspan="2"></td></tr>
<tr><td>学习反思</td><td colspan="5"></td></tr>
</table>

表 2-2-24　小组互评表

<table>
<tr><td colspan="2">评价项目：</td><td colspan="2">班级：</td></tr>
<tr><td colspan="2">小组名称：</td><td colspan="2">小组组长：</td></tr>
<tr><td colspan="4">小组成员：</td></tr>
<tr><td>项目</td><td>指标</td><td>评分标准</td><td>评分</td></tr>
<tr><td rowspan="3">学生文本任务单（4 分）</td><td>内容正确、完整、规范</td><td>1</td><td></td></tr>
<tr><td>流程清晰、正确</td><td>1</td><td></td></tr>
<tr><td>能准确把握处理原则</td><td>2</td><td></td></tr>
<tr><td rowspan="4">情景模拟剧（6 分）</td><td>情景模拟正确、恰当</td><td>2</td><td></td></tr>
<tr><td>语言表达清晰、准确、流畅</td><td>1</td><td></td></tr>
<tr><td>沟通方式恰当、得体、有礼貌</td><td>2</td><td></td></tr>
<tr><td>团队协作能力</td><td>1</td><td></td></tr>
<tr><td colspan="2">总分</td><td colspan="2"></td></tr>
</table>

表 2-2-25　教师评价表

评价项目：		班级：	姓名：
小组名称：		小组组长：	
小组成员：			
考评内容	评分指标	评分标准	得分
模拟实操能力（7分）	文本任务单填写完整、正确、规范、清晰	1	
	会处理游客中途退团，但本人在当地逗留需延长旅游期	2	
	会处理游客不随团离开或出境	2	
	能完成延长签证手续的流程图	2	
素质能力（3分）	语言表达清晰、流畅，沟通文明、有效	1	
	表演真实、生动，有代入感	1	
	团队协作良好	1	
总分			

项目三　沿途娱乐活动

项目介绍

开展沿途娱乐活动已成为导游工作中一项越来越重要的内容，做好沿途导游讲解工作的同时，为游客营造一种休闲放松、舒心愉悦的沿途旅行氛围也是导游能力的体现。旅行途中可以采取唱歌、讲故事、游戏等方式活跃气氛，调节游客的情绪，从而达到缓解游客疲劳的效果。

学习目标

1. 知识目标：

(1) 了解导游个人才艺表演的主要类型；

(2) 了解沿途娱乐游戏的主要类型；

(3) 掌握调动游客情绪、调节旅途气氛的游戏要领。

2. 能力目标：

(1) 能够表演个人才艺；

(2) 能够开展沿途旅游活动。

3. 素质目标：

提升学生表演与组织娱乐活动时的心理素质。

工作情景描述

导游小张带领“梦之旅”旅游团从兰州市内前往武威文庙旅游，车程大约 3 小时。为了活跃旅游车内气氛，小张决定表演才艺，请做好才艺展示准备。

工作任务一　才艺展示类

【任务要求】

1. 能够搜集并表演与旅途游览相关的幽默故事和笑话；
2. 能够搜集并表演与旅途游览相关的歌曲等；
3. 能够将搜集的资料编辑成册。

【实施条件】

模拟导游实训室或多媒体教室。

【实施过程】

一、讲故事、说笑话

讲故事、说笑话是导游常用的才艺形式，也是导游出色口才的一种表现。为了凸显效果，讲故事、说笑话环节一般单独进行。讲好一个故事，能让游客身临其境、回味无穷；说好一个笑话，能让游客心情愉悦、舒畅。

表 2-3-1 讲故事、说笑话的实施过程

实训步骤	操作及说明	注意事项
步骤一	1. 教师示范讲解经典故事、笑话各 1 个； 2. 教师分配实训任务，分配团型，小组根据实训任务分配扮演的角色：游客、导游等； 3. 学生分组利用互联网或者图书馆收集幽默故事、笑话	1. 学生一般 5～7 人一组，成员之间应分工明确，互相协作，保证完成工作任务； 2. 视频的发布等注意个人隐私的保护
步骤二	情景模拟训练“讲故事、说笑话”： 1. 小组根据分配的团型进行讲故事、笑话练习； 2. 学生分小组讲解故事； 3. 学生分小组说笑话	
步骤三	模拟过程中完成学生自评、小组互评、教师点评，对模拟过程中存在的问题在模拟结束后进行反思、总结	
步骤四	1. 以班级为单位，将各小组讲的故事、笑话编制成册； 2. 以小组为单位，将本小组表演讲故事、说笑话的视频录制成视频集，并发布	

二、唱歌

旅途中唱歌可以消除游客的旅途疲劳，激发游客游兴，活跃旅游团气氛，增进导游与游客的感情；同时也是展示导游的才华，加深游客对导游的良好印象，使旅途更加顺利、有趣的有效手段。为此，导游应掌握不同受众群体中传唱度较高的歌曲，在旅途中通过演唱歌曲或带领游客演唱等形式积极调动游客的游兴。

表 2-3-2　唱歌的实施过程

实训步骤	操作及说明	注意事项
步骤一	1. 教师示范演唱一首歌曲； 2. 教师分配实训任务，分配团型，小组进行角色扮演，分别扮演游客、导游； 3. 学生分组利用互联网或者图书馆收集不同的歌曲	1. 学生一般 5～7 人一组，成员之间应分工明确，互相协作，保证完成工作任务； 2. 视频的发布等注意个人隐私的保护
步骤二	情景模拟训练“唱歌”： 1. 学生结合分配的团型进行唱歌演练； 2. 学生分小组进行唱歌表演	
步骤三	模拟过程中完成学生自评、小组互评、教师点评，对模拟过程中存在的问题在模拟结束后进行反思、总结	
步骤四	各小组将自己组员唱歌的视频制作成视频集，并发布	

三、朗诵

恰到好处的朗诵可以增加讲解的趣味性，导游在沿途讲解过程中可以适当加入朗诵，但朗诵的内容应与讲解内容的关联性较强，同时应该注意要情感到位，并且时间不宜过长。

表 2-3-3　朗诵的实施过程

实训步骤	操作及说明	注意事项
步骤一	1. 教师示范朗诵； 2. 教师分配实训任务，分配团型，小组进行角色扮演，分别扮演游客、导游； 3. 各小组利用互联网或者图书馆收集朗诵内容	1. 学生一般 5～7 人一组，成员之间应明确分工，互相协作，保证完成工作任务； 2. 视频的发布等注意个人隐私的保护
步骤二	情景模拟训练“朗诵”： 1. 学生根据分配的团型进行朗诵练习； 2. 各小组进行朗诵表演	
步骤三	模拟过程中完成学生自评、小组互评、教师点评，对模拟过程中存在的问题在模拟结束后进行反思、总结	
步骤四	1. 以班级为单位，将搜集的朗诵内容编制成册； 2. 各小组将组员的朗诵视频制作成视频集，并发布	

【知识链接】

游客外出旅游求乐、求知的同时，也为了求趣、休闲放松，因而旅游工作者要做到让游客开心、舒心。因此，在做好讲解的同时，也需要兼顾整个旅游环节，调节旅游团队气氛，行车途中可以采取唱歌、讲故事、讲笑话等方法活跃氛围，调节游客的情绪，缓解游客的疲劳。需要注意的是，无论采取何种方式方法，所选内容必须是积极健康的，不得散布谣言、迷信、恐怖等内容。

一、讲故事的基本要求

讲故事是导游常用的才艺展示方法，也是导游出色口才的一种表现。导游所讲的故事可以是类似于笑话的幽默故事，也可以是充满哲理的寓言故事。导游如果将所讲的故事与导游词讲解中的典故、传说、景点等结合起来，可以增加故事的吸引力。导游讲故事时应注意以下几点：

1. 内容健康、积极，不得散布谣言、迷信、荒诞等内容；
2. 篇幅宜短，结构严谨，引人入胜；
3. 吐字清晰、语速适中。

二、讲笑话的基本要求

1. 内容健康、积极，不涉及迷信等内容；
2. 篇幅不宜过长，能让游客较快体会到其中的意思；
3. 吐字清晰，语速适中；
4. 注意场合。

三、唱歌的基本要求

1. 唱歌时间的选择。导游选择唱歌的时间一般应在首次讲解、结束旅程告别、游客疲劳、旅途单调漫长之时。

2. 歌曲的选择。旅途中应根据团型、游客年龄等选择歌曲，如机关单位党建团以红歌为主，夕阳红老年团以怀旧歌曲为主，以便引起游客的共鸣。

3. 选择适合自己演唱的歌曲。

4. 歌声优美、洪亮、自信。

四、朗诵的基本要求

1. 具备良好的普通话基础。使用标准的普通话朗诵，准确表达作品的思想内容，掌握普通话的声、韵、调等基本知识与技能。

2. 朗诵内容的选择。根据自己的爱好和水平，选择一些具有形象性而且容易上口的文章，主要以诗歌和散文为主。

3. 朗诵时机的把握。一般结合自己的讲解内容，结合景点、景区进行朗诵，让朗诵内容和导游讲解有机结合。

4. 生僻字词的掌握。要准确把握朗诵内容的含义、不囫囵吞枣、望文生义，避免出现读错字、念错词的情况。

五、才艺展示类示范

示范 1：讲故事

“酒泉”地名的由来

酒泉因“城下有泉”“其水若酒”而得名。酒泉为汉代河西四郡之一，自古是中原通往西域的交通要塞，丝绸之路的重镇。酒泉的命名也跟霍去病有关：霍去病击败匈奴后，于此夸兵庆功，在这种情况下，酒水是必不可少的。而当时甘肃地区远离统治中心关中千里之外，酒水极其匮乏，途中霍去病碰见一条泉水，于是就将所带酒水倒入泉水中，以便全军将士共同饮用，这就是“酒泉”名字的由来。

匈奴领袖冒顿单于

匈奴单于头曼的长子名冒顿，后来其爱妃又生下一子，于是他想废冒顿，立次子为太子。于是，将冒顿送与大月氏为质子(也就是人质)。刚一送过去，他就派兵出征大月氏，想要借刀杀人，杀死冒顿。不想冒顿武艺高强，自己逃回了匈奴。回到匈奴后，头曼让冒顿做了万骑首领。冒顿开始训练自己的属下，准备复仇计划。他发明了一种特殊的箭，叫作鸣镝。这种箭的箭尾有一个哨子，箭发射到哪里，哪个方向就会发出声音。冒顿要求他的箭射向哪里，下属就必须射向哪里。他还要求将士必须百分百服从他，不然就会被斩杀。慢慢的，冒顿的势力越来越强大，带着自己的属下不断扩大疆土，成为新的单于。

新单于冒顿是一位杰出的、有能力而且有活力的匈奴领袖。在楚汉相争的短短数年之际，他强化内部组织，建立左右二元体制的军政制度，左在右先。从上到下设置左右贤王、左右谷蠡王、左右大将、左右大都尉、左右大当户、左右骨都侯。这种左右体系主要以地域来划分，左方管理草原的东部，右方则管理西部。匈奴的最高统治者单于以龙廷(今蒙古乌兰巴托附近)为都直接统治中部领土。冒顿不但成功地在各个匈奴部落之间实现了前所未有的统一，而且使版图迅速扩大。向东，冒顿击溃了东北地区的东胡；向西，他发动了一场针对居住在河西走廊的月氏人的成功战役，又夺取楼兰、乌孙、呼揭等二十六国；向北，征服了一些游牧民族，包括南西伯利亚的丁零在内；向南，趁秦汉朝代交替之际中原王朝在河套地区防御空虚之机，夺回了秦朝大将蒙恬经营开发的河套地区。此时，匈奴控制了中国东北部、北部和西北部的广大土地。拥有骑兵30余万，势力十分强大，匈奴势力由此进入全盛期。匈奴崛起于北方草原，改变了原有的民族分布格局和政治平衡。匈奴逼迫一些草原民族离开故地，引发了一系列的民族迁徙活动，大月氏、乌孙、塞人等被迫西迁至中亚地区。于是，西域地区成为匈奴的“右臂”，是匈奴向中原王朝进攻的根据地之一。他们经常侵入汉朝的边境，大肆烧杀抢掠，破坏汉地的农业生产，对汉王朝北方边疆形成极大威胁。不仅如此，匈奴还在边境地区对汉朝那些强有力的地方官吏进行离间，刘信(韩王)、卢绾(燕王)、陈豨(代郡太守)等重量级人物先后归附匈奴，这对建政不久的汉王朝巩固政权也构成了威胁。

示范2：说笑话

船变到哪里去了?

一位魔术师在一艘小邮轮上工作，已有一两年的时间。这两年来，他每天晚上都有一样的秀场。不过，因为观众群经常更换，所以他也就没着急学新戏法。但是，几年下来，坐在后排的鹦鹉经过长期的观察，终于看出了魔术师戏法的破绽，开始当众拆穿魔术师的把戏。

举个例子，当魔术师把一束花变走时，这只鹦鹉会大叫说：“在他的后面！在他的后面！”这弄得魔术师火冒三丈，可是他也束手无策。鹦鹉是船长的，他不能动它。有一天，这艘船漏水，结果沉了。魔术师设法游到一块漂在水面上的木板旁，然后抓住木板旁。这只鹦鹉正站在木板的另一端。他们两个一路大眼瞪小眼，一句话不说。就这样在水上漂流了三天。就在第四天早晨，鹦鹉终于忍不住地看着魔术师说：“算了，我投降了，你到底把船变到哪里去了？”

示范 3：唱歌

甘肃老家

门前的黄河水啊，洗过那光脚丫，屋后的胡杨林啊，玩过过家家，水车转了千年，依旧吱呀呀，就像爷爷讲的故事，不会停下。甘肃老家啊，我的甘肃老家，平平凡凡的日子，总有那牵牵挂挂，想你的心瘦成了，祁连的月牙。梦里百次，又回到大漠里安家，院子里还呀是啊，摆着那盖碗茶，院子外还开着那，满墙的牵牛花，麦子熟了盛夏，庄稼再一茬，就像奶奶纳的鞋底，密密麻麻。甘肃老家啊，我的甘肃老家，山山水水的归程，再没有坑坑洼洼，心里的话，说给了飞天的琵琶，再出阳关奏一曲，朋友遍天下。甘肃老家啊，我的甘肃老家，山山水水的归程，再没有坑坑洼洼，心里的话，说给了飞天的琵琶，再出阳关奏一曲，朋友遍天下，啊我的甘肃老家。

尕妹妹门前浪三浪

尕妹妹的大门上浪三浪，心里跳得慌呀，想着我的尕妹妹的好模样呀，妹妹山丹红花开呀，听说我的尕妹妹病哈了，阿哥甭急坏呀，称上了些冰糖看你来呀，妹妹山丹花儿开呀，开不开的山丹花，连根拔上来把把甭损坏呀，送给我的尕妹妹呀两鬓间戴呀，妹妹山丹红花开呀，登上那个六盘山望呀山川来嘛，二牡丹来嘛二呀梅花呀，再见了呀壮美的山呀树耶，毛毛的个细雨里抓呀蚂蚱来嘛，二牡丹来嘛二呀梅花呀，我看你呀是飞呀嘛跳呀尼耶，抓住你个尕手着温呀湿滑来么，二牡丹来嘛二呀梅花呀，我看你呀哭尼嘛笑呀尼耶，葫芦儿开花着树呀搭架来嘛，二牡丹来嘛二呀梅花呀，秀出个呀美好的明呀天耶，秀出个呀美好的明呀天耶。

朋友

这些年一个人，风也过雨也走，有过泪有过错，还记得坚持什么，真爱过才会懂，会寂寞会回首，终有梦终有你在心中，朋友一生一起走。

那些日子不再有，一句话一辈子，一生情一杯酒，朋友不曾孤单过，一声朋友你会懂，还有伤还有痛，还要走还有我，这些年一个人，风也过雨也走，有过泪有过错，还记得坚持什么，真爱过才会懂，会寂寞会回首，终有梦终有你在心中，朋友一生一起走，那些日子不再有，一句话一辈子，一生情一杯酒，朋友不曾孤单过，一声朋友你会懂，还有伤还有痛，还要走还有我，朋友一生一起走，那些日子不再有，一句话一辈子，一生情一杯酒，朋友不曾孤单过，一声朋友你会懂，还有伤还有痛，还要走还有我，朋友一生一起走，那些日子不再有，一句话一辈子，一生情一杯酒，朋友不曾孤单过，一声朋友你会懂，还有伤还有痛，还要走还有我，一句话一辈子，一生情一杯酒。

浪花一朵朵

啦啦啦啦啦啦啦啦啦啦啦，啦啦啦啦啦啦啦啦啦啦，我要你陪着我，看着那海龟水中游，慢慢地爬在沙滩上，数着浪花一朵朵，你不要害怕你不会寂寞，我会一直陪在你的左右，让你乐悠悠，日子一天一天过，我们会慢慢长大，我不管你懂不懂，我在唱什么哦哦，我知道有一天啊你，一定会爱上我，因为我觉得我，真的很不错 哦 哦，时光匆匆匆匆流走，也也也不回头，美女变成老太婆，哎哟那那那个时候，我我我我也也，已经是个糟老头，啦啦啦啦啦啦，啦啦啦啦啦，我们一起手牵手，啦啦啦啦啦啦啦，啦啦啦啦啦，数着浪花一朵朵，我要你陪着我，看着那海龟水中游，慢慢地爬在沙滩上，数着浪花一朵朵，你不要害怕你不会寂寞，我会一直陪在你的左右，让你乐悠悠，日子一天一天过，我们会慢慢长大，我不管你懂不懂，我在唱什么 哦 哦，我知道有一天，你一定会爱上我，因为我觉得我，真的很不错 哦 哦，时光匆匆匆匆流走，也也也不回头，美女变成老太婆，哎哟那那那个时候，我我我我也也，已经是个糟老头，啦啦 啦啦啦啦啦啦，啦啦啦啦啦啦，我们一起手牵手，啦啦 啦啦啦啦啦啦，啦啦啦啦啦啦，数着浪花一朵朵。

我和我的祖国

我和我的祖国，一刻也不能分割，无论我走到哪里，都流出一首赞歌，我歌唱每一座高山 我歌唱每一条河，袅袅炊烟小小村落路上一道辙，我亲爱的祖国 我永远紧依着你的心窝，你用你那母亲的温情和我诉说，我的祖国和我像海和浪花一朵，浪是海的赤子海是那浪的依托，每当大海在微笑我就是笑的旋涡，我分担着海的忧愁分享海的欢乐，我亲爱的祖国你是大海永不干涸，永远给我 碧浪清波心中的歌，啦……啦……，永远给我，碧浪清波，心中的歌。

夜空中最亮的星

夜空中最亮的星能否听清，那仰望的人心底的孤独和叹息，夜空中最亮的星能否记起，曾与我同行消失在风里的身影，我祈祷拥有一颗透明的心灵，和会流泪的眼睛，给我再去相信的勇气，越过谎言去拥抱你，每当我找不到存在的意义，每当我迷失在黑夜里，夜空中最亮的星，请指引我靠近你，夜空中最亮的星是否知道，曾与我同行的身影如今在哪里，夜空中最亮的星 是否在意，是等太阳升起还是意外先来临，我宁愿所有痛苦都留在心里，也不愿忘记你的眼睛，给我再去相信的勇气，越过谎言去拥抱你，每当我找不到存在的意义，每当我迷失在黑夜里，夜空中最亮的星请照亮我前行，我祈祷拥有一颗透明的心灵，和会流泪的眼睛，给我再去相信的勇气，越过谎言去拥抱你，每当我找不到存在的意义，每当我迷失在黑夜里，夜空中最亮的星，请照亮我前行，夜空中最亮的星 能否听清，那仰望的人心底的孤独和叹息。

示范 4：朗诵

关山月

（唐） 李白

明月出天山，苍茫云海间。
长风几万里，吹度玉门关。
汉下白登道，胡窥青海湾。
由来征战地，不见有人还。
戍客望边色，思归多苦颜。
高楼当此夜，叹息未应闲。

从军行七首

（唐） 王昌龄

其一

烽火城西百尺楼，黄昏独上海风秋。
更吹羌笛关山月，无那金闺万里愁。

其二

琵琶起舞换新声，总是关山旧别情。
撩乱边愁听不尽，高高秋月照长城。

其三

关城榆叶早疏黄，日暮云沙古战场。
表请回军掩尘骨，莫教兵士哭龙荒。

其四

青海长云暗雪山，孤城遥望玉门关。
黄沙百战穿金甲，不破楼兰终不还。

其五

大漠风尘日色昏，红旗半卷出辕门。
前军夜战洮河北，已报生擒吐谷浑。

其六

胡瓶落膊紫薄汗，碎叶城西秋月团。
明敕星驰封宝剑，辞君一夜取楼兰。

其七

玉门山嶂几千重，山北山南总是烽。
人依远戍须看火，马踏深山不见踪。

凉州词二首

其一

葡萄美酒夜光杯，欲饮琵琶马上催。

醉卧沙场君莫笑，古来征战几人回？

其二

秦中花鸟已应阑，塞外风沙犹自寒。

夜听胡笳折杨柳，教人意气忆长安。

【学生文本任务单】

1. 收集故事、笑话、歌曲、诗词等。

各小组同学协作，根据分配的团型，利用互联网查找资料，搜集与旅游目的地、游览点有关的故事、笑话、歌曲、诗词等，每小组收集的各类资料不少于 5 份。

2. 各小组将表演节目的视频进行剪辑、整理、发布。

【考核评价】

表 2-3-4　学生自评表

评价项目：		班级：		姓名：	
小组名称：		小组组长：			
小组成员：					
本课学习难度	非常容易	比较容易	可以接受	比较难	非常难
本课学习兴趣	很有兴趣	比较有兴趣	一般	不大有兴趣	完全没兴趣
团队合作情况	非常愉快	比较愉快	可以接受	比较困难	非常困难
学习内容掌握程度（10 分）	评价标准			评分标准	评分
	能选择恰当的才艺展示类型与具体内容（积极健康）			2	
	能用恰当的方法进行才艺展示			3	
	能采用恰当的方法组织游客参与其中			2	
	能通过才艺展示达到调动游客游兴的目的			2	
	才艺展示符合礼仪要求			1	
总分					
学习反思					

表 2-3-5　小组互评表

评价项目：		班级：	
小组名称：		小组组长：	
小组成员：			
项目	指标	评分标准	评分
展示内容选择（3 分）	才艺表演主题内容健康积极	1	
	情景设置符合导游工作实际	1	
	描述生动完整，与才艺展示结合紧密	1	
展示效果（7 分）	语言表达清晰、准确、流畅	2	
	沟通方式恰当、得体、有礼貌	1	
	表演有一定的艺术性、观赏性和独创性	2	
	表演自然流畅，感染力强，符合游客审美标准	2	
总分			

表 2-3-6　教师评价表

评价项目：		班级：	姓名：
小组名称：		小组组长：	
小组成员：			
项目	指标	评分标准	评分
展示内容选择（3 分）	才艺表演主题内容健康积极	1	
	情景设置符合导游工作实际	1	
	描述生动完整，与才艺展示结合紧密	1	
展示效果（7 分）	语言表达清晰、准确、流畅	1	
	沟通方式恰当、得体、有礼貌	1	
	团队协作能力	1	
	表演有一定的艺术性、观赏性和独创性	2	
	表演自然流畅，感染力强，符合游客审美标准	2	
总分			

工作任务二　娱乐游戏类

【任务要求】

1. 能够搜集并表演与游览相关的语言游戏；
2. 能够搜集并表演与游览相关的娱乐游戏；
3. 能够将搜集的资料编辑成册。

【实施条件】

模拟导游实训室或多媒体教室。

【实施过程】

一、语言游戏

语言游戏对游客而言简单易学，参与度高。旅途中，导游可以加入猜谜语、绕口令、脑筋急转弯等语言游戏，均能较好地调节旅游团队气氛，调动旅游团队游兴。

表 2-3-7　语言游戏的实施过程

<table>
<tr><th>实训步骤</th><th>操作及说明</th><th>注意事项</th></tr>
<tr><td>步骤一</td><td>1. 教师示范讲解猜谜语、绕口令、脑筋急转弯各 1 个；
2. 教师分配实训任务，学生分小组进行角色扮演，分别扮演游客、导游；
3. 各小组利用互联网或者图书馆收集谜语、绕口令、脑筋急转弯</td><td rowspan="4">1. 学生一般 5～7 人一组，成员之间应分工明确，互相协作，保证完成工作任务；
2. 视频的发布应注意个人隐私的保护</td></tr>
<tr><td>步骤二</td><td>情景模拟演练“语言游戏”：
1. 根据团型进行谜语、绕口令、脑筋急转弯的练习；
2. 学生分小组进行谜语的表演；
3. 学生分小组进行绕口令的表演；
4. 学生分小组进行脑筋急转弯的表演</td></tr>
<tr><td>步骤三</td><td>模拟过程中，完成学生自评、小组互评、教师点评，对模拟过程中存在的问题在模拟结束后进行反思、总结</td></tr>
<tr><td>步骤四</td><td>1. 以班级为单位，将各小组搜集的谜语、绕口令、脑筋急转弯编制成册；
2. 以小组为单位，将本小组表演谜语、绕口令、脑筋急转弯的视频录制成视频集，并发布</td></tr>
</table>

二、娱乐游戏

导游在旅途中适当安排娱乐游戏，可以调节旅途气氛，拉近与游客的距离，但在安排娱乐游戏时，应贴近团型与游客特点，选择难易适度、游客感兴趣的游戏，避免出现尴尬的局面。

表 2-3-8　娱乐游戏的实施过程

实训步骤	操作及说明	注意事项
步骤一	1. 教师带领学生示范做游戏； 2. 教师分配实训任务，学生分小组进行角色扮演，分别扮演游客、导游； 3. 各小组利用互联网或者图书馆收集旅途娱乐游戏	1. 学生一般 5～7 人一组，成员之间应分工明确，互相协作，保证完成工作任务； 2. 由于课堂时间有限，所有小组的游戏活动限制在 5 分钟内完成； 3. 视频的发布等注意个人隐私的保护
步骤二	情景模拟演练“娱乐游戏”： 1. 进行旅途娱乐游戏练习； 2. 学生分小组进行旅途娱乐游戏表演	
步骤三	模拟过程中，完成学生自评、小组互评、教师点评，对模拟过程中存在的问题在模拟结束后进行反思、总结	
步骤四	1. 以班级为单位，将各小组搜集的游戏编制成册； 2. 以小组为单位，将本小组表演游戏的视频录制成视频集，并发布	

【知识链接】

一、语言类游戏的基本要求

（一）猜谜语

导游在组织游览过程中，恰当地组织一些猜谜活动，不仅有利于活跃旅途气氛，增加知识，还能使导游与游客间的关系变得更加融洽，增加游客对导游的信任。设计谜语的基本要求如下：

1. 谜语难易适度。为提高游客猜谜语的参与度，达到活跃气氛的效果，导游选取的谜语应根据游客的能力恰当选择，难易适度，应尽量选择简单有趣的谜语。

2. 根据游客的反应做出调整。猜谜过程中，如果多数游客积极性很高，踊跃参与，可多出些谜语，也可让游客来出谜语。反之，如果游客积极性不高，或只有少数游客参与，导游应适可而止。

（二）绕口令

绕口令是导游经常用来活跃气氛的一种简单可行的娱乐形式。设计绕口令的基本要求如下：

1. 选择的绕口令不宜过长、过难，应有趣味性；

2. 在活动安排上，一般是导游先提出一个绕口令并演示一遍，然后游客先练习，再演示；

3. 在游客的选择上，尽量避免请口吃的游客参与，以免尴尬。

（三）脑筋急转弯

脑筋急转弯是既可锻炼智力，又有较强娱乐效果的娱乐方式。导游带团过程中常用脑筋急转弯来活跃团队气氛。设计脑筋急转弯的基本要求包括以下几方面：

1. 应选择通俗易通、幽默诙谐的脑筋急转弯;

2. 根据团型决定是否开展，如果团队中中老年人较多，则不宜开展。

二、娱乐游戏的基本要求

如果旅途时间过长，导游讲解结束后还有较长时间才能到达目的地，可适当安排一些娱乐游戏，调节气氛，拉近与游客的距离。开展娱乐游戏的基本要求如下:

1. 选择内容健康的游戏;

2. 注意游戏的难易程度，不宜过难;

3. 控制游戏的时间，游戏一般不宜占用过多的时间。

4. 切勿取笑游客;

5. 旅途中的游戏不宜 再重复。

三、娱乐游戏类示范

猜谜语

一片绿草地(猜花名)——梅花(没花)

又一片绿草地(猜花名)——野梅花(也没花)

来了一只羊(猜一种水果)——草莓(草没了)

又来了一只羊(猜一种蔬菜)——豆角(斗角)

羊还在，来了一匹狼(猜水果)——杨梅(羊没了)

狼还在那里，又来了一群羊(猜一种小食品的牌子)——喜之郎(狼高兴死了)

绕口令

石狮寺前有四十四个石狮子，寺前树上结了四十四个涩柿子，四十四个石狮子不吃四十四个涩柿子，四十四个涩柿子倒吃四十四个石狮子。

青蛙陷阱：一只青蛙一张嘴，两只眼睛四条腿；两只青蛙两张嘴，四只眼睛八条腿；三只青蛙三张嘴，六只眼睛十二条腿……

走扭搂绕口令：走一走，扭一扭，见一棵大树搂一搂；走两走，扭两扭，见两棵大树搂两搂；走三走，扭三扭，见三棵大树搂三搂……

醉老爷子：打北边来了个醉老爷子，腰里掖着个烟袋别子，过来要买瘸子的茄子，瘸子不卖给醉老爷子茄子，老爷子一生气抢了瘸子的茄子，瘸子毛腰捡茄子拾碟子，拔橛子，追老爷子，老爷子一生气，不给瘸子茄子，拿起烟袋别子，也不知是老爷子的烟袋别子打了瘸子的茄子，还是瘸子用橛子打了老爷子烟袋别子。

逢3倍，拍拍手

游戏规则：拍手游戏，大家依次报数，每当3的倍数就拍手闭口。错的游客惩罚表演节目。

击鼓传花

游戏规则：一人拿花(或一小物件)。导游背对游客或蒙眼击鼓或唱歌，鼓响或歌起时众人开始依次传花，至鼓停止或歌停止时为止。此时花在谁手中(或其座位前)，谁就上台表演节目(多是唱歌、跳舞、说笑话；或回答问题、猜谜、按纸条规定行事等)。如果偶然花在两人手中，则两人可通过猜拳或其他方式决定负者。

颠三倒四、七上八下、十五的月亮十六圆

游戏规则：第一个人说 1，第二个人就说 2，第三个人一定要说 4，第 4 个人说 3(这就是颠三倒四)。第 5 个人说 5，第 6 个人说 6，第 7 个人不能说话，要用手指向上面，第 8 个人也不能说话，要用手指向下面(这就是七上八下)。第 9 个，第 10，第 11，12，13，14 没有变，第 15 的那个人要说“月亮”，16 的那个人要说“圆”！接下来那个人随便说个数(要求只能说 1～20 以内的数字)。说错的游客表演节目。

成语接龙

1. 用成语的最后一个字与下一句成语的第一个相同的字(音同就可以)，首尾相接不断延伸，形成长龙。

2. 在成语接龙中，第一句成语称为龙头句，该成语的第一个字则称为龙头字。同时把首尾相接的这个字，称为关节字。

3. 若数龙组合，则每个龙头字组成一个主题词。

【学生文本任务单】

1. 收集谜语、绕口令、脑筋急转弯、娱乐游戏等。

各小组同学协作，利用互联网查找资料，搜集谜语、绕口令、脑筋急转弯、娱乐游戏等，每小组收集的各类资料不少于 5 个。

____

____

____

____

____

____

____

____

2. 各小组将表演节目的视频进行剪辑、整理、发布。

【考核评价】

表 2-3-9　学生自评表

评价项目：		班级：		姓名：	
小组名称：		小组组长：			
小组成员：					
本课学习难度	非常容易	比较容易	可以接受	比较难	非常难
本课学习兴趣	很有兴趣	比较有兴趣	一般	不大有兴趣	完全没兴趣
团队合作情况	非常愉快	比较愉快	可以接受	比较困难	非常困难
学习内容掌握程度（10 分）	评价标准			评分标准	评分
	能选择恰当的娱乐游戏类型与具体内容(积极健康)			2	
	能用恰当的方法进行娱乐游戏			3	
	能采用恰当的方法组织“游客”参与其中			2	
	能通过娱乐游戏达到调动游客游兴的目的			2	
	娱乐游戏的组织符合礼仪要求			1	
总分					
学习反思					

表 2-3-10　小组互评表

评价项目：		班级：	
小组名称：		小组组长：	
小组成员：			
项目	指标	评分标准	评分
游戏内容选择(2分)	娱乐游戏主题内容健康积极	1	
	情景设置符合导游工作实际	1	
游戏组织效果(8分)	语言表达清晰、准确、流畅，有逻辑	2	
	沟通方式恰当、得体、有礼貌	1	
	娱乐游戏有一定的趣味性、创意性与吸引力	2	
	活动组织有序，能充分调动游客的积极性，使之参与其中	3	
总分			

表 2-3-11　教师评价表

评价项目：		班级：	姓名：
小组名称：		小组组长：	
小组成员：			
项目	指标	评分标准	评分
展示内容选择(2分)	娱乐游戏主题内容健康积极	1	
	情景设置符合导游工作实际	1	
展示效果(8分)	语言表达清晰、准确、流畅，有逻辑	2	
	沟通方式恰当、得体、有礼貌	1	
	娱乐游戏有一定的趣味性、创意性与吸引力	2	
	活动组织有序，能充分调动游客的积极性，使之参与其中	2	
	团队协作能力良好	1	
总分			

模块三　导游讲解服务

项目一　导游讲解技能

项目介绍

俗话说“江山之美，全靠导游一张嘴”，可见优秀的导游讲解服务能激发游客的旅游兴致，提升游客的游历感受。中国有丰富的旅游资源，旅途中游客的需求也千差万别，这就要求导游要根据不同的景区（点）、不同的游客需要提供形式多样的讲解服务。为此，不断提高导游讲解能力，提升导游讲解水平，成为提升导游业务水平的重要手段。本模块将从书面语言、态势语言和口头语言三方面开展实训，全面提升学生的导游讲解服务能力。

学习目标

1. 知识目标：

(1) 掌握导游词的主要结构；

(2) 掌握导游词创作步骤与技巧；

(3) 掌握导游词组织特色要求。

2. 能力目标：

(1) 能进行景点导游词的创作；

(2) 能根据导游口语讲解的要求进行景点讲解；

(3) 能在讲解过程中恰当运用导游态势语言。

3. 素质目标：

(1) 增强学生对祖国大好河山的热爱之情；

(2) 提升学生对游客的服务意识。

工作情景描述

从日本东京来中国丝绸之路旅游的“梦之旅”旅游团一行 12 人，于 3 月 2 日晚抵达兰州，今天将去百里黄河风情线参观游览。你作为甘肃 SC 国际旅行社的地陪导游，请做好参观游览途中的讲解工作。

工作任务一　导游词创作

【任务要求】

1. 掌握导游词的结构；
2. 掌握导游词的组织特色要求；
3. 能按照导游词创作步骤与技巧撰写导游词。

【实施条件】

模拟导游实训室或多媒体教室。

【实施过程】

表 3-1-1　实施过程

<table>
<tr><th>实训步骤</th><th>操作及说明</th><th>注意事项</th></tr>
<tr><td>步骤一</td><td>1. 教师提前准备一篇专业导游词分发给学生；
2. 学生自行熟悉并分析导游词结构与所用表达方法</td><td rowspan="4">1. 准备的导游词需要专业、典型；
2. 学生创作思维导图时，教师可以给予适度引导</td></tr>
<tr><td>步骤二</td><td>教师分析导游词，向学生介绍导游词的常见结构、创作方法与技巧</td></tr>
<tr><td>步骤三</td><td>创作导游词：
1. 教师指定景点，根据分配的不同团型，组织学生创作导游词的思维导图；
2. 教师帮助学生完善导游词的思维导图；
3. 学生根据思维导图创作导游词</td></tr>
<tr><td>步骤四</td><td>1. 完成学生自评、小组互评、教师点评，对创作中存在的问题进行讨论、反思、总结。
2. 以教师点评为主。教师选择个别学生创作的导游词，分析其优缺点，帮助全体学生提高</td></tr>
</table>

【知识链接】

一、导游词的常见结构

一篇优秀的导游词应当逻辑合理、层次分明、结构完整、内涵丰富、生动灵活、与时俱进。导游词应包括以下几个部分：

（一）引言

1. 欢迎语。开篇应热情饱满地欢迎游客远道而来。

2. 介绍语。以简短的自我介绍让游客认识自己，为后续的讲解工作做好铺垫。

3. 服务语。表达自己为大家提供诚挚服务的意愿，讲明游览期间的注意事项，引导游客文明旅游。

4. 祝福语。导游表达希望旅游团队游览愉快、顺利的美好祝愿。

（二）景区（点）讲解

1. 景区（点）概况。

景区（点）概况是对景区基本情况的总体介绍，这部分的精彩讲解往往能激发游客的游览兴趣，使游客对接下来的游览更期待。因此，这部分讲解要以简洁的语言概括景点的基本情况，具体包括地理位置、重要地位、景区级别、景区特色、历史背景、所获赞誉等。同时，还可以对景区（点）游览路线做整体介绍，使游客对参观游览做到心中有数。

2. 主要观赏点介绍。

主要观赏点的讲解最能反映导游的文字功底、知识储备与语言表达能力。观赏点的介绍应准确、生动、灵活，创作时可用具体、生动的故事、史实、科学分析等充分挖掘景点的文化内涵，可采用比喻、拟人、排比、对比等多种修辞方法，以增强导游词的生动性，从而激发游客游兴。

（三）结束语

景区（点）游览结束后，导游应带领游客简单回顾景区（点）的精彩之处，并在最后留下点睛之笔，使游客产生意犹未尽感，激发起游客再次来游览的欲望。

二、导游词组织特色要求

1. 内容正确，结构合理，尊重历史和现实；
2. 整体节点布局合理、严谨；
3. 紧扣主题，特色鲜明，有文化内涵，感染力强；
4. 语言文字优美，富有文采。

三、导游词创作步骤与技巧

1. 分析团型。

根据旅游团团型（年龄、性别、职业、文化程度等），分析游客的需求特点，有针对性地创作导游词。

2. 绘制导游词思维导图。

根据对旅游团队的准确把握，梳理导游词结构，思考整篇导游词应包括的组成部分，绘制导游词的思维导图。

3. 查阅资料。

根据导游词思维导图查阅景区（点）相关资料，如基本概况、发展沿革、特色景点、注意事项等，将这些资料分类整理，以备后期使用。

4. 创作导游词。

以导游词思维导图为骨架，利用搜集的资料创作导游词。创作时，应以时间、游览路线或事件发展等为线索，以史实、现实为依据，灵活、正确地采用多种讲解方法、修辞方法，进行导游词创作。如虚实结合的导游词生动有趣，容易引起游客的兴趣。但采用虚实结合的创作手法时，应注意最终的讲解内容要落到实处，不应使游客产生导游信口开河之感。

5. 进行口语化调整。

导游词创作结束后，应根据不同的旅游团型特点，对导游词语言进行口语化调整，使之符合该旅游团型游客的语言交流习惯，便于导游与游客更有效的沟通。

6. 朗读导游词。

通过朗读更容易发现创作的导游词在用词方面的漏洞，以便及时修改、调整，使导游在带团时达到最佳的讲解效果。

示范 1：

各位同学大家好，欢迎大家来桂林漓江游览。我是今天的 8 号导游，希望大家能配合我的工作，文明旅游。相信我全心全意的服务一定能让您乘兴而来，满意而归。

今天我们要游览的是世界上规模最大、风景最美的岩溶山水区——桂林漓江风景区。“江作青罗带，山如碧玉簪。”漓江发源于华南第一峰猫儿山，全长 426 千米，从桂林到阳朔的 83 千米，是漓江的精华，因而有“百里漓江，百里画廊”之称，它集山清、水秀、洞奇、石美于一体，山光水色，交相辉映！

同学们，前方就是漓江最著名的景观九马画山。大家请仔细看，画壁石纹，可依稀辨出群马的形象，他们神态各异，有的低头饮水，有的昂首嘶鸣，有的扬蹄飞奔，有的静静矗立，正如清代诗人徐云赋诗赞叹：“自古山如画，而今画似山，马图呈九首，奇物在人间。”为什么这里的石崖会出现彩画呢？其实是因为这一带的石钟乳自然生长时，一些微生物或藻类、苔藓就附在石头上。这些生物有趋光性，使含碳酸氢钙的水溶液向光的侧面渗流沉积，加速结晶，就形成了颜色各异的崖壁彩绘，大自然的神奇在这里可见一斑！有民谣唱道：画山壁，天马壮，不知到底多少只，看出七匹中榜眼，数出九匹状元郎。学生快数数，看你能数出几匹马？

如果说漓江最著名的景观是九马画山，那么最美的就是黄布滩了。为什么叫黄布滩呢？是因为江底有一大石块，像铺就的黄布一般，故名黄布滩。漓江山色之美，美在倒影；倒影之美，数黄布滩最为迷人。我们的游船正处在蚂蝗州的拐弯处，这里是看“黄布倒影”的最佳角度。大家请看，这里水平如镜，青峰倒影，的确有“分明看见青山顶，船在青山顶上行”的感觉。看倒影还与天气有关：烟雨朦胧时，倒影宛如淡雅的水墨画；碧空如洗的晴日，倒影最为清晰。船家，请您开慢点，让学生多拍点照片，留住美景。

同学们知道为什么漓江的水这么清澈吗？原因有三个：一是江底都是鹅卵石，两旁都是大石山，所以它的自净率非常高；二是长期以来，政府采取了大量的环保措施，为漓江的生态环境提供了全面保护；三是大家的环保意识不断提高，所以漓江的水才能这么清澈。环境就是民生，青山就是美丽，蓝天就是幸福。我们要构筑尊崇自然、绿色发展的生态体系。要让城市融入大自然，让居民望得见山，看得见水，记得住乡愁。我们要像保护生命一样保护生态环境，让祖国山更绿、水更清、天更蓝、空气更清新、环境更宜居、人民更开心。

同学们，今天的游览到此就结束了，非常感谢大家对我工作的支持与配合，再见！

示范 2：

各位游客，大家好！欢迎大家来嘉峪关参观游览，我是大家的导游小王，接下来的参观游览将由我为大家提供讲解服务，希望大家能游得尽兴，玩得开心。

严关百尺界天西，万里征人驻马蹄。
飞阁遥连秦树直，缭垣斜压陇云低。
天山巉削摩肩立，瀚海苍茫入望迷。
谁道崤函千古险，回看只见一丸泥！

听到林则徐的这首诗，你们是否已经看到苍茫壮阔、形胜雄奇的壮美画卷了呢？

今天，我带大家去游览的就是被誉为“天下第一雄关”的甘肃嘉峪关。

嘉峪关关城在嘉峪关市区西南 6 千米处，是明万里长城西端的起点，是长城全线中规模最宏伟、保存最完好的关隘。明洪武五年(1372 年)，西征将军冯胜考察防务时来到此处，只见南北呼应的嘉峪山与黑山之间，有一块宽处 15 千米、窄处 8 千米的平地，正好是河西走廊南北山系拱合的最狭窄处。于是，上表朱元璋“此咽喉要地，令关踞其中，当固若金汤”。于是，自明洪武五年(1372 年)始建关于“嘉峪山之西麓”，关以山名，始称嘉峪关。

作为边关要塞，嘉峪关修筑历时 168 年，形成了五里一燧，十里一墩，三十里一堡，一百里一城完善的军事防御体系。如此，把河西走廊的隘口全部割断，只有经过嘉峪关城才能东西进出。关城是防御体系中最核心的部分。它坐西向东，背向西域面向朝廷，由外城、内城、瓮城、罗城、城壕五部分组成。关城有三重城郭，多道防线，城内有城，城外有壕，形成重城并守之势，壁垒森严。

我们首先进入东闸门，东闸门高 4.2 米，宽 3.8 米，深 10.6 米，墙壁有 36 根方土柱支撑，是嘉峪关门楼中唯一建有木柱的建筑。东闸门在当时起城门的作用，晨开酉闭(相当于现在的晚上 8：00)，用现在的话来说，进入闸门就相当于从农村进入城市。我们现在所处的是外城的范围，以前这里有街道、驿站、店铺、饭馆、车马店和庙宇，后随着时间都已毁掉，现在栽种了大量的树木，为空旷的外城增加了一些绿色。

大家可能有疑问，历经 600 多年历史，嘉峪关城楼为何还能保存得如此完整，这是后来重修的吧？其实，嘉峪关虽经后来维修，但大家现在看到的嘉峪关保存了 80%的原貌。嘉峪关能保存得这样完好，与当地的气候及当时的修筑都有着密切的关系。当地年降雨量仅 84 毫米，而蒸发量却高达 2000 多毫米。极度的干燥，为关城的保存提供了天时和地理。另外，关城的建筑选料也为关城的保护提供了保障。筑城用土都取自黑山的黏土，在筛选和制作中都经过严格的程序。先将选好的黄土，用石棍磙细后放在青石板上让烈日暴晒，以免草籽发芽，影响墙体质量。夯墙时还要加入棉麻和灰浆，并用糯米汁拌和以增强胶黏度。为保证工程质量，修筑时将记录分段施工者姓名的石碑埋在所筑长城下面。修筑结束后，在一定的距离外，先用箭射墙，一旦箭头射入了夯筑墙就要返工重筑，直到箭头碰壁落地才证明坚固合格。如果工程质量出了问题，还可挖出工牌追究责任。如此严格的建造制度使嘉峪关的坚固程度不亚于石质关隘，甚至更加坚固。

我们继续从外城一路向西南，关城内城第一道门即“朝宗”门。“朝宗”表示心中不忘朝廷，忠于王朝的忠君思想。进入朝宗门就进入关城的心脏——内城。

我们首先进入的是东瓮城，它是冷兵器时代城池防御中最重要的一个设施。为何称瓮城呢，这是取“瓮中捉鳖”之意。我们可以看到瓮城门朝南开，城门不直通内城，由此进入内城必须折 90°。一般是主动将小股敌人放进来，提前将内城门关闭，再断其退路。大军攻入时看到城门关闭，由于惯性一时又无法退出，士兵这时可以在墙头放箭、投石，就可一举歼灭敌军，与瓮中捉鳖意境相同，故称瓮城。

入瓮城我们看到的是“光化门”，光化取紫气东升，光华普照之意。接下来，我们向左拐，上关楼。

我们现在看到的是内城拐角的击石燕鸣。相传，关城建好后，有一对燕子在城内筑巢而居，他们每天外出觅食，日暮而归。有一天，这对燕子飞出关门不久之后，就狂风大作，飞沙走石，让它们失了方向。当这对燕子找到城门时，已经到了城门关闭的时刻，飞在前面的雌燕顺利入关，而雄燕则被关在了门外。雄燕情急之下想触门而入，却碰门而化。雄燕死后，城内的雌燕久盼雄燕不归，也在忧郁中死去。雄雌燕双双死后，其精灵不灭，幽怨之声流传至今。古时，人们出关时都会来这里敲击墙壁，据说要是能听到“啾啾”的燕鸣声，则表示此次出行能平安归来；将军在出征打仗时，他的夫人也会击墙问卦，祈祷将军能平安归来。后来，为了保护古城墙在拐角之处摆放了石头。其实，它的原理如同天坛的回音壁一样，是由回声所致。我们可以看到，两边的墙全部由条石做地基，青砖垒砌而成的，呈上大下小的喇叭状并形成 90° 夹角，而且墙高壁厚，密不透音，所以两石相击便会发出像燕子一般的鸣叫声。连飞鸟都无法逾越的墙体，那么对于入侵者来说更是固若金汤，坚不可摧了。大家感兴趣的话可以敲击前面的大石头，听听“啾啾”的燕鸣声，但请爱护文物，不要敲击墙体。

若想领略嘉峪关的雄伟还是要登上城墙去细心感受。接下来，我们从这里上城楼。大家看到的这个楼梯是后来为了方便游人修筑的，旁边用青砖砌成的坡道被称为马道，也叫登城步道。这条道路长 22.2 米，是用青砖铺砌成夹角在 22° 左右的斜坡路面。它首先便于战时用手推车往城墙上运送粮草和物资，以前有“将军不下马，官员不下轿”之说，如遇紧急军情也方便官员骑马上城墙巡视敌情，而且一旦敌兵兵临城下，也可以释放滚木、礌石等阻止敌兵上城，充分体现了关城步步为营的防御思想。现在许多客人从马道登上，取马到成功之意。下面就请各位登上城楼去领略关城的雄伟气势。请小心台阶，注意安全。

我们现在看到的就是光化楼，楼上“天下第一雄关”的牌匾和“光化楼”的题字是赵朴初老先生题写的。在这里，我们可以看到嘉峪关三座关楼的整体建筑，自东向西依次是光化楼、柔远楼、嘉峪关楼。光化楼和柔远楼保存了 1506 年的原作，嘉峪关楼原修于 1495 年，后毁于 1931 年一场战乱之中，现在大家看到的是 1987 年嘉峪关仿原样重修的。

俗话说登高望远，站在 9 米高的内城墙上，大家可以很清楚地看到嘉峪关南北的地形。关城南面 7 千米是终年积雪的祁连山，北面 8 千米以外是气势险峻的黑山，两山夹峙，势如瓶颈，一夫当关万夫莫开，这就是征西大将军冯胜在这里选址建关的首要原因。还有个至关重要的优势是，关东有冬夏澄清碧波不竭的“九眼泉”湖水可供兵马饮用，当时防御的元朝残余势力从西面而来，关城以西黄沙漫漫，都是沙漠戈壁，敌兵长途跋涉却无法取到关东的水源，真正称得上是“依山筑防、临水设险，拒劲敌于边墙之外，固邦国寸危难之秋”。正如《秦边纪略》中记载：嘉峪关“初有水而后置关，有关而后建楼，有楼而后筑长城，长城筑后关可守也”。

前方内城墙拐角的建筑叫角楼，形如碉堡，是守城士兵执勤和放哨的地方。在内城墙的4个拐角各建有一座碉堡，便于观察东西南北四面的敌情，让防守无死角。站在内城墙上可以清楚地看到内城的布局。当年的内城布满了建筑，有官厅、夷厂、仓库等，现在只留下游击将军府和井亭两座建筑。在远处我们看到的四合院式建筑就是游击将军府，它始建于明隆庆二年(公元1568年)，现在看到的是1987年按照原貌重修的，分为前后两院。前院是游击将军和属下官员议事办公的场所，后院为家眷和仆人居住的地方。据史书记载，从明清至民国年间共有21任游击将军在此居住办公。为了进一步增加关城的文化内涵，于2004年以历史史料为依据，以超写实主义雕塑为主要形式对其内部进行了复原陈列，深入细致地展现了游击将军的办公生活场景，生动地展示了古代将士们“不悲镜里容颜瘦，且喜心头疆域宽”的博大胸怀和边关将士守关的生活状态。

在内城中央我们看到的是井亭，它的下方有一口30多米深的官井，水源直通城外的九眼泉湖，主要是供城内官兵饮用，防止被敌兵围困。下面请大家继续在城楼上一路向西进行参观。

站在南城墙上通过垛口向南眺望，我们可以看到关城西南角有一道长城直达祁连山余脉文殊山脚下讨赖河北岸高达56米的悬崖峭壁之上，它修建在平坦的戈壁上，敌人从西面进攻时，一眼便可看到这段长城，所以被称为“明墙”。虽然当年也只有4米多高，但强大的蒙古骑兵骑马却难以跨越，相当于一条强劲的绊马索，削弱了敌军的冲击力。在关城东北角闸门墩处起，又有一道长城沿嘉峪山内侧一直修建到黑山山腰无法攀登之处，称为“暗壁”。由于受山势阻挡，敌兵在远处无法看到这段长城，以为北面进攻会更加容易，但攻到此处才发现还有这段长城，大呼上当、士气减弱的同时，山下却已是伏兵四起，敌军这时早已是无力回天。同时在明墙和暗壁西侧30～100米不等的距离又挖有一道壕沟，里面布有细沙和铁钉等暗器，使关城南北拥有双重防线，异常坚固。明墙暗壁体现了“明修栈道，暗度陈仓”的计策，也创造了嘉峪关在建成之后百年不破的神话。

从方位上讲，嘉峪关坐东向西，西面是关城迎敌的正面，所以在嘉峪关的西城墙上我们可以看到其他三面城墙没有的两种设施。一个是垛墙上方未打通的方形凹槽，另一个是垛墙下方斜坡式的洞眼。那么这些都是用来做什么的呢？西面为迎敌的正面，白天晚上都要加强警戒，并且不能像其他三面城墙一样将垛口和瞭望口都暴露在外面，而是改成了隐蔽性的巧妙机关。垛墙上方未打通的方形凹槽叫灯龛，是守城士兵放置灯盏的地方，迎敌的一面是实心的，使敌人看不到灯火，并且从两侧刮来的风也不会将灯火吹灭，起到了方便自己诱敌深入的作用。而下方斜坡式的洞眼是射击孔，使守城士兵能够轻易地反击入侵者，而入侵者却攻击不到守城者，真正体现了“明枪易躲，暗箭难防”的妙用。

走过西城墙，我们看到的古建筑就是柔远楼，它和光化楼建于同一年代，形制相同。嘉峪关是长城沿线修筑时间最早却保存得最完好的关口。那么，这样的一座关城究竟是什么样的能工巧匠设计和建筑的呢？下面就请大家了解这里最负盛名的传说故事——定城砖，在故事里我们就会找到答案。

相传，在修建关城时，有一个名叫易开占的老工匠不仅设计出了整个关城的完美布局，而且还精确地计算出修建这个关城需要九十九万九千九百九十九块砖。然而，所有人都觉得这是天方夜谭，根本不可能做到。兵部主事出于嫉妒和怀疑在批复的时候就悄悄地多放了一块砖，并且要易开占签下军令状：完工之后无论是多一块砖还是少一块砖都要砍他的头。结果关城完工之后果然多出了一块砖，易开占深思熟虑之后就决定把砖放在会极门的门楼后檐上。等到兵部主事来验工，要取掉这块砖并且要砍他的头时，易开占大声喊道："住手！这是定城之砖，如果把它取下，整个城池就会在顷刻间坍塌！"兵部主事将信将疑，却又不敢轻举妄动，只好默不作声地走掉。而深谋远虑的工匠为了防止有人取掉这块砖，特地把拐角的砖做成活动的。这样一来，无论是谁走到拐角都会失足掉下来，这块砖也就成了可望却又不可即的"定城砖"了。这块砖说明了古代工匠的高超技艺和精湛水平，也证明定城砖是不可取代的文物和它所存在的文化价值。

接下来我们下城墙参观。走下西马道，我们经过的门洞是内城西门"柔远门"。"柔远"意指明王朝对边远游牧民族实行"怀柔"政策，安抚安定边远地区，通常采用进贡、茶马互市等手段以实现明王朝的长治久安。

现在走过的门洞是会极门，"会极"有两种含义：第一种指思想上的极高境界，"其至深则其会远，其会远则众人莫能见其所极"；第二种是指来自西极，就是西域边陲之地的诸侯、仕宦、商旅亲善友好地在此相会。因为嘉峪关不仅是一座军事关隘，还担负着丝绸之路海关的功能。当时每天有不计其数的官员、使节、商旅、百姓出入，但内城是关城的心脏部分、军事禁区，一般人严禁出入。所以，从会极门和朝宗门进出的道路只有驻守的官员和士兵才能通过，而商旅和百姓则是从内城墙与外城墙之间形成的夹道经过。因此，进出内城的道路称为"官道"，外城和内城之间的道路叫作"民道"。

走出会极门，我们可以看到整个关城的第一道防线——罗城。整个罗城呈"凸"字形，城墙全部用砖包砌，非常坚固，并且在城墙的南北两端之上各建有"箭楼"一座，以观望关西、关南、关北的烽火。虽然它与内城不相连，但是南北两端与外城墙相连，外城墙又与关城的南北长城相连，从而形成了一个以关城为中心，长城、墩台、烽燧星罗棋布，结构严密的古代军事防御体系与通信体系。

嘉峪关是明代重要的军事防御设施，是古丝绸之路的必经关口，也是古代内地与西域交流往来的要道。据史书记载，当时出入关制度极为严格，来往的使者、商人、行人只有嘉峪关一条路可以通过。平时关门紧闭，使团至此，先歇息关外，呈报名册、行李、物品的名称数量，等到五更鸡鸣时点名，验明身份，由驻守官员签发一块木质的牌子"关照"才可入关，史称"闻鸡度关"。此"关照"等同今天的护照，我们常说的多多关照也来源于此。据地方志记载，古代城门自辰时开放，直到酉时关闭，每日通行时间达 12 个小时，人来人往、车水马龙、络绎不绝。地面上这些古代车辆碾压所留的车辙印迹，就见证了嘉峪关昔日拥有的繁荣与昌盛。

现在，我们走出的门洞是这座关城的正门——嘉峪关门。走出嘉峪关门，回头我们可以看到门楣之上刻有“嘉峪关”三个字。至此，嘉峪关关城的全貌各位已尽收眼底。1961年，嘉峪关以古代军事防御体系保存完整，古代建筑结构精巧独特，历史地理环境风貌犹存，人类文化信息蕴含深厚，自然景色雄奇壮观，被国务院公布为首批全国重点文物保护单位。1987年，嘉峪关作为中国长城的重要组成部分被联合国教科文组织公布为世界文化遗产地。2007年，以关城为依托而兴建的嘉峪关文物景区被国家旅游局评定为全国首批5A级旅游景区。

雄关存旧迹，形胜壮山河。在没有了烽火和硝烟的今天，嘉峪关华丽转身成为世界文化遗产，迎接着五湖四海的宾朋。接下来，大家可以在嘉峪关门附近骑骆驼、拍照留念，半小时后，也就是10：30请大家在东闸门集合，我将带领大家去长城博物馆参观游览。我的讲解到此就结束了，谢谢大家！

【学生文本任务单】

1. 请根据教师指定的景点与团型创作导游词的思维导图。

2. 请根据题目1创作的思维导图完成导游词创作。

____

____

____

____

____

____

____

____

____

____

【考核评价】

表 3-1-2 学生自评表

评价项目：		班级：		姓名：	
小组名称：		小组组长：			
小组成员：					
本课学习难度	非常容易	比较容易	可以接受	比较难	非常难
本课学习兴趣	很有兴趣	比较有兴趣	一般	不大有兴趣	完全没兴趣
团队合作情况	非常愉快	比较愉快	可以接受	比较困难	非常困难
学习内容掌握程度（10 分）	评价标准			评分标准	评分
	掌握导游词的结构			2	
	掌握导游词的组织特色要求			2	
	掌握导游词的创作步骤与技巧			2	
	创作导游词			4	
总分					
学习反思					

表 3-1-3 小组互评表

评价项目：		班级：	
小组名称：		小组组长：	
小组成员：			
项目	指标	评分标准	评分
创作导游词（10 分）	1.内容正确，结构合理，尊重历史和现实	3	
	2.整体节点布局合理、严谨	3	
	3.紧扣主题，特色鲜明，有文化内涵，感染力强	3	
	4.语言文字优美，富有文采	1	
总分			

表 3-1-4　教师评价表

评价项目：		班级：	姓名：
小组名称：		小组组长：	
小组成员：			
考评内容	评分指标	评分标准	得分
导游词内容（7 分）	内容正确，结构合理，尊重历史和现实	2	
	整体节点布局合理、严谨	2	
	紧扣主题，特色鲜明，有文化内涵，感染力强	2	
	语言文字优美，富有文采	1	
思维导图（3 分）	结构清晰	1	
	思路完整	1	
	层次分明	1	
总分			

工作任务二　导游态势语言讲解技能

【任务要求】

1. 掌握导游态势语言训练要求；
2. 讲解时能恰当使用态势语言。

【实施条件】

形体训练房。

【实施过程】

表 3-1-5　实施过程

实训步骤	操作及说明	注意事项
步骤一	游戏导入：你懂我吗？ 请学生两人成一组，一名学生以“我最喜欢的体育运动”为主题运用肢体、表情进行无声表达，另一名学生猜想其所表达的内容。双方互换角色，表达结束后用语言表述对方所要表达的意思，看看谁猜对的意思多	1. 讲解时应选择简单、熟悉的导游词为素材，保证讲解内容的流畅； 2. 训练时从给自己讲解，到给一名学生讲解，给多名学生讲解，应不断提升讲解难度，帮助学生逐渐克服胆怯心理，不可一蹴而就； 3. 教师应分阶段总结实训过程中的学生表现，以鼓励为主，并有针对性地调整实训过程中易出现的错误
步骤二	姿态、手势语言讲解、示范和学习： 1. 教师讲授姿态、手势语言的基础理论知识，并进行姿态、手势语言示范。 2. 教师布置任务。 任务 1：镜子、镜子告诉我，谁才是世界上最会讲解的人？ 请学生两两搭配成组，一名学生致欢迎词，另一名学生同时模仿其表达。模仿者应尽可能完整真实地表达对方所表达的全部内容与态势语言，被模仿者语速稍缓，在表达时注意观察对方的姿态、手势。 3. 教师检查学生实训活动，对个别学生的态势语言表达进行指导。 4. 教师小结	
步骤三	目光语、表情语讲解、示范和学习： 1. 教师讲授目光语言、表情语的基础理论知识，并进行目光语、表情语示范。 2. 教师布置任务。 任务 2：对镜练习。 请学生对镜讲解，讲述过程中注意观察自己的目光和表情语言的表达是否自然、大方、恰当。 任务 3：对人练习。 请学生以小组(前 5 分钟 5 人一组，后 10 分钟 10 人一组)为单位进行讲解，讲述时注意目光和表情语言的恰当运用。 3. 检查学生实训活动，对个别学生进行指导。 4. 教师小结	
步骤四	指导学生进行态势语言综合运用练习： 1. 教师总结各类态势语言的表达技巧。 2. 小组(10 人一组)成员轮流模拟讲解。 3. 检查学生实训活动，对个别学生进行指导。 4. 对实训过程中学生的表现进行总结评价，重点拨、激励，实现学生能力的迁移提升	

【知识链接】

一、导游态势语言训练要求

目光是人类传递感情信息的一种方式。我们常说的“暗送秋波”“眉目传情”都表达了灵动的目光传神，会说话。例如，我们站在天安门广场看毛主席的画像会发现，无论从哪个角度看，毛主席似乎都在亲切地注视着我们。因此，导游在与游客接触过程中要妥善运用目光，让你的目光变得会说话。

（一）目光语

在导游讲解过程中应合理运用环视法、点视法和虚视法，做到导游与游客之间目光的联结、移动、分配和转动，有效地传情达意，增进与游客之间的沟通与交流。

1. 目光的联结。

导游为团队讲解时应注意目光的联结，即在讲解时目光应该注视所有的游客。有些导游初次上团时心里紧张，跟游客讲话时就容易出现左顾右盼、不敢直视游客的情况，易给游客留下不被重视、不受尊重的印象。还有些导游在讲解过程中目光只停留在个别游客身上，会使始终被盯着的游客感到不自在、不舒适，使其他游客感觉被忽视，讲解效果同样不好。团队讲解过程中，正确的目光使用应做好与每一位客人的联结，忌盯着一个人讲解，也忌盯着其他不相干处，应恰当地将目光语言平均分配给全团游客。

2. 目光的移动。

导游在讲解时还可以用目光的移动示意游客所讲事物，但切忌将目光长时间定在景物上，目光在引导游客之后应迅速回到讲解对象上来。

3. 目光的分配。

导游讲解时要将目光语言平均分配给全团游客，让全团游客都感受到导游为其提供的讲解服务，这就要求导游必须做好目光的移动。例如，在讲解时，导游可以采用环视法，即有节奏或周期性地把视线从游客的左方扫到右方，再从右方扫到左方；从前边扫到后边，从后边扫到前边，以便不断观察和发现所有游客的动态。还可以配合采用点视法，在环视过程中，发现游客在讨论，应立即投去询问的目光；讲到重点，对有疑问的游客，要投以启发性目光；对不认真听的游客要投以引导性目光；对犹豫不决、欲言又止的游客要投以鼓励和赞许性目光。另外，导游还可以运用虚视法，即眼睛好像盯住什么东西，但实际上什么也没有看。这种眼神既可以克服紧张，显示出端庄大方的神态来，又可以把精力集中在讲解内容上。这种方法对初次上团的导游在车内讲解十分有效，但因为它是一种转换性目光，在景点讲解与游客近距离接触中不可常用。

4. 眼球的移动与头部移动配合。

导游应注意眼球的移动与头部移动的配合。许多人在讲解过程中如想不出讲解内容就会有向上翻动眼球的习惯，也就是我们常说的翻白眼。这种眼神会让游客质疑导游的讲解能力，要忌用。还有部分人讲解时眼球移动比头部移动更快，会让游客感到不够协调，都应该克服。眼睛是心灵的窗口，只有有效运用目光才能达到良好的讲解效果。

（二）表情语(微笑)

表情，是人的面部肌肉变化所传递的感情信息。人的面部有丰富的肌肉，他们运动产生出丰富的表情，哭笑、愤怒、惊奇、悲伤等。导游与游客面对面接触，运用好表情语言，对导游语言表达起到补充与延伸的作用。导游讲解时配合恰当的表情能把游客带入你预先设定的情境中，对讲解起到烘托作用。在参观寺庙、教堂、道观等宗教殿堂时，面部表情应该庄重，语速中等、语调平缓，营造一种尊重敬仰的语境。在参观烈士陵园或侵华日军南京大屠杀遇难同胞纪念馆等景点时，表情要凝重，语速放慢、语调低沉，营造庄严沉重的情境。在游览自然景观、公园等景点时，表情应愉悦灵动，语速稍快、语调提高，传达出轻松快乐的情绪。整个游览过程中，导游应像乐队指挥一样，用自己的情绪感染游客，达到双方共鸣，一同完成一次难忘的、愉悦的审美旅程。每个游客都憧憬一次愉快的旅游，调节情绪是导游的一项重要任务。我们提倡微笑服务，导游发自内心的微笑像阳光一样，能带给游客温暖与关爱。为达到放松面部肌肉、微笑讲解的目的，我们可以采用以下几种方法。

1. 嘴部肌肉放松：

（1）张大嘴，颚部受刺感(10 秒)；

（2）嘴角紧张：闭嘴、嘴角上扬(10 秒)；

（3）聚拢嘴唇(10 秒)。

2. 微笑：

（1）小微笑：4 门牙(10 秒)；

（2）普通微笑：8 齿(10 秒)；

（3）讲“茄子”，找肌肉受力点；

（4）微笑保持 20 秒。

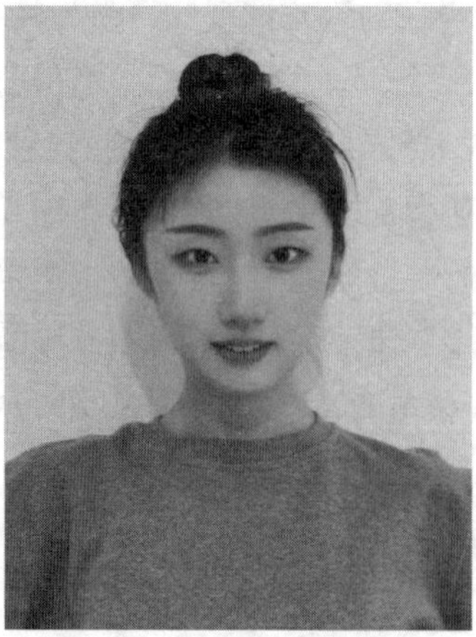

图 3–1–1　小微笑

图 3–1–2　普通微笑

（三）手势语

手势语是导游讲解中的重要组成部分，是由导游运用手掌、手指、拳和手臂的动作变化来表达思想感情的一种语言。在手势语的使用过程中，原则是应与全身语言、口头语言及情感协调。常用的手势语按照功能分为情意性手势、指示性手势、象形性手势、象征性手势，按活动区域分为上区手势、中区手势、下区手势。不同手势语在讲解中有不同的作用。

1. 常用的功能性手势语。

（1）情意性手势。

情意性手势的渲染作用很大，主要用于表达导游的情感，使情感表达真切、具体、形象。例如：导游在送团时，可将双手合十放在胸口表示对大家的支持表示感谢。导游在致欢迎词时，为了表达对游客旅途愉快的诚挚祝福，会将单手放置在胸口。与其他类型的手势语相比，情感性手势语在讲解中运用得最多，其表现方式也极为丰富。

（2）指示性手势。

指示性手势的特点是运作简单，表达专一，基本上不带感情色彩，直接指示导游要说的事物。例如，导游常用指示性手势给客人以讲解物的引导："现在大家看到的就是……""顺着大家左手方向我们可以看到……"另外，当说到"这边""那边""上头""下头"等都可以用指示性手势，让游客对所讲之物清楚明了。这种手势语只能指示听众视觉可及范围内的事物和方向，视觉不及的事物不能用这种手势语。

（3）象形性手势。

象形性手势主要用来描摹形状物，给听众一种形象的感觉。比如讲到"袖珍电子计算机只有这么大""他们庄园中的西瓜有这么大"的同时可用手比画一下，客人就可知道它的大小了。这是一种极简便又常用的手势语。

（4）象征性手势。

象征性手势比较抽象，但用得准确、恰当就能引起游客心理上的联想，启发思维。比如我们在夸赞游客时，可以采用竖起大拇指的手势语，为其点赞。但应当注意的是，不同国家的象征手势语的含义并不相同。例如，在希腊，竖起拇指就是滚开的意思。所以，如果你对一个希腊旅游团的游客一边说你们是我见过最棒的客人，一边竖起大拇指点赞的话，他们可能会理解为"你们是我见过最棒的客人，滚开"。因此，使用象征手势语一定要清楚各种手势语在各国的使用含义，不得随意使用。

图 3-1-3　情意性手势：感谢

图 3-1-4　指示性手势

图 3-1-5　象形性手势

图 3-1-6　象征性手势

2. 按活动区域划分的手势语。

（1）上区手势（积极肯定、慷慨激昂）；

（2）中区手势（叙述、无浓厚感情）；

（3）下区手势（憎恶、鄙视、反对）。

图 3-1-7　上区位手势

图 3-1-8　中区位手势

导游在讲解时应根据具体的讲解内容合理使用手势语言，使手势语与讲解内容、情感恰当配合，从而达到良好的讲解效果。

（四）姿态语

姿态语是导游的身体形态在演讲中表达的信息，分为站姿、坐姿、行姿 3 种。良好的姿态语可以体现导游良好的精神风貌和修养，展现良好的一地、一国形象。导游应恰当运用姿态语，以体现自身的风度和职业素养。

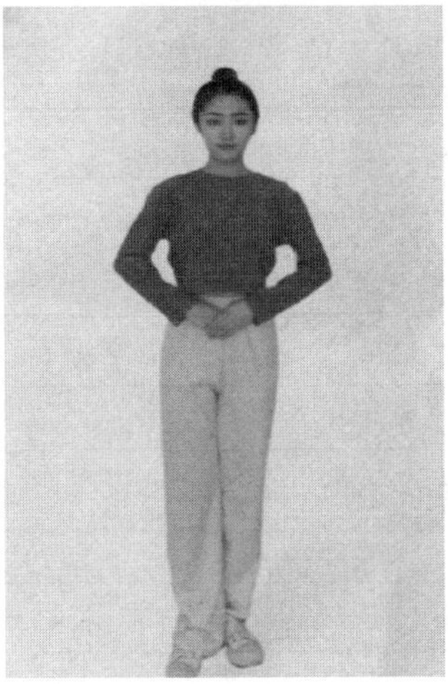

图 3–1–9　站姿

图 3–1–10　坐姿

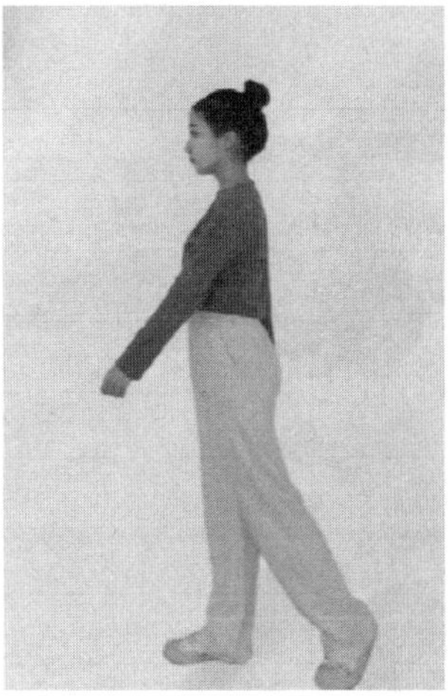

图 3–1–11　行姿

（五）首语

首语是通过头部活动所传递的信息，常见的有点头语和摇头语。在世界上绝大部分国家和地区都以点头表示首肯，以摇头表示否定。但在印度、巴基斯坦等国，点头却是一种否定信号。在与人交谈时，头部呈中立、侧斜或垂下状的首语分别传递着不同的信息。第一，将头保持中立状态，则表明对对方的讲话无太大兴趣；第二，头下意识地从一侧斜到另一侧，则说明对对方的话有一定的兴趣；第三，将头垂下是一种消极的身体信号，往往是对对方的话缺乏兴趣的表现。当发现第三种首语时，有经验者往往就会立即停止谈话或换话题，以免出现不愉快或尴尬的局面。因此，导游讲解过程中，一方面要对游客所讲内容表示出恰当的首语反应，另外也要通过游客首语传递的信息及时调节讲解内容。

【学生文本任务单】

1. 请学生用手机抓拍其他学生在讲解过程中的目光语、表情语（微笑）、手势语（情意性手势、指示性手势、象形性手势、象征性手势）、首语，将照片以作业形式上传网络端教学平台。

2. 录制完成一篇欢迎词、导游词讲解视频资料，以作业形式上传网络端教学平台。讲解过程中应注意目光语（环视法、点视法、虚视法）、表情语（微笑）、手势语（情意性手势、指示性手势、象形性手势、象征性手势）、姿态语、首语的恰当使用。

【考核评价】

表 3-1-6　学生自评表

<table>
<tr><td colspan="2">评价项目：</td><td colspan="2">班级：</td><td colspan="2">姓名：</td></tr>
<tr><td colspan="2">小组名称：</td><td colspan="4">小组组长：</td></tr>
<tr><td colspan="6">小组成员：</td></tr>
<tr><td rowspan="2">本课学习难度</td><td>非常容易</td><td>比较容易</td><td>可以接受</td><td>比较难</td><td>非常难</td></tr>
<tr><td></td><td></td><td></td><td></td><td></td></tr>
<tr><td rowspan="2">本课学习兴趣</td><td>很有兴趣</td><td>比较有兴趣</td><td>一般</td><td>不大有兴趣</td><td>完全没兴趣</td></tr>
<tr><td></td><td></td><td></td><td></td><td></td></tr>
<tr><td rowspan="2">团队合作情况</td><td>非常愉快</td><td>比较愉快</td><td>可以接受</td><td>比较困难</td><td>非常困难</td></tr>
<tr><td></td><td></td><td></td><td></td><td></td></tr>
<tr><td rowspan="4">学习内容掌握程度（10 分）</td><td colspan="3">评价标准</td><td>评分标准</td><td>评分</td></tr>
<tr><td colspan="3">掌握姿态、手势语训练要求</td><td>3</td><td></td></tr>
<tr><td colspan="3">掌握目光语、表情语训练要求</td><td>3</td><td></td></tr>
<tr><td colspan="3">讲解时能恰当使用态势语言</td><td>4</td><td></td></tr>
<tr><td colspan="4">总分</td><td colspan="2"></td></tr>
<tr><td>学习反思</td><td colspan="5"></td></tr>
</table>

表 3-1-7　小组互评表

<table>
<tr><td colspan="2">评价项目：</td><td colspan="2">班级：</td></tr>
<tr><td colspan="2">小组名称：</td><td colspan="2">小组组长：</td></tr>
<tr><td colspan="4">小组成员：</td></tr>
<tr><td>项目</td><td>指标</td><td>评分标准</td><td>评分</td></tr>
<tr><td rowspan="5">态势语言使用（5 分）</td><td>姿态</td><td>1</td><td></td></tr>
<tr><td>手势语</td><td>1</td><td></td></tr>
<tr><td>目光</td><td>1</td><td></td></tr>
<tr><td>表情语</td><td>1</td><td></td></tr>
<tr><td>首语</td><td>1</td><td></td></tr>
<tr><td rowspan="3">讲解整体评价（5 分）</td><td>语言表达清晰、准确、流畅、完整、全面</td><td>1</td><td></td></tr>
<tr><td>表达自然、大方</td><td>2</td><td></td></tr>
<tr><td>表达富有亲和力、感染力</td><td>2</td><td></td></tr>
<tr><td colspan="2">总分</td><td colspan="2"></td></tr>
</table>

表 3-1-8 教师评价表

评价项目：		班级：	姓名：
小组名称：		小组组长：	
小组成员：			
考评内容	评分指标	评分标准	得分
态势语言的运用（6 分）	整体姿态端庄、大方、自然	1	
	手势语言表达自如、恰当	2	
	各种目光语言表达方法能够灵活自如地交替使用	2	
	面部表情大方、自然、热情	1	
素质能力（4 分）	完成各项任务认真、投入，勇于突破自我	1	
	团队协作良好	1	
	整体讲解状态大方、自然、流畅	2	
总分			

工作任务三　导游口语讲解技能

【任务要求】

1. 掌握导游口语训练要求与技巧；
2. 能灵活运用导游口语进行讲解。

【实施条件】

模拟导游实训室或多媒体教室。

【实施过程】

表 3-1-9　实施过程

实训步骤	操作及说明	注意事项
步骤一	1. 教师按小组分发课前准备好的朗读材料、扩音器等实训设备； 2. 各小组学生通过阅读、朗读熟悉文字材料	1. 朗读材料内容应尽量简单，材料可以包含时政新闻、散文、故事等多种类型； 2. 实训中，教师应率先示范，鼓励学生积极参与、学习，帮助学生克服羞怯心理，勇于表达
步骤二	1. 教师讲授口语讲解的特点与要求； 2. 教师讲授、展示口语表达时音量的训练技巧； 3. 学生自我训练音量，音量过低的学生可以辅助使用扩音器； 4. 检查学生实训活动，对个别学生进行指导	
步骤三	1. 教师讲授、展示口语表达时音色的训练技巧； 2. 学生自我训练音色，寻找自己的最佳音色； 3. 检查学生实训活动，对个别学生进行指导	
步骤四	1. 教师讲授、展示口语表达时音调、语速的训练技巧； 2. 教师引导学生在朗读材料中用不同符号标注音调、停顿； 3. 学生根据朗读材料中的标注朗读材料，调整语调与停顿节奏； 4. 检查学生实训活动，对个别学生进行指导	
步骤五	1. 各小组推荐学生进行口语讲解示范； 2. 教师对各组展示进行评价； 3. 对实训过程中的学生表现给予总结性评价，重点拨、激励，实现学生能力的迁移提升	

【知识链接】

一、导游口语训练及要求

一个优秀的导游，在进行导游讲解时必须讲究音调的高低强弱、语气的起承转合以及节奏的抑扬顿挫。为了充分发挥导游语言艺术的作用，讲解时应注意音量、音色、语调和语速的表达。

（一）注意音量

音量是指声音的大与小。在导游讲解过程中，音量要能使全团所有的游客清晰听到为宜。因此，讲解时的音量不宜过大或过小。带团时，导游应根据以下几个方面巧妙控制讲解音量，从而达到良好的讲解效果。

1. 根据游客人数。

通常，游客人数少时音量可以适当降低，游客人数多时音量应提高以保证每一位游客都能听清讲解，特别应照顾到后排的游客。

2. 根据游客年龄。

通常情况下，导游为老年团队、幼儿团队游客服务时，讲解音量应适度提高以保证游客能接收到准确的信息；导游带领其他团队游客时，讲解音量适中即可。

3. 根据所处环境。

导游在安静、封闭的室内(如博物馆、车内)讲解时，音量应适度降低；在空旷的室外、周边环境嘈杂时，音量应相应提高，以保证讲解效果。

4. 根据讲解内容。

导游讲解一般内容时，音量适中即可；讲解重点内容、精彩之处、重要信息时，音量应适度提高以示强调，从而引起游客注意。

（二）控制音色

音色又叫音质，是指声音的特色。一个人音色的好坏既有先天的因素，也与后天的训练有关，导游可以训练和控制自己的音色。理想的音色应该明亮、柔和、自然，如果音色太尖厉，会让游客神经紧张，影响讲解气氛；音色沙哑、沉闷、无力，则会使游客感觉无精打采和乏味。导游可以用喉咙不同部位发声，实现头腔共鸣、鼻腔共鸣及口腔共鸣，从而达到变化音色，使声音发出泛音而得到美化，从而发出动听的声音。

（三）巧用语调

语调是指贯穿于整个句子的语音高低升降配置。导游在讲到精彩处时语调可以洪亮，讲到历史光辉处时语调可以激昂，讲到事件不幸处时语调可以感叹。根据讲解内容的不同，语调应有高低、有起伏，声情并茂。通常情况下，升调多用于表达兴奋、激动、惊叹、疑问等感情状态；降调用于表达肯定、赞许、期待、同情等感情状态；直调多用于表达庄严、稳重、平静等感情状态。

（四）调节语速

语速是指语言速度的快慢。导游讲解语速应控制在每分钟 220～250 字，可根据导游进程和对象调整。但是，语速一成不变的解说会让游客感觉乏味无趣。因此，语速快慢应根据游客的状态、讲解内容的重要性和其他外界条件等具体情况进行调节，快慢相宜。导游讲解时的停顿通常分为语义停顿、暗示省略停顿、等待反应停顿、强调语气停顿。

二、导游语言的特点

（一）清晰准确

能清楚准确地用语言表达自己才能达到沟通交流的目的。为此，导游在日常生活中讲话时，音调应正确标准，吐字归音完整、清晰，不能使用易产生歧义的词汇，养成良好的讲话习惯。

（二）简洁通俗

太拗口、生僻的语句晦涩难懂，会妨碍导游与游客的沟通与交流。因此，工作中，导游的语言应简洁、明了，多使用通俗易懂、接近生活的词汇，才容易被游客记住、理解。

（三）礼貌亲切

导游是为游客服务的职业，热情友好、宾客至上是导游的一项基本道德规范，这就要求导游要懂得基本礼貌礼节，在迎来送往以及语言运用中始终做到亲切友好。

（四）生动丰富

导游的语言要使游客明白导游所表达的意思，还应让游客喜欢听导游的讲解，并在听的过程中得到美的感受，这就要求导游语言应尽量生动、丰富，给游客带来更多的知识和乐趣。

（五）灵活多样

不同游客的讲解需求大相径庭，因此导游面对不同的游客群体，语言应随着游客的不同而进行调整。例如，带儿童团时，导游讲解应多采用柔性语言；带老年团时，语速不能太快。

三、导游口语训练素材

黄河母亲像导游词

各位朋友大家好！大家现在眼前看到的这尊精美的雕塑就是兰州城市的标志性景观之一——黄河母亲像。它是目前全国诸多表现中华民族母亲河(黄河)的雕塑艺术品种中最漂亮的一尊。它是由我省著名的雕塑艺术家何鄂女士创作，由北京雕塑厂于 1986 年 4 月 30 日雕刻而成的。整个雕塑长 6 米，宽 2.2 米，高 2.6 米，总重 40 余吨，是一尊花岗岩圆雕。

一说到花岗岩，许多朋友就会问为什么不用汉白玉等上乘的材料来雕塑，反而选了普通的花岗岩呢？请大家顺着我的手看看远处的黄河是什么颜色？大家再看看我们的皮肤是什么颜色？现在您明白了吗？选用花岗岩能够更好地表现出黄河的颜色和我们这些炎黄子孙的肤色，同时花岗岩粗糙的质感似乎也在诉说着中华民族千百年来所经历的沧桑巨变。

接下来，请大家随我一同来欣赏这件精美的雕塑艺术品。整个作品由母亲、婴孩和基座三部分构成。母亲秀发飘逸、神态慈祥、身躯颀长匀称，曲线优美，微微含笑，右臂微曲，仰卧于波涛之上。母亲面庞的轮廓圆润柔和体现出东方传统女性之美，和今天流行的骨感美相比，母亲略显富态，而恰恰这种富态又是母亲最迷人的地方，因为中国传统思想中以女人富态为旺门、旺夫、旺子之相。

母亲右侧依偎着一婴孩，说到这请大家猜猜这是男孩子还是女孩子呢？看来大家各持异议。其实，小洁也不清楚。据说，当时何鄂女士在创作时也是费了一番心思。她曾想创作为一名男婴，可是又怕人家说中国人几千年来男尊女卑的封建思想根深蒂固；但如果创作为一名女孩，则会使整个作品显得过分阴柔。正当何鄂女士犯难时，他看到自己的孩子趴在床上玩耍的样子又可爱又招人疼，也分辨不出孩子的性别。于是，她就把孩子设计成了匍匐状，似乎正依偎在妈妈的怀里撒娇。

众所周知，5464 千米的黄河发源于青海的巴颜喀拉山，可是为什么如此漂亮的雕塑会出现在甘肃而不是青海呢？其实，这是因为诸多黄河文化都发源于甘肃，如伏羲文化、轩辕文化。大家看雕塑基座上的图案，这些水波纹和鱼纹都源于中国彩陶之乡甘肃古老的彩陶图案，反映了甘肃悠久的历史，也反映了黄河流域的先民们对自然现象敏锐的观察力。

好了，各位朋友，我对黄河母亲像的介绍就到这结束了。作为兰州的城标，我想大家都非常想在此留念。大家拍照时，千万别爬到母亲身上去了，别打扰了母亲和孩子这一温馨时刻，拍照最佳的位置是孩子臀部 45° 的位置。接下来给大家留 15 分钟的拍照时间，15 分钟后也就是 9:30，我们将集合乘车前往下一处游览点。谢谢大家！

【学生文本任务单】

课后，学生根据导游口语讲解技能录制导游词讲解视频，朗读或讲解形式均可，并以作业形式上传至网络教学平台。录制时应注意控制自己的讲解音量、音色、音调和语速，旨在提高学生口语讲解水平。

【考核评价】

表 3-1-10　学生自评表

评价项目：		班级：		姓名：	
小组名称：		小组组长：			
小组成员：					
本课学习难度	非常容易	比较容易	可以接受	比较难	非常难
本课学习兴趣	很有兴趣	比较有兴趣	一般	不大有兴趣	完全没兴趣
团队合作情况	非常愉快	比较愉快	可以接受	比较困难	非常困难
学习内容掌握程度（10 分）	评价标准			评分标准	评分
	能根据不同情景有效控制讲解音量			1	
	掌握训练技巧，能控制音色			3	
	掌握语调的使用方法及技巧			3	
	能根据具体情况合理控制讲解语速			3	
总分					
学习反思					

表 3-1-11　小组互评表

评价项目：		班级：	
小组名称：		小组组长：	
小组成员：			
项目	指标	评分标准	评分
导游口语训练要求（6 分）	音量适中	1	
	音色明亮、柔和、自然	2	
	音调适宜	2	
	语速适中	1	
讲解整体评价（4 分）	清晰准确、简洁通俗	1	
	讲解生动丰富	1	
	表达自然、大方	1	
	礼貌亲切，表达富有亲和力、感染力	1	
总分			

表 3-1-12　教师评价表

<table>
<tr><td colspan="2">评价项目：</td><td>班级：</td><td>姓名：</td></tr>
<tr><td colspan="2">小组名称：</td><td colspan="2">小组组长：</td></tr>
<tr><td colspan="4">小组成员：</td></tr>
<tr><td>考评内容</td><td>评分指标</td><td>评分标准</td><td>得分</td></tr>
<tr><td rowspan="6">导游口语训练（8分）</td><td>音量适中</td><td>1</td><td></td></tr>
<tr><td>音色明亮、柔和、自然</td><td>2</td><td></td></tr>
<tr><td>音调适宜</td><td>2</td><td></td></tr>
<tr><td>语速适中</td><td>1</td><td></td></tr>
<tr><td>表达自然、大方</td><td>1</td><td></td></tr>
<tr><td>礼貌亲切，表达富有亲和力、感染力</td><td>1</td><td></td></tr>
<tr><td rowspan="2">素质能力（2分）</td><td>完成各项任务认真、投入，勇于突破自我</td><td>1</td><td></td></tr>
<tr><td>团队协作良好</td><td>1</td><td></td></tr>
<tr><td colspan="2">总分</td><td colspan="2"></td></tr>
</table>

项目二 人文景观导游

项目介绍

人文景观又称文化景观，是自然与人类创造力的结晶，反映区域独特的文化内涵，特别是出于社会、文化、宗教的要求，并受环境影响与环境共同构成的独特景观。人文景观包括古建筑景观、宗教景观、民俗景观、红色旅游景观等。在人文景观的讲解中，除了对景观外在形象进行讲解外，更重要的是对其文化内涵、历史价值等内在因素进行准确而深刻的讲解。

学习目标

1. 知识目标：

（1）掌握各种类型人文景观的文化内涵；

（2）掌握各种类型人文景观的历史价值。

2. 能力目标：

（1）掌握各种类型人文景观的讲解要领；

（2）能够对各种类型人文景观进行口语讲解。

3. 素质目标：

（1）培养学生工作责任意识、服务意识；

（2）培养学生对知识的探索精神。

工作情景描述

从日本东京来中国丝绸之路旅游的“梦之旅”旅游团一行 12 人，于 3 月 2 日晚抵达兰州游览 3 日后，于 3 月 4 日—3 月 8 日在河西走廊的张掖大佛寺、嘉峪关关城、敦煌莫高窟等景点参观游览。你作为甘肃 SC 国际旅行社的地陪导游，请做好参观游览时的讲解工作。

工作任务一　古建筑景观导游

【任务要求】

1. 掌握我国古建筑景观的讲解要领；
2. 能根据要领对古建筑景观进行讲解。

【实施条件】

模拟导游实训室、多媒体教室或景区（点）。

【实施过程】

表 3-2-1　实施过程

<table>
<tr><th>实训步骤</th><th>操作及说明</th><th>注意事项</th></tr>
<tr><td>步骤一</td><td>1. 课前教师指导学生准备好导游证、导游旗、麦克风、导游词卡片等；
2. 学生分成若干小组；
3. 教师讲授古建筑景观讲解要领</td><td rowspan="5">1. 讲解过程中要求学生注意口头语言、态势语言的综合运用，以达到最佳讲解效果；
2. 教师应鼓励其他学生与讲解人员适当互动，以增强讲解现场感</td></tr>
<tr><td>步骤二</td><td>1. 各小组通过互联网查询典型古建筑景观的相关资料；
2. 根据该景点的整体布局、参观路线、文化内涵、特色等要素绘制讲解思维导图，撰写古建筑景观导游词，制作导游词卡片和演示 PPT</td></tr>
<tr><td>步骤三</td><td>教师对某古建筑景观进行示范讲解</td></tr>
<tr><td>步骤四</td><td>各小组对古建筑景观进行讲解</td></tr>
<tr><td>步骤五</td><td>模拟过程中完成学生自评、小组互评、教师点评，对模拟过程中存在的问题在模拟结束后进行反思、总结</td></tr>
</table>

【知识链接】

一、古建筑景观讲解要领

（一）讲解古建筑景观的整体布局

中国传统古建筑景观在布局上，大型建筑群讲究中轴对称、左祖右社、前朝后寝，园林建筑侧重自然秩序。导游讲解时，可根据古建筑景观的整体布局进行讲解，使游客形成对古建景观整体布局的掌握。

如在介绍武威文庙时可以介绍其布局。武威文庙坐北向南，由儒学院、孔庙、文昌宫三部分组成，西边是凉州府儒学院，仅存忠烈、节孝、节义三祠；中为文庙，以大成殿为中心，前有泮池、状元桥，后有尊经阁，中有棂星门、戟门，左右有名宦、乡贤祠；东为文昌宫，以桂籍殿为中心，前有山门、戏楼，后有崇圣祠，中为二门戏楼，左右有牛公祠、刘公祠，形成了规模宏大、气势雄伟、布局严谨、雍容典雅的古建筑群。

（二）讲解古建筑景观的建筑特色

古建筑从古留存至今一定有其特色。导游词创作过程中应从古建筑的构成、结构、平面布局、构成部件、色彩、装饰部件、材料等角度出发，挖掘古建筑在这些方面的特色，以便游客通过导游讲解能更好地掌握古建筑的建筑风格与特色。

如在介绍嘉峪关关城时可以介绍其建筑材料的特别之处。嘉峪关关城筑城用土都取自黑山黏土，在筛选和制作中都经过严格的程序。首先，将选好的黄土用石棍碌细，然后放在青石板上让烈日暴晒，以免草籽发芽影响墙体质量。夯墙时还要加入棉麻和灰浆，并用糯米汁拌和以增强胶黏度。当时验收墙体是否合格是在一定射程内，以箭射墙，若箭射入墙中就要推倒重修，并且要达到锄不能入，也就是连锄头都砍不进去。如何达到这种监督标准呢？当时做工按标段分专人负责进行比赛，看谁做得又快又好。若不合格，监工就要被斩头。正是如此严格的选料和验收标准，才能使嘉峪关到现在都能保存完整。

（三）讲解古建筑蕴含的文化艺术内涵

古建筑景观是历史的沉淀，其历史、文化、艺术内涵丰富，不仅是一种工程技术，也是一个文化艺术系统。古建筑是老祖宗留给我们的物质财富和精神财富，具有历史性、民族性、地方性等特性。导游在讲解中可以对古建筑景观蕴含的文化艺术进行讲解，丰富游客游览感受，提升游客游历质量。

如介绍嘉峪关关城城门：现在大家抬头看，可以看到“朝宗”二字，表示心中不忘朝廷，忠于王朝的忠君思想。我们现在看到的是柔远门，取“怀柔致远以安定边陲”之意，它的意思是当时对待少数民族不要一味地使用武力，而更多的要使用怀柔政策去安抚他们。

（四）讲解建筑的色彩对比

中国传统古建筑基于自然环境、气候、礼制等因素的影响，在我国南北方形成了不同的建筑色彩特征。导游在讲解时可以加以分析，突出不同地域建筑在色彩上的特点，提升游客的审美情趣和游历感受。

如北方古建筑：因冬季自然环境色彩单调，因此古建筑修筑过程中在传统礼制的允许范围内多采用黄色、红色、绿色、蓝色等鲜亮、明快的色彩来装饰，以达到装饰与美化生活空间的目的。南方一年四季草木常青，繁花似锦，为此古建筑多采用黑色、灰色、白色等朴素、淡雅的色彩装饰，以达到自然环境与传统建筑的协调统一，给人超凡脱俗的美感。

（五）讲解古建筑的保护教育

传统古建筑是我国数千年历史发展长河中留存下来的宝贵物质财富，是人类文明的精华所在，它具有不可再生性。因此，导游在讲解过程中应教育游客参观游览时对古建筑要有敬畏之心，自觉遵守游览规则，文明旅游，以保护传统古建筑。

二、古建筑景观讲解示范

天水伏羲庙

各位朋友大家好，欢迎来到天水市观光旅游，我是导游小天，很荣幸为大家服务。我们现在来到的是华夏人文始祖伏羲的祭祀地——伏羲庙伏羲为三皇之首，被人们奉为“人文始祖”。《史记·三皇本纪》记载：“太皞庖牺氏，风姓，代燧人氏继天而王。母曰华胥，履大人迹于雷泽，而生庖牺于成纪。蛇身人首，有圣德。”这句话意思是说伏羲的母亲名叫华胥氏。有一天，她去雷泽郊游，在途中发现了一个很大的脚印。好奇的华胥氏将自己的脚踏在大脚印上，于是就有了身孕。12 年后就生下了一个人首蛇身的孩子，这就是伏羲。人们将伏羲的诞生地改名为成纪，因为在古代，人们把 12 年作为 1 个纪。这是我国最早的感孕神话，也是社会早期母系氏族社会“只知其母，不知其父”社会现象的反映。

伏羲庙始建于明弘治三年(1490年)，是典型的明代建筑。伏羲庙又名太昊宫，俗称人宗庙。伏羲庙按照中国古代宫廷建筑布局营造、建筑，它坐北朝南，现存建筑为两门三进，占地 1.8 万平方米。主体建筑在南北中轴线上依次有牌坊、大门、仪门、先天殿、太极殿，钟楼、鼓楼沿轴线东西相对，整个建筑群采用均衡对称的格局。总体布局沿着南北中轴线纵向延伸，有主有次、前后呼应，具有典型的中国古代建筑风格。

大家可以看到，伏羲庙大门前有三座牌坊呈品字形鼎立，给人一种庄严、崇高的感觉。牌坊上的匾额依次写的是“继天立极”“开物成务”“开天明道”。请大家走进伏羲庙的前院，走过仪门我们将进入伏羲庙的中院。继续前行，现在大家看到的便是先天殿了，这里是整个伏羲庙的中心，是建筑群的主体部分。在大殿两旁大家可以看到许多柏树，这些柏树基本上都已经有上百年的历史。原来横八行、纵八列，共有八八六十四棵古柏，是按照八卦里的六十四方位排植的。现在我们进入大殿，大殿正中神龛内的塑像就是伏羲氏，这是目前全国保存最早、最完整的明代伏羲塑像，像高 3 米有余，身披树叶，目光炯炯，气宇轩昂，展现了生活在西北黄土高原上远古时期一位部落首领的形象。伏羲手中所持的是“先天八卦太极盘”，相传是伏羲创造、绘制的。他手里托的八卦图中间是阴阳太极图。太极图阴中有阳，阳中有阴，阴阳相交，体现了独特的中国式思维方式。在 18 世纪，德国数学家莱布尼茨从卦图中受到启发，发现了数学二进制，后来在此基础之上，发明了世界上第一台计算机。伏羲画卦的基础是以阴爻和阳爻，象征阴阳。伏羲发现宇宙间的万事万物都是由阴阳两种对立统一的因素组成的，据此又发明了八卦，用阴阳相互结合的 8 种符号乾、坤、震、艮、坎、离、巽、兑，分别代表天、地、雷、山、水、火、风、泽 8 种自然现象，成为世界的物质基础。八卦的创画，开启了华夏文明的源头，促进了我国传统的天文、地理、历法、数学、农业、畜牧业、医学、军事以及婚姻礼制、思想艺术、宗教理念、史学研究等学科的发展。伏羲创造的易被称为先天易，其图被称为先天图，其卦被称为先天卦。

出了先天殿我们再往北走就是太极殿了，它又称退殿、寝殿、寝宫，是伏羲休息的地方，体现了我国古建筑前朝后寝的建筑布局。

为了弘扬伏羲文化这一瑰宝，天水每年 6 月 22 日要举行“伏羲文化旅游节”。海内外同胞纷纷来天水朝觐祭祖、观光旅游。大家如果有兴趣的话，欢迎届时来朝觐祭祖。好了，今天对伏羲庙的介绍到这就结束了，接下来请大家自行参观游览。谢谢！

武威文庙

各位亲爱的游客朋友们，大家好！今天我们参观游览的首站目的地是武威文庙。在到达景区参观游览前，请允许我对该景点给大家做个简要的介绍。

武威文庙也叫圣庙、孔庙，位于甘肃省武威市城东南隅。它始建于明正统二至四年(公元 1437—1439 年)，后经明成化、清顺治、康熙、乾隆、道光及民国年间重修扩建，逐渐成为一组布局对称、结构严谨、规模庞大的建筑群，是一组造型雄伟的宫阙式建筑群，现存建筑总面积 30 096 平方米。明清之际号称“陇右学宫之冠”，是历代文人墨客祭祀孔子之地，也是目前西北地区建筑规模最大、保存最完整的孔庙，属全国三大孔庙之一。

武威文庙坐北向南，由儒学院、孔庙、文昌宫三部分组成，西边是凉州府儒学院，仅存忠烈、节孝、节义三祠；中为文庙，以大成殿为中心，前有泮池、状元桥，后有尊经阁，中有棂星门、戟门，左右有名宦、乡贤祠；东为文昌宫，以桂籍殿为中心，前有山门、戏楼，后有崇圣祠，中为二门戏楼，左右有牛公祠、刘公祠，形成了规模宏大、气势雄伟、布局严谨、雍容典雅的古建筑群。现为全国重点文物保护单位、国家 4A 级旅游景区和甘肃省爱国主义教育基地。

武威西夏博物馆位于武威文庙门前，坐东向西，为回字形仿古框架结构建筑，占地面积约 3570 平方米。展览品采用大型浮雕、文物、图片、壁画、背景画相结合的手法，真实反映了西夏统治时期在政治、经济、军事、文化等领域所取得的巨大成就。西夏碑就保存于此，是诸多展品中最为珍贵的一件。

西夏碑即重修护国寺感应塔碑，是迄今所见保存最完整、内容最丰富、西夏文和汉文对照数字最多的西夏碑刻，1961 年 3 月 4 日，被国务院公布为第一批全国重点文物保护单位。西夏是 11 世纪—13 世纪，我国西部兄弟民族党项羌在中国西北部建立的一个国家，自称白高大夏国、西朝。因其在西方，宋人将之称为西夏。前期与辽、北宋并立，后期与金朝并立，历经十帝 189 年。重修护国寺感应塔碑是西夏第四代国王崇宗李乾顺在天祐民安五年(1094 年)所立，距今已有 890 多年的历史。元灭西夏后，西夏碑被有识之士砌碑亭封闭，得以保存。清嘉庆九年(1804 年)，甘肃武威著名学者张澍于贵州玉屏县为官期间，引疾回家，与友人同游大云寺，发掘出长期藏匿的西夏碑。民国时将其由大云寺移至武威文庙，近年又移至武威西夏博物馆内。西夏碑身高 2.5 米，宽 0.9 米，厚 0.3 米，两面撰文。正面以西夏文篆书题名，两行八字，意为“敕建感应塔之碑文”。正文为西夏文楷书，28 行，每行 65 字，题名两侧各有一身线刻伎乐菩萨，做翩翩起舞状，题名上端是云头宝盖，碑文四周有饰纹。碑文内容较长，通篇记载着一则神奇的故事，讲述护国寺塔的初建、显灵、重修等经过。西夏碑的汉夏合璧便于相互比较研究，用于研究西夏语言文字、社会经济、土地制度、官制、民族关系、阶级关系、国名、帝后尊号、佛教盛况等具有重要价值，是一本研究西夏文的活字典。

说话间，武威文庙马上要到了，请大家收拾好自己的随身物品同我进入景区参观游览！

武威雷台大景区

各位亲爱的游客朋友们，大家好！今天我们参观游览的首站景区是武威雷台大景区。在到达景区参观游览前，请允许我对该景区给大家做个简要的介绍。

武威雷台汉墓是举世闻名的稀世珍宝、中国旅游标志“马踏飞燕”的出土地，位于甘肃武威城区北关中路，占地面积12.4万平方米，距今已经有1700多年的历史。据史料记载，雷台为前凉国王张茂所筑灵钧台，因台上有明朝中期建筑的雷祖观，故名。雷台是一处高8.5米，南北长106米，东西宽60米的长方形夯筑台，台上现存建筑有明清时期的古建筑群三星殿、雷祖殿、北斗七星殿、南斗六星殿、过殿、东西配殿、廊房等10座，其建筑雄伟、规模宏大。

汉墓约建于东汉晚期，三座墓葬均建于夯土筑成的雷台下，有正寝便殿。正寝的作用主要安墓主神坐，为墓主灵魂正常起居之处，由供奉的官人如同对待活人一样侍奉；便殿是正寝的附属建筑，主要供奉主灵魂来此游乐。1969年，当地农民在挖战备地道时，在雷台下发现了一座东汉晚期的大型砖室墓。据马俑胸前铭文记载，此系“守张掖长张君”之墓，约在公元186—219年。墓道长19.34米，墓室分前、中、后三室，配以左右耳室三处，出土有金、银、铜、铁、玉、骨、石、陶器等文物231件，古铜钱3000多枚，铜车马仪仗俑99匹，其中以铜奔马艺术价值最高。

铜奔马又称马踏飞燕，或称马超龙雀，呈发绿古铜色，马高34.5厘米，长45厘米，重17.5千克。马形神兼备、气韵生动、矫健剽悍、无拘无束、呈飞奔状，三足腾空、昂首扬尾、张口嘶鸣、右后足巧妙地轻踏在一只展翅奋飞回首惊视的飞鸟背上，鸟形底座平，与地面接触面积大，鸟的头、双翅、尾呈现伸展状，增大了稳定性，这道理正如三角支架；另外，大胆地让马的右后蹄踏在一只凌空飞翔的鸟身上，衬托出马的迅疾，使一匹静止的铜马活灵活现地呈现在人们面前。小鸟似乎正吃惊地回首而望，惊愕于同奔马的不期而遇，简直就是“扬鞭只共鸟争飞”的真实再现，既改变了传统天马的造型手法，又符合力学平衡原理，使奔马的轻盈和物体的稳定双双得到完美的解决，并赋予奔马以旺盛的生命力，使其具有强烈的震撼力，是制作者将现实主义与浪漫主义相结合的艺术手法。大胆的想象和天才的雕塑手法，为世界留下了一件罕见的艺术品。铜奔马蕴含着极高的艺术、科学、历史价值及天马文化内涵，并且铸造技巧精湛，堪称青铜艺术极品。据《汉书》载，西汉武帝为了远征匈奴，开拓疆土，太初四年(公元前101年)从大宛国引进大宛马，武帝赐名为“天马”。据说，这种马流的汗为红色，像鲜血一样，所以人称“汗血马”。整体上看，马超龙雀是汉代人勇武豪迈的气概、昂扬向上的精神面貌的表现，反映了汉王朝的强大与富庶。武威因“凉州畜牧甲天下”成了良马的交易、繁殖基地，后人有“凉州大马，横行天下”之说。因此，在武威发现表现“天马行空”的铜奔马绝非偶然。1983年，铜奔马被我国国家旅游局定为“中国旅游标志”，1986年被定为国宝级文物，1996年被国家文物局确认为一级甲等(国宝)文物，2002年被列入国家文物局《首批禁止出国(境)展览文物目录》。

简单介绍之后，接下来请大家收拾好自己的随身物品同我进入景区参观游览。

【学生文本任务单】

1. 撰写古建筑讲解导游词。各小组学生选取有特色的古建筑景观，利用互联网查找资料，撰写古建筑景观导游词。撰写注意事项：

（1）古建筑景观概况应包括年代、地理位置、历史价值、社会声誉等；

（2）古建筑景观讲解导游词应突出其文化性、独特性、功能性等。

2. 制作古建筑景观导游讲解的思维导图与导游词卡片。

3. 制作古建筑景观导游讲解 PPT。

【考核评价】

表 3-2-2　学生自评表

评价项目：				班级：	姓名：
小组名称：		小组组长：			
小组成员：					
本课学习难度	非常容易	比较容易	可以接受	比较难	非常难
本课学习兴趣	很有兴趣	比较有兴趣	一般	不大有兴趣	完全没兴趣
团队合作情况	非常愉快	比较愉快	可以接受	比较困难	非常困难
学习内容掌握程度（10 分）	评价标准			评分标准	评分
	会借助互联网搜集资料，撰写古建筑导游词			3	
	会根据古建筑导游词绘制讲解思维导图			2	
	能根据古建筑导游词制作演示 PPT			1	
	能对古建筑进行导游讲解			4	
总分					
学习反思					

表 3-2-3　小组互评表

评价项目：		班级：	
小组名称：		小组组长：	
小组成员：			
项目	指标	评分标准	评分
导游词创作（4 分）	讲解词内容正确、完整，有文采	1	
	导游词结构合理，详略得当，条理清晰，逻辑通顺，层次清楚	1	
	讲解词内容应突出文化性、独特性、功能性	2	
导游模拟讲解（6 分）	语言表达清晰、准确、流畅	1	
	讲解节奏控制合理、有层次感	1	
	讲解有文化内涵，富有感染力	2	
	仪态大方、恰当、得体，有亲和力	1	
	团队协作能力	1	
总分			

表 3-2-4　教师评价表

<table>
<tr><td colspan="2">评价项目：</td><td>班级：</td><td>姓名：</td></tr>
<tr><td colspan="2">小组名称：</td><td colspan="2">小组组长：</td></tr>
<tr><td colspan="4">小组成员：</td></tr>
<tr><td>项目</td><td>指标</td><td>评分标准</td><td>评分</td></tr>
<tr><td rowspan="4">学生文本任务单
（4 分）</td><td>讲解词内容正确、完整，有文采</td><td>1</td><td></td></tr>
<tr><td>导游词结构合理，详略得当，条理清晰，逻辑通顺，层次清楚</td><td>1</td><td></td></tr>
<tr><td>讲解词内容突出文化性、独特性、功能性</td><td>1</td><td></td></tr>
<tr><td>讲解词内容有文化内涵，有创新性和时代特色</td><td>1</td><td></td></tr>
<tr><td rowspan="5">导游模拟讲解
（6 分）</td><td>语言表达清晰、准确、流畅</td><td>1</td><td></td></tr>
<tr><td>讲解节奏控制合理、有层次感</td><td>1</td><td></td></tr>
<tr><td>讲解有文化内涵，富有感染力</td><td>2</td><td></td></tr>
<tr><td>仪态大方、恰当、得体，有亲和力</td><td>1</td><td></td></tr>
<tr><td>团队协作能力</td><td>1</td><td></td></tr>
<tr><td colspan="2">总分</td><td colspan="2"></td></tr>
</table>

工作任务二　宗教景观导游

【任务要求】

1. 掌握宗教景观讲解要领；
2. 能根据宗教景观讲解要领进行导游讲解。

【实施条件】

模拟导游实训室、多媒体教室或宗教景观点。

【实施过程】

表 3-2-5　实施过程

实训步骤	操作及说明	注意事项
步骤一	1. 课前教师指导学生准备好导游证、导游旗、麦克风、导游词卡片等； 2. 学生分成若干小组； 3. 教师讲授宗教景观讲解要领	1. 讲解过程中要求学生注意口头语言、态势语言的综合运用，以达到最佳讲解效果； 2. 教师应鼓励其他学生与讲解人员适当互动，以增强讲解现场感
步骤二	1. 小组通过互联网查询典型宗教景观的相关资料； 2. 撰写宗教景观导游词，绘制讲解思维导图，制作导游词卡片和演示 PPT	
步骤三	教师对某宗教景观进行示范讲解	
步骤四	各小组对宗教景观进行讲解	
步骤五	模拟过程中完成学生自评、教师点评，对模拟过程中存在的问题在模拟结束后进行反思、总结	

【知识链接】

一、宗教景观讲解要领

（一）宗教基本文化知识

导游应当掌握各类宗教的诞生、发展、传播、教义、派系、经典与标记、信奉的对象、主要称谓、礼仪、主要节日、中国宗教名胜古迹等基础宗教文化知识。掌握宗教基本文化知识的前提下，紧密结合游览地宗教景观的历史、宗教文化等实际展开讲解。

（二）宗教建筑历史回顾

许多地方的宗教景观也是古建筑、文物，因此，导游应掌握宗教建筑的历史由来，为游客介绍其历史背景。例如讲到张掖大佛寺时，据明宣宗朱瞻基《敕赐宝觉寺碑记》称：西夏时，有位叫嵬咩的国师，一日静坐，听到附近有丝竹声音，掘地三四尺，得翠瓦金砖覆盖的碧玉卧佛一具，因而就地建起了这座坐东面西的佛殿。

（三）各类宗教建筑的格局与特色

导游还应清晰掌握各种宗教建筑的类型、组成结构、布局。例如，佛教建筑一般是传统的中轴对称式建筑，最前端为山门，又叫“三门”，中间为空门，东侧为无相门、西侧为无作门，象征 3 种解脱烦恼的方式，又称“三解脱门”。进入山门，左右为钟鼓楼，迎面看到的为天王殿，之后为正殿——大雄宝殿，东西有伽蓝殿、地藏菩萨殿、祖师殿和观音殿，大雄宝殿后面还有药师佛殿、讲经堂、藏经阁等建筑。讲解过程中，应结合宗教景观点的建筑布局，就此类建筑的特色做重点介绍。

（四）宗教建筑的含义及功能

导游人员应当详细了解宗教建筑的构件、供奉对象、图案装饰等宗教含义和功能。例如，讲到清真寺建筑时，导游可以引导游客发现清真寺建筑的装饰图案多为花卉和几何图案，而没有人像。导游只有掌握了丰富的宗教建筑的含义和功能，才能为游客提供更专业的讲解。

（五）我国的宗教政策

宗教文化讲解中还应适当融入我国宗教政策，例如我国宗教信仰自由，国家依法对宗教事务进行管理，自办教会的原则和政教分离的原则等，引导游客在旅行游览过程中文明旅游。

二、宗教景观讲解示范

夏河拉卜楞寺

各位游客朋友们，大家好！欢迎大家来到美丽的拉卜楞寺参观游览。我是大家今天的导游，接下来将由我给大家简单介绍一下拉卜楞寺。

拉卜楞寺位于甘肃省甘南藏族自治州夏河县。由一世嘉木样活佛始建于清康熙四十八年(公元 1709 年)，因为藏语称佛宫为“拉章”，僧俗百姓遂以其转音“拉卜楞”命名该寺。拉卜楞寺占地 1234 亩(0.823 平方千米)，拥有经堂 6 座，佛殿 84 座，藏式楼 31 座，佛宫 31 院，经轮房 500 余间，僧舍 10 000 余间，总建筑面积达 40 多万平方米，是安多地区最大的藏传佛教寺院，为黄教六宗主寺之一。

登上龙山远眺，主体建筑分布在凤山两端的两座白色藏式塔楼之间，错落有致。拉卜楞寺建筑结构分为木石和土木 2 种，一般是外石内木，“外不见木，内不见石”。依其建筑形式分为藏式、汉式和汉藏混合式 3 种。根据级别和分工不同，在建筑外面涂成黄、红、白色。嘉木样和各赛赤(活佛)的楼房墙涂黄色，堪布及相当于堪布(相当于汉地方丈)地位的活佛和呼图克图(藏传佛教格鲁派活佛传承系统之一)的楼房墙涂红色，普通僧侣的墙涂白色。拉卜楞寺建筑按其用途可分为僧众诵经学习的经堂、佛殿、活佛的府第“昂欠”、僧舍和其他共 5 大类。整个建筑庄严巍峨、雕梁画栋、金碧辉煌、气势磅礴，具有藏民族独特风格。

拉卜楞寺为藏传佛教寺院高僧的培养基地，为世界最大的藏传佛教学府。下设 6 大学院，其中一个显密学院，5 个密宗学院，分别为闻思学院、时轮学院、医学院、喜金刚学院、续部上院、续部下院。

闻思学院是6大学院中最大的学院，主司显宗教义，通过师授、背诵、思维、辩论等形式，达到学习13级，通晓5大论。每个藏历十一月九日举行严格的升级考试。考试时，考生坐中间，回答格西(藏传佛教格鲁派寺院的学位)和僧人们提出的问题。回答圆满，不漏点滴，方为及格。

5大密宗学院中续部上院和续部下院属神学院，二院因由后藏的喜饶桑盖法师传续而来，名曰“续部”。两院都分为初、中、高三级，学程年限不定。续部下院主要研修密宗教义，教化善根弟子入密宗金刚乘门，立于成立解脱之道。续部上院依生起和圆满次第之道修行密宗真谛。二院僧徒还需学会用彩色细砂制作坛城，绘画八种佛塔、土地金刚线等技法。每年考试只有一人能获得“俄然巴”学位。

喜金刚学院和时轮学院属密宗天文学院，修持供养，兼习实用技术，分为三级，学习年限不定。喜金刚学院主要研究喜金刚的生起和圆满次第之道，兼司官历、藏文文法、书法、音乐、舞蹈等。时轮学院除了研究时轮金刚和怖畏九首金刚的生起和圆满次第之道，主要对天文历算进行学习研究，兼司藏历。

医药学院经二、三世嘉木样历建，修成于1874年，除学习佛经、医典外，主要研习医疗技术和药物学。另外，学僧每年四月下旬、六月上旬、八月份要外出采药，七月下旬开始制药，成药有散、丸、膏3种，并给各地患者看病治疗。藏药中的洁白丸、九味沉香散和九味牛黄散已被列入国家药典。医学院曾培养出许多杰出的藏医，目前寺内设有藏医研究所。

这6大学院的学习，显宗讲哲理，可向任何人传布，与任何人辩论，属正常教育，最高可获博士学位(即“格西”)；密宗以密法奥秘，不经灌顶，不经传授，不得任意传习及显示别人，属技术和专科教育，最高可获密宗学士学位。入寺分科时，可以先入闻思学院，再转入密宗学院，但不得再转入闻思学院，体现了黄教先显后密，显密兼修的主导思想。

简单介绍之后，接下来请大家随我一同步入景区参观游览，谢谢大家！

张掖大佛寺简介

各位亲爱的游客朋友们，大家好！今天我们参观游览的首站目的地是张掖大佛寺。在到达景区参观游览前，请允许我对该景点给大家做个简要的介绍。

大佛寺景区位于甘肃省张掖城西南隅，因寺内有全国最大的室内卧佛像故名大佛寺，又名睡佛寺。张掖大佛寺原名迦叶如来寺、宝觉寺、宏仁寺，俗称大佛寺。1996年被列为第四批全国重点文物保护单位。

大佛寺始建于西夏永安元年(公元1098年)，史载西夏国师嵬咩在此掘出一翠瓦覆盖的卧佛而初建大佛寺。大佛寺占地约23 000平方米，坐东朝西，现仅存中轴线上的大佛殿、藏经阁、土塔等建筑。大佛殿为重檐歇山顶式两层楼建筑，面阔九间，进深七间，高33米。殿内有彩绘泥塑31尊，安睡在大殿正中佛坛之上高1.2米的佛坛上的是释迦牟尼木胎涅奚佛像，他身长34.5米，肩宽7.5米，脚长4米，耳朵也有2米之长。大佛的一根中指就能平躺一个人，耳朵上能容8个人并排而坐，可见塑像是何等的庞大。金装莲台之上，大佛两眼半闭，嘴唇微启，略含笑意，侧身而卧，右手掌展开枕在头下，左手放在大腿一侧，有“视之若醒，呼之则寐”之感，为佛祖释迦牟尼的涅槃像。释迦牟尼佛一生之化仪，可以“八相成道”

简略说明。八相为：一降兜率。二入胎。三出胎。四出家。五降魔。六成道。七转法轮。八涅槃。据说释迦牟尼佛八十岁，自知阳寿将尽，便离开说法的王舍城，来到拘尸那迦附近的娑罗双树下，头朝北，右手支脸，左手放置身上，双足并拢，取侧卧之势，面向西，进入大般涅槃(大解脱)之境。因此，我们今天看到的佛祖涅槃像都是面向西而卧，右手支脸，左手放置身上，取侧卧之势。卧佛身后有十大弟子举哀像，旁有优婆夷、优婆塞及十八罗汉等塑像，或坐或站，神态各异，表情丰富，栩栩如生。殿内四壁为《西游记》和《山海经》壁画。猪八戒因在张掖高老庄招亲，而在此一改好吃懒做的形象，显得朴实勤快。大佛殿殿门两侧各镶以六平方米的砖雕一块，左为“登极乐天”“西方圣境”，右为“入三摩地”“祇园演法”。

藏经阁面阔 21.3 米，进深 10.5 米，为单檐歇山顶。内珍藏有明英宗颁赐的6000 多卷佛经，经文保存完好，以金银粉书写的经文最为珍贵。寺后有一 33.37 米高的土塔，原名弥陀千佛塔，为张掖五行塔之一，其一、二层台座四隅各建一小塔，风格独特，为国内罕见。大佛寺，是丝绸之路上的一处重要名胜古迹群，又是历史文化名城金张掖的标志性建筑。景点马上要到了，请大家收拾好自己的随身物品同我进入景区参观游览！

敦煌莫高窟讲解词

各位亲爱的游客朋友们，大家好！欢迎大家来到敦煌莫高窟参观游览。进入景区参观游览前，请允许我对莫高窟给大家做个简要的介绍。

莫高窟俗称千佛洞，位于敦煌市东南 25 千米处鸣沙山东麓的断崖上，坐西朝东，面临三危山。洞窟分为南北两区，最早开凿于前秦建元二年(366 年)，后又历经北凉、北魏、西魏、北周、隋唐、五代、宋、回鹘、西夏、元等千余年的时间。现存洞窟 735 个，彩塑 3000 余身，壁画 4.5 万平方米，窟外有窟檐、栈道，是将石窟建筑、彩塑和壁画三者相结合的佛教艺术遗存。1961 年被列为全国重点文物保护单位，1987 年 12 月被列入世界文化遗产名录。

“莫高窟”最早在莫高窟隋代洞窟出现。目前主要有 3 种说法：①古代敦煌地名中有“漠高乡”，鸣沙山称作“漠高山”。因此，莫高窟是由“漠高山”或“漠高乡”演变而来的。②莫高窟修建在沙漠中鸣沙山的崖壁上，鸣沙山比周围的地形高，沙漠的“漠”与莫高窟的“莫”字古汉语中相通，在沙漠高处开凿的石窟，所以叫做“漠高窟”。③在莫高窟开窟最早的乐僔和尚道行高超，身边的和尚道行都“莫高于此僧”，故为纪念创窟人而称“莫高窟”。

莫高窟是集建筑、雕塑、壁画三位一体的艺术宝库，内容极为丰富。

莫高窟的建筑艺术完整地保存了千百年，它的建筑形式是其石窟艺术的载体和重要组成部分，根据建筑形制可分为殿堂窟、塔庙窟、影窟。洞窟窟形早期以中心塔式为主，隋唐时出现了平面方形和覆斗顶。建筑形式的演变反映了古代艺术家在接受外来艺术的同时也不断在艺术实践中加以融化和吸收，使它发展成为中华民族的形式。

彩塑可以说是敦煌艺术的主体，保存着 4—14 世纪各朝代的彩塑，完整地反映出 1000 余年彩塑艺术发展的历程，是一部真实系统的彩塑史。彩塑多为一佛二菩萨的三身组合，还有阿难、迦叶、十大弟子以及罗汉等。造型从北魏前期的粗壮逐渐演变为后期的清瘦，隋唐以来出现了七至九身彩塑群像，艺术风格趋向雍容华丽。这些彩塑充分体现了艺术家娴熟的技巧和注入的真实情感。

敦煌莫高窟最引人注目的就是4.5万平方米的壁画。壁画的内容很丰富，可分为佛像画、故事画、经变画、山水画、动物画、佛教史迹画、装饰图案画，是一部活的美术史，同时又是古代社会政治经济、军事文化、民族关系、中外交流的历史资料宝库。其中，飞天是一类非常独特的艺术形象，据说她们本为佛国世界的香音、歌舞之神，每当佛在说法之时，她们便在天空中弹琴歌舞，喷香散花，以资庆祝佛之所讲均为至理箴言。莫高窟现存从十六国时期到元代历代所绘飞天6000余身，其中隋唐飞天代表着敦煌和中国飞天的极致。

除了壁画，莫高窟藏经洞的发现也震惊世人。100多年前，莫高窟今16窟甬道中，细沙堆积，道士王圆箓雇用几个民工清除积沙。突然，入口附近的墙面裂开缝子，敲敲窟壁，发出空洞的声音。于是他们拆除了这面败壁，眼前呈现出一个黑幽幽的复洞，洞里填满各种写本、印本或拓本的书，大量经卷、文书、账册、帛书、绘画、织绣、铜像、法器等，总量达5万件之巨。藏经洞发现之后，一些外国人从王道士手中骗走了大量的藏经洞宝藏。直到被发现后的第九年，才终于被清政府完全接管，入藏京师图书馆，总共约8000件。敦煌文书和文物的失散对中国文化造成了难以估量的损失，但客观上却推动了东西方学者从不同角度对它进行整理和研究，并在20世纪30年代形成一门新的学科：敦煌学。敦煌学的体系结构从总的轮廓上可以概括为史地学、考古学、艺术学、宗教学、文学、民族学、古代科学技术、文献学、石窟保护维修科学等多个分支学科，它是一门研究社会科学与自然科学的综合性学科，如今已发展成为世界的一门显学。

接下来，就请各位游客随我一同进入景区，一睹莫高窟的风采吧！

【学生文本任务单】

1. 撰写宗教景观讲解导游词。各小组同学选择一处特色宗教景观，利用互联网查找资料，撰写宗教景观导游词。

2. 制作宗教景观导游的思维导图、导游词卡片。

3. 制作宗教景观导游 PPT。

【考核评价】

表 3-2-6　学生自评表

<table>
<tr><td colspan="2">评价项目：</td><td colspan="2">班级：</td><td colspan="2">姓名：</td></tr>
<tr><td colspan="2">小组名称：</td><td colspan="4">小组组长：</td></tr>
<tr><td colspan="6">小组成员：</td></tr>
<tr><td rowspan="2">本课学习难度</td><td>非常容易</td><td>比较容易</td><td>可以接受</td><td>比较难</td><td>非常难</td></tr>
<tr><td></td><td></td><td></td><td></td><td></td></tr>
<tr><td rowspan="2">本课学习兴趣</td><td>很有兴趣</td><td>比较有兴趣</td><td>一般</td><td>不大有兴趣</td><td>完全没兴趣</td></tr>
<tr><td></td><td></td><td></td><td></td><td></td></tr>
<tr><td rowspan="2">团队合作情况</td><td>非常愉快</td><td>比较愉快</td><td>可以接受</td><td>比较困难</td><td>非常困难</td></tr>
<tr><td></td><td></td><td></td><td></td><td></td></tr>
<tr><td rowspan="5">学习内容掌握程度（10 分）</td><td colspan="3">评价标准</td><td>评分标准</td><td>评分</td></tr>
<tr><td colspan="3">会借助互联网搜集资料，撰写宗教景观导游词</td><td>3</td><td></td></tr>
<tr><td colspan="3">会根据宗教景观导游词绘制讲解思维导图</td><td>2</td><td></td></tr>
<tr><td colspan="3">能根据宗教景观导游词制作演示 PPT</td><td>1</td><td></td></tr>
<tr><td colspan="3">能对宗教景观进行导游讲解</td><td>4</td><td></td></tr>
<tr><td colspan="4">总分</td><td colspan="2"></td></tr>
<tr><td>学习反思</td><td colspan="5"></td></tr>
</table>

表 3-2-7 小组互评表

评价项目：		班级：	
小组名称：		小组组长：	
小组成员：			
项目	指标	评分标准	评分
学生文本任务单（4 分）	讲解词内容正确、完整，有文采	1	
	导游词结构合理，详略得当，条理清晰，逻辑通顺，层次清楚	1	
	讲解词内容突出奇特性、趣味性	1	
	讲解词内容有文化内涵，有创新性和时代特色	1	
导游模拟讲解（6 分）	语言表达清晰、准确、流畅	1	
	讲解节奏控制合理、有层次感	1	
	讲解生动有趣，富有感染力	2	
	仪态大方、恰当、得体，有亲和力	1	
	团队协作能力	1	
总分			

表 3-2-8 教师评价表

评价项目：		班级：	姓名：
小组名称：		小组组长：	
小组成员：			
项目	指标	评分标准	评分
学生文本任务单（4 分）	讲解词内容正确、完整，有文采	1	
	导游词结构合理，详略得当，条理清晰，逻辑通顺，层次清楚	1	
	讲解词内容突出奇特性、趣味性	1	
	讲解词内容有文化内涵，有创新性和时代特色	1	
导游模拟讲解（6 分）	语言表达清晰、准确、流畅	1	
	讲解节奏控制合理、有层次感	1	
	讲解生动有趣，富有感染力	2	
	仪态大方、恰当、得体，有亲和力	1	
	团队协作能力	1	
总分			

工作任务三　民俗景观导游

【任务要求】

1. 熟悉民俗风情导游讲解的方法与技巧，能进行民俗景观导游讲解；
2. 能够将民俗知识融汇于民俗风情导游讲解中。

【实施条件】

模拟导游实训室、多媒体教室或民俗景观点。

【实施过程】

表 3-2-9　实施过程

<table>
<tr><th>实训步骤</th><th>操作及说明</th><th>注意事项</th></tr>
<tr><td>步骤一</td><td>1. 课前教师指导学生准备好导游证、导游旗、麦克风、导游词卡片等；
2. 学生分成若干小组。
3. 教师讲授民俗景观导游讲解要领</td><td rowspan="5">1. 讲解过程中要求学生注意口头语言、态势语言的综合运用，以达到最佳讲解效果；
2. 教师应鼓励其他学生与讲解人员适当互动，以增强讲解现场感</td></tr>
<tr><td>步骤二</td><td>1. 以学生家乡为单位进行小组划分，5～7 人为一组；
2. 各小组通过互联网查询家乡民俗风情或家乡某一民俗景观民俗风情文化；
3. 撰写民俗风情导游词，绘制讲解思维导图，制作演示 PPT</td></tr>
<tr><td>步骤三</td><td>教师示范讲解</td></tr>
<tr><td>步骤四</td><td>各小组对某地或某景区民俗风情文化进行导游讲解</td></tr>
<tr><td>步骤五</td><td>模拟过程中，完成学生自评、小组互评、教师点评，对模拟过程中存在的问题在模拟结束后进行反思、总结</td></tr>
</table>

【知识链接】

一、民俗风情讲解要领

民俗风情反映了旅游地最真实的生活状态。民俗风情讲解能满足游客对旅游目的地的好奇心、求知欲，能极大地激发游客游兴，能增进游客与当地居民的沟通与了解。因此，导游民俗风情的讲解应着重从以下几个方面展开。

（一）民俗风情的现实表现

特色民俗风情的现实表现对游客总是有最直观的感受，最清晰的认识，也是游客最容易把握的民俗风情内容。导游应满足游客的好奇心与求知欲，对民俗风情中的服饰、建筑、饮食、节庆、婚庆、丧葬、娱乐等民俗风情进行生动、灵活、准确的讲解，使游客从讲解中获得真知，增长见识，满足其旅游文化需求。

（二）民俗风情的文化内涵

民俗风情是在特定社会文化区域内，长期的历史发展过程中，当地人民共同创造、传承与共享的生活文化与共同遵守的行为模式。民俗风情文化的形成受到其特有的地理环境、文化背景等因素的影响。因此，导游讲解不能只是简单地介绍民俗风情的表现，应对其文化现象背后所蕴含的文化内涵进行挖掘，如民俗文化形成的自然环境、历史、内涵、宗教背景等，使游客能知其然，亦知其所以然，让游客理解民俗文化的内涵，产生对民俗文化的认同，自觉尊重当地民俗风情。

例如，天水伏羲庙讲解中，导游介绍香客在古柏上贴红纸人，并用香头灸纸人，头疼灸头，脚痛灸脚。除了民俗文化现象的介绍，还可以通过现象介绍该文化背后蕴藏的中国古代医易同源的文化内涵。

（三）民俗风情讲解应突出奇特性、趣味性

应对奇特、有趣的民俗风情文化进行讲解，激发游客的求知欲望，提升游客兴趣。一些参与度高的民俗旅游活动还应带领游客参与其中，通过沉浸式体验增强游客对民俗文化的理解与认知。如在临夏参加康乐六月六的花儿会，导游讲解“花儿会”民俗文化后，可以引导游客欣赏“唱把式”如何对歌，请“花儿”高手教游客学唱“花儿”，使游客通过听讲解、赏“花儿”、学“花儿”、唱“花儿”等形式，沉浸式体验该民俗文化，提升旅游质量，满足游客高质量的旅游需求。

二、民俗风情讲解示范

藏族雪顿节民俗讲解

各位同学大家好，我是大家研学指导教师张老师。今天是藏族同胞的传统节日雪顿节，基地为大家准备了一场别具特色的浓情雪顿节研学之旅。行车途中，我先给大家简单介绍一下雪顿节。

雪顿节是西藏、青海、甘肃、四川、云南等省（自治区）藏族人民的传统宗教节日。该节日起源于公元 11 世纪中叶，每年藏历七月一日举行，为期四五天。在藏语中，“雪”是酸奶的意思，“顿”是“宴”“吃”的意思，雪顿节按藏语解释说是吃酸奶子节日。因为雪顿节期间有隆重热烈的藏戏演出和晒佛仪式，所以又被称为“藏戏节”“展佛节”。

传统的雪顿节以展佛为序幕，以演藏戏、看藏戏、群众游园为主要内容，同时还有赛牦牛和马术表演等。

那么，人们为什么要在这个时间喝酸奶、看藏戏呢？其实，民间相传，佛教的戒律有三百多条，最忌讳的是杀生害命。由于夏季万物复苏，其间僧人外出活动难免踩杀生命，违背“不杀生”之戒律。因此，格鲁派的戒律中规定藏历四月至六月期间，僧人只能在寺院待着，关门静静地修炼，直到六月底方可开禁。待到解制开禁之日，僧人纷纷出寺下山，世俗老百姓为了犒劳僧人，特备酿酸奶。

“藏戏”则与五世达赖有关。五世达赖从小钟情于藏戏。藏历六月三十日，是夏令安居

解禁日。那天成千上万的人涌进哲蚌寺，给五世达赖喇嘛和僧人们献酸奶，请求摸顶祝福。这天，各藏戏团都来献演各自拿手的藏戏，五世达赖由其经师、随行僧俗官员陪同观赏。后来，在他和其他高僧的授意倡导下，形成了“哲蚌雪顿”演藏戏的节日惯例。所以，雪顿节又称“藏戏节”。

今天的雪顿节也是亲朋好友聚会增进感情的盛会。接下来，请大家带好自己的随身物品随我一起去体验藏族的这一盛会吧！

莲花山花儿会

各位亲爱的游客朋友们，大家好，欢迎大家来我们临夏莲花山旅游。俗话说来得早不如来得巧，今天恰逢我们临夏莲花山花儿会，所以我们也为大家特意安排了花儿会游览与体验活动。在到达现场之前，请允许我给大家先来简单介绍一下什么是花儿会。

说起花儿会，得从花儿说起，“花儿”又称少年，是青海、甘肃、宁夏等省(自治区)民间的一种歌曲。花儿会则是回族、土族、东乡族、撒拉族、保安族、裕固族等族传统歌会。

在临夏，几乎随处都能听到“花儿”，但最盛大的是每年农历四、五、六月间的“花儿会”。花儿会各地会期不一，以六月初六莲花山的花儿规模最大。

“花儿会”期间，远近的百姓登山对歌，多时人数常可上万。届时人们撑着伞，摇着扇，或拦路相对，或席地而坐，歌词多为即兴创作，极具生活气息。

莲花山花儿的演唱形式一般为对唱，一问一答。对歌的每一方都有一名“串班长”或“串把式”，是众歌手中的佼佼者，才思敏捷，能应对场面。既要会问，又要会答，才能担任“串班长”。两家摆开阵势，问得妙，答得巧，对得难分难解之际，才是“串班长”大显身手的最佳时机。答非所问，脱离主题，立即会遭到对方的嘲笑、戏弄。故有“花儿好唱，把式难当”之说。当一方词穷歌尽、甘拜下风时，另一方穷追不舍嘲弄道：“唱了一声不唱了，唱羞了吗唱忘了？”惹得观众哈哈大笑，大伙为优胜班子披红挂彩，燃放鞭炮，敬酒祝贺。这是花儿会上至高无上的荣誉。“花儿会”也是青年男女选择对象的极妙场合，他们以歌为媒，向对方表白心迹。此外，花儿会期间还有物资交流等活动。

简单介绍这么多，接下来我们进入莲花山景区感受花儿会的独特魅力吧。

乞巧节民俗讲解

各位游客大家好，欢迎大家来到我们西和旅游。今天是我国的传统节日乞巧节。西和每年都举办乞巧女儿文化节，所以今天我们也为大家准备了一场别具特色的乞巧节体验之旅。行车途中，我先给大家简单介绍一下乞巧节。

乞巧节，又称七夕节、女儿节等，是中国民间的传统节日，也是向七姐织女祈求心灵手巧，希望婚姻幸福，家庭美满的节日。

乞巧节起始于上古，普及于西汉，鼎盛于宋代。在古代，乞巧节是女孩子们的专属节日。乞巧节发源于中国，受中华文化影响，日本、朝鲜、越南等国也有庆祝乞巧节的传统。2006年，乞巧节被列入国家级非物质文化遗产名录。

乞巧节由星宿崇拜衍化而来，也是七姐诞，因拜祭“七姐”活动在七月七晚上举行，故名“七夕”。七姐，即织女，是编织云彩的纺织业者，是情侣、妇女、儿童的保护神。经历史发展，七夕被赋予了“牛郎织女”的美丽爱情传说。民间相传，在每年的七夕夜晚，是天上织女牛郎鹊桥相会之时。传说织女是一个美丽聪明、心灵手巧的仙女。女孩们在这晚上对着天空的明月，摆上时令瓜果，朝天拜祭，祈求天上的女神能赋予她们聪慧的心灵和灵巧的双手，让自己的针织女红技法娴熟，更乞求姻缘。因此，乞巧节的主要活动有祈福许愿、乞求巧艺、祈祷姻缘、保护小孩平安等。其中乞巧活动丰富，有“赛巧”，即女子比赛穿针，她们穿七孔针，谁穿得越快，就意味着谁乞到的巧越多，穿得慢的称为“输巧”，另外还有“对月穿针”等。此外，还有接露水、拜七姐、拜神等习俗。发展到今天，乞巧节更是被赋予了“中国情人节”的文化内涵。

目的地马上就要到了，接下来就请大家随我一起去体验丰富有趣的乞巧节文化活动吧。

【学生文本任务单】

1. 撰写民俗风情讲解导游词。

各小组(以家乡划分)学生根据家乡特色民风民俗，利用互联网查找资料，撰写民俗风情导游词。撰写注意事项如下：

（1）民俗文化的现实表现：服饰、建筑、饮食、节庆、婚庆、丧葬、娱乐等；

（2）民俗文化形成的文化内涵：自然环境、历史、内涵、宗教背景等；

（3）民俗文化应突出其奇特性与趣味性。

____

2. 制作民俗风情导游 PPT。

【考核评价】

表 3-2-10 学生自评表

评价项目：			班级：		姓名：
小组名称：		小组组长：			
小组成员：					
本课学习难度	非常容易	比较容易	可以接受	比较难	非常难
本课学习兴趣	很有兴趣	比较有兴趣	一般	不大有兴趣	完全没兴趣
团队合作情况	非常愉快	比较愉快	可以接受	比较困难	非常困难
学习内容掌握程度（10 分）	评价标准			评分标准	评分
	会借助互联网搜集资料，撰写民俗风情导游词			3	
	会根据民俗风情导游词绘制讲解思维导图			2	
	能根据民俗风情导游词制作演示 PPT			1	
	能对家乡民俗风情文化进行导游讲解			4	
总分					
学习反思					

表 3-2-11 小组互评表

评价项目：		班级：	
小组名称：		小组组长：	
小组成员：			
项目	指标	评分标准	评分
学生文本任务单（4 分）	讲解词内容正确、完整，有文采	1	
	导游词结构合理，详略得当，条理清晰，逻辑通顺，层次清楚	1	
	讲解词内容突出奇特性、趣味性	1	
	讲解词内容有文化内涵，有创新性和时代特色	1	
导游模拟讲解（6 分）	语言表达清晰、准确、流畅	1	
	讲解节奏控制合理、有层次感	1	
	讲解生动有趣，富有感染力	2	
	仪态大方、恰当、得体，有亲和力	1	
	团队协作能力	1	
总分			

表 3-2-12　教师评价表

<table>
<tr><td colspan="2">评价项目：民俗风情讲解</td><td>班级：</td><td>姓名：</td></tr>
<tr><td colspan="2">小组名称：</td><td colspan="2">小组组长：</td></tr>
<tr><td colspan="4">小组成员：</td></tr>
<tr><td>项目</td><td>指标</td><td>评分标准</td><td>评分</td></tr>
<tr><td rowspan="4">学生文本任务单
（4 分）</td><td>讲解词内容正确、完整，有文采</td><td>1</td><td></td></tr>
<tr><td>导游词结构合理，详略得当，条理清晰，逻辑通顺，层次清楚</td><td>1</td><td></td></tr>
<tr><td>讲解词内容突出奇特性、趣味性</td><td>1</td><td></td></tr>
<tr><td>讲解词内容有文化内涵，有创新性和时代特色</td><td>1</td><td></td></tr>
<tr><td rowspan="5">导游模拟讲解
（6 分）</td><td>语言表达清晰、准确、流畅</td><td>1</td><td></td></tr>
<tr><td>讲解节奏控制合理、有层次感</td><td>1</td><td></td></tr>
<tr><td>讲解生动有趣，富有感染力</td><td>2</td><td></td></tr>
<tr><td>仪态大方、恰当、得体，有亲和力</td><td>1</td><td></td></tr>
<tr><td>团队协作能力</td><td>1</td><td></td></tr>
<tr><td colspan="2">总分</td><td colspan="2"></td></tr>
</table>

工作任务四　红色旅游景观导游

【任务要求】

1. 熟悉红色旅游景观导游讲解的方法与技巧，能进行红色旅游景观导游讲解；
2. 能够将红色文化知识融汇于红色旅游导游讲解中。

【实施条件】

模拟导游实训室、多媒体教室或红色旅游景点。

【实施过程】

表 3-2-13　实施过程

<table>
<tr><th>实训步骤</th><th>操作及说明</th><th>注意事项</th></tr>
<tr><td>步骤一</td><td>1. 课前教师指导学生准备好导游证、导游旗、麦克风、导游词卡片等；
2. 学生分成若干小组；
3. 教师讲授红色旅游景观导游讲解的要领</td><td rowspan="5">1. 讲解过程中要求学生注意口头语言、态势语言的综合运用，以达到最佳讲解效果；
2. 教师应鼓励其他学生与讲解人员适当互动，以增强讲解现场感</td></tr>
<tr><td>步骤二</td><td>1. 各小组通过互联网查询选定的红色旅游景区（点）及与之相关的红色旅游文化，科学设计景区游览线路；
2. 撰写红色旅游导游词，绘制讲解思维导图，制作演示 PPT</td></tr>
<tr><td>步骤三</td><td>教师示范讲解红色旅游景观</td></tr>
<tr><td>步骤四</td><td>各小组进行红色旅游景区导游讲解</td></tr>
<tr><td>步骤五</td><td>模拟过程中完成学生自评、小组互评、教师点评，对模拟过程中存在的问题在模拟结束后进行反思、总结</td></tr>
</table>

【知识链接】

一、红色旅游景观导游讲解要领

（一）导游讲解的严肃性和准确性

红色旅游能增强人们的共同理想信念。导游讲解过程也是对游客进行爱国主义和革命传统教育的过程，所以要保证导游有正确的政治取向。红色旅游不同于传统旅游等方式，具有“先天”的政治性。红色导游的解说不能人为地表演，哗众取宠，甚至庸俗、迷信、低级趣味等，要以崇敬的态度对待革命历史，以严谨合法的态度对待红色之旅。红色景区的价值是其背后厚重的红色精神内涵。所以，导游对红色旅游景点讲解时，要有高度的政治责任感，注意讲解的严肃性。

（二）讲红色旅游景观相关的革命历史

每一个红色旅游景观背后都有与之相关的一段中国近现代革命史。红色旅游景观的参观也是游客了解中国近现代革命史，汲取精神力量的过程。因此，导游应客观、准确地讲解与红色旅游景观相关的革命历史，让游客在游览中进一步了解革命历史，更深层次地理解革命的意义，学习革命先烈敢为天下先的革命精神，起到宣传红色文化、弘扬革命精神的作用。

二、红色旅游景观导游词思维导图

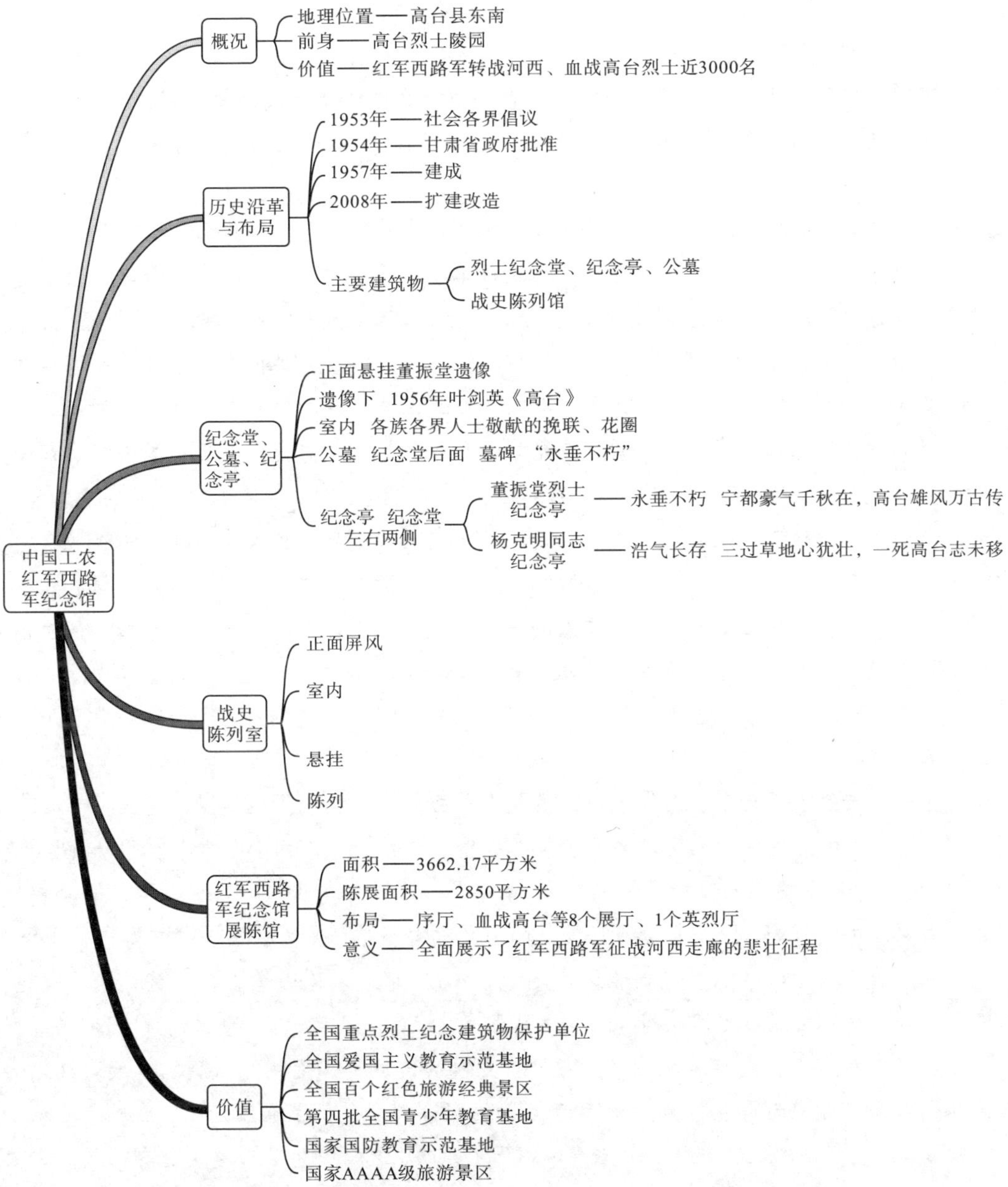

图 3-2-1 讲解思维导图——中国工农红军西路军纪念馆

三、红色旅游景观讲解示范

华池南梁讲解词

各位朋友大家好，欢迎大家来到华池南梁参观游览。我是大家的导游小张，今天将由我带领大家参观游览，在此希望大家能度过一段愉快的旅程。接下来，请允许我给大家简单介绍一下华池南梁。

南梁镇隶属庆阳市华池县，位于华池县东北部，地处陕甘交界，北与陕西省志丹县毗邻，面积 222.09 平方千米。这里红色资源丰富，境内遍布文物遗迹。

这是老一辈无产阶级革命家拼搏和战斗过的红色热土。1929 年，习仲勋、刘志丹、谢子长等同志在党的领导下，到陕甘边一带宣传革命真理，开展武装斗争。1930—1933 年，先后组建中国工农红军陕甘游击队、中国工农红军第二十六军。1934 年年初，在南梁附近的四合台选举成立了陕甘边区革命委员会。同年 11 月 4 日—6 日，在南梁荔园堡召开工农兵代表大会，成立了陕甘边区苏维埃政府和革命军事委员会。习仲勋先后当选为陕甘边区革命委员会和苏维埃政府主席，刘志丹当选为革命军事委员会主席。老一辈革命家在陕甘边界经过艰苦卓绝的斗争，开辟了以南梁为中心的陕甘边革命根据地，创建了中国西北第一个工农民主政权——陕甘边区苏维埃政府。以南梁为中心的陕甘边革命根据地是在远离党中央，远离革命中心的情况下创建的，是在南方各个革命根据地相继沦陷，党中央和各路红军被迫实行战略转移时，中国共产党保存完整的一块根据地。党史上称它为：国内二次革命后期，我党硕果仅存的一块革命根据地。它的存在为长征中的党中央和各路红军提供了落脚点，为八路军北上抗日提供了出发点，为后来的陕甘宁边区的发展形成奠定了重要基础，在中国革命史上具有重要的地位，为全国革命胜利做出了很大的贡献。在创建根据地的过程中，边区军民前赴后继，浴血奋战，粉碎了敌人的多次进攻和“围剿”，壮大了革命力量，使根据地由华池扩展到甘肃庆阳市的合水、庆城、正宁、宁县和陕西的旬邑、彬县、淳化、耀县、三原、铜川、宜君、黄陵、富县、甘泉、保安、安塞、定边、靖边等 18 个县，数万平方千米的广大地域。

近年来，该镇抢抓国家发展红色旅游的机遇，加大红色旅游景区建设，建成了南梁革命纪念馆、列宁小学旧址、苏维埃政府旧址等一批重点红色景点。列宁小学孕育了一批红色革命先驱，为中国革命的胜利输送了新鲜血液；南梁革命纪念馆向世人昭示着南梁的丰功伟绩，记载了南梁过去的辉煌，被命名为国家级爱国主义教育基地；陕甘边区苏维埃政府旧址 2004 年被中央列为“百个红色旅游经典景区”之一。2011 年年末，街道进行了整体搬迁新建，新建了南梁革命陈列馆、游客接待中心、游客服务中心、“两点一存”广场、景观坝等项目，吸引了社会各界前来参观学习，带动了第三产业发展，促进了南梁小城镇的发展。2017 年南梁镇列入第二批中国特色小镇，2019 年入选(首届)中国文化百强镇。

南梁，西北高原的红色热土，中国革命的历史重镇。这里曾为共产党人储存的星星之火，把中国革命走向胜利的道路照亮，这里曾为共和国的诞生创造过历史性的辉煌。硝烟已去，尘埃落定，留给这里的是中国共产党人为了民族的解放不怕牺牲、浴血奋战的宝贵精神财富和用鲜血铸就的红色印记。接下来就请大家随我一同进入纪念馆内参观游览。

俄界会议旧址

各位游客朋友，大家好！欢迎大家来到迭部俄界会议旧址。我是大家的导游，接下来由我带大家参观游览。

俄界会议遗址位于迭部县城东南68千米处的达拉乡高吉村(旧时译为俄界，意为“八个山头”)，该村坐北朝南，四周群山环绕，松林茂密，是一个地势平坦、依山傍水，风景秀丽的藏族山寨。俄界会议以其会址所在村而得名，会址为一座典型的藏族山寨土围墙木楼建筑，总面积238平方米，建筑面积102平方米，高6米。其中红军司令部住室面积69平方米，毛泽东居室面积15平方米，现设有展览室15平方米。1981年9月7日，俄界会议遗址被甘肃省人民政府列为省级文物保护单位。2006年5月25日，被国务院确定为全国重点文物保护单位。现被县政府确定为红色旅游景点之一和革命传统教育基地。

您看到前面由泥土和干草搭建的建筑了吗？那就是俄界会议旧址。它是土木结构的两层楼房，请大家随我进入一楼。简陋的房子，老式的柜子，做饭的土灶，我们能够看到整个房间内非常古朴沧桑。这边几块版面则是以内容丰富、资料翔实的文图，多角度、多侧面地将我们带到了那个决定中国革命前途命运的危急关头。1935年9月11日，中共中央率领中央红军和军委纵队到达俄界后，该楼就是当时中共中央军委纵队驻地。

现在，请大家随我上二楼，这是毛主席当年住过的房间和著名的俄界会议召开的地方。1935年9月12日，党中央政治局在俄界召开政治局扩大会议，毛泽东、张闻天、博古、王稼祥、何凯丰、刘少奇等参加了会议。会上毛泽东讨论了红军北上的任务与到达甘南后的战略方针，确定了红军以后的战略方针，揭露和批判了张国焘的退却主义、军阀主义和反党、分裂红军的错误。俄界会议是红军长征途中在甘肃境内召开的一次重要会议，对确定红军北上进入甘肃的战略方针，战胜张国焘分裂、破坏党和红军，胜利完成红军长征，具有极其重要的意义。

这边还有图文资料和文物陈列，毛主席当年办公时的桌椅，用过的马灯，长征中的照片，藏民敬献的哈达，中共中央致电张国焘的电报……这些文物见证了中共中央同张国焘的“北上”与“南下”的路线之争、方针之争、原则之争。接下来，您可以仔细浏览，自由参观20分钟。

现在请大家随我走出俄界会议旧址。站在门前的停车场上，放眼望去，俄界会议旧址背依岷山，前临达拉河。那袅袅炊烟下的藏寨，那河畔边的树林，那即将收获的金黄色青稞，那青山间飘逸的白云，那清澈的河水，还有那脸上洋溢着幸福的藏民，组成了一幅幅绝美亮丽的风景画。山清水秀的俄界，这几年吸引了不少外地游客来这里观光旅游。

岁月虽已流逝80年，我坚信伟大的长征精神和俄界会议的光芒，必将进入我们一代又一代人的心灵。

关于俄界会议旧址的介绍就先为大家讲到这里，希望今天的旅程能给大家留下美好的回忆，同时也希望我的讲解能够锦上添花，祝大家玩得愉快，谢谢！

【学生文本任务单】

1. 学生选取感兴趣的红色旅游景观，制作该旅游景区（点）导游词的思维导图，撰写该红色旅游景观的导游词。导游词撰写注意事项：条理清晰；要点明确。

2. 制作红色旅游景区（点）导游讲解 PPT。

【考核评价】

表 3-2-14　学生自评表

<table>
<tr><td colspan="2">评价项目：</td><td colspan="2">班级：</td><td colspan="2">姓名：</td></tr>
<tr><td colspan="2">小组名称：</td><td colspan="4">小组组长：</td></tr>
<tr><td colspan="6">小组成员：</td></tr>
<tr><td rowspan="2">本课学习难度</td><td>非常容易</td><td>比较容易</td><td>可以接受</td><td>比较难</td><td>非常难</td></tr>
<tr><td></td><td></td><td></td><td></td><td></td></tr>
<tr><td rowspan="2">本课学习兴趣</td><td>很有兴趣</td><td>比较有兴趣</td><td>一般</td><td>不大有兴趣</td><td>完全没兴趣</td></tr>
<tr><td></td><td></td><td></td><td></td><td></td></tr>
<tr><td rowspan="2">团队合作情况</td><td>非常愉快</td><td>比较愉快</td><td>可以接受</td><td>比较困难</td><td>非常困难</td></tr>
<tr><td></td><td></td><td></td><td></td><td></td></tr>
<tr><td rowspan="5">学习内容掌握程度（10 分）</td><td colspan="3">评价标准</td><td>评分标准</td><td>评分</td></tr>
<tr><td colspan="3">会借助互联网搜集资料，撰写民俗风情导游词</td><td>3</td><td></td></tr>
<tr><td colspan="3">会根据民俗风情导游词绘制讲解思维导图</td><td>2</td><td></td></tr>
<tr><td colspan="3">能根据民俗风情导游词制作演示 PPT</td><td>1</td><td></td></tr>
<tr><td colspan="3">能对家乡民俗风情文化进行导游讲解</td><td>4</td><td></td></tr>
<tr><td colspan="4">总分</td><td colspan="2"></td></tr>
<tr><td>学习反思</td><td colspan="5"></td></tr>
</table>

表 3-2-15　小组互评表

<table>
<tr><td colspan="2">评价项目：</td><td colspan="2">班级：</td></tr>
<tr><td colspan="2">小组名称：</td><td colspan="2">小组组长：</td></tr>
<tr><td colspan="4">小组成员：</td></tr>
<tr><td>项目</td><td>指标</td><td>评分标准</td><td>评分</td></tr>
<tr><td rowspan="4">学生文本任务单（4 分）</td><td>讲解词内容正确、完整，有文采</td><td>1</td><td></td></tr>
<tr><td>导游词结构合理，详略得当，条理清晰，逻辑通顺，层次清楚</td><td>1</td><td></td></tr>
<tr><td>讲解词内容突出奇特性、趣味性</td><td>1</td><td></td></tr>
<tr><td>讲解词内容有文化内涵，有创新性和时代特色</td><td>1</td><td></td></tr>
<tr><td rowspan="5">导游模拟讲解（6 分）</td><td>语言表达清晰、准确、流畅</td><td>1</td><td></td></tr>
<tr><td>讲解节奏控制合理、有层次感</td><td>1</td><td></td></tr>
<tr><td>讲解生动有趣，富有感染力</td><td>2</td><td></td></tr>
<tr><td>仪态大方、恰当、得体，有亲和力</td><td>1</td><td></td></tr>
<tr><td>团队协作能力</td><td>1</td><td></td></tr>
<tr><td colspan="2">总分</td><td colspan="2"></td></tr>
</table>

表 3-2-16　教师评价表

评价项目：		班级：	姓名：
小组名称：		小组组长：	
小组成员：			
项目	指标	评分标准	评分
学生文本任务单 （4 分）	讲解词内容正确、完整，有文采	1	
	导游词结构合理，详略得当，条理清晰，逻辑通顺，层次清楚	1	
	讲解词内容突出奇特性、趣味性	1	
	讲解词内容有文化内涵，有创新性和时代特色	1	
导游模拟讲解 （6 分）	语言表达清晰、准确、流畅	1	
	讲解节奏控制合理、有层次感	1	
	讲解生动有趣，富有感染力	2	
	仪态大方、恰当、得体，有亲和力	1	
	团队协作能力	1	
总分			

项目三　自然景观导游

项目介绍

自然景观是天然景观和人为景观在自然方面的总称，指受到人类间接、轻微或偶尔影响而原有自然面貌未发生明显变化的景观，以及受到人类直接影响和长期作用使自然面貌发生明显变化的景观。自然景观包括地貌景观、水体景观、生物景观、气候气象景观等。在自然景观的讲解中，除了对景观特征进行讲解外，更重要的是对其成因、特点、美学价值及其文化内涵等要素进行准确而深刻的讲解。

学习目标

1. 知识目标：

（1）掌握各种类型自然景观的成因、特点；

（2）掌握各种类型自然景观的典型特征。

2. 能力目标：

（1）能根据自然景观特征辨别不同类型的自然景观；

（2）掌握各种类型自然景观的讲解要领；

（3）能够对各种类型的自然景观进行口语讲解。

3. 素质目标：

（1）培养学生工作责任意识、服务意识；

（2）培养学生对知识的探索精神。

工作情景描述

从日本东京来中国丝绸之路旅游的“梦之旅”旅游团一行 12 人，将于 3 月 4 日起赴张掖七彩丹霞景区、平山湖大峡谷、鸣沙山月牙泉等景区参观游览。你作为甘肃 SC 国际旅行社的地陪导游，请做好参观游览时的讲解工作。

工作任务一　地貌景观导游

【任务要求】

1. 了解地貌景观的基本常识；
2. 能根据景观特征辨别和判断不同的地貌景观；
3. 掌握不同地貌景观的成因，能够灵活组织导游语言，进行地貌景观讲解。

【实施条件】

模拟导游实训室、多媒体教室或地貌景观点。

【实施过程】

表 3-3-1　实施过程

实训步骤	操作及说明	注意事项
步骤一	1. 课前教师进行任务布置，学生复习“导游基础”课程中关于地貌景观的类型、成因等相关知识； 2. 学生分成若干小组； 3. 教师讲授地貌景观讲解要领	1.讲解过程中要求学生注意口头语言、态势语言的综合运用，以达到最佳讲解效果； 2.教师应鼓励其他学生与讲解人员适当互动，以增强讲解现场感
步骤二	1. 以小组为单位，制作演示 PPT，分别介绍各类型地貌的成因和特点； 2. 分析判断甘肃省内部分自然景观的地貌类型，如张掖七彩丹霞、景泰黄河石林、鸣沙山月牙泉等	
步骤三	对甘肃典型地貌景观张掖七彩丹霞、景泰黄河石林、鸣沙山月牙泉等景点进行模拟讲解。 1. 以小组为单位绘制讲解思维导图； 2. 撰写甘肃省内地貌景观讲解导游词； 3. 各小组情景模拟讲解地貌景观； 4. 教师点评，并做讲解展示	
步骤四	模拟过程中完成学生自评、小组互评、教师点评，对模拟过程中存在的问题在模拟结束后进行反思、总结	

【知识链接】

一、常见的地貌景观类型

（一）花岗岩地貌

花岗岩是由地下深处炽热的岩浆上升失热冷凝而成的，属于侵入岩，岩性坚硬，岩体造型丰富。一般来说，花岗岩垂直节理发育，常形成山地的核心。花岗岩高山的景观特点是主峰明显，群峰簇拥，峭拔危立，雄伟险峻；花岗岩低山或者丘陵的特点是高度小，起伏和缓，岩石表面受到球状风化作用，浑圆多姿，形成巨大的“石蛋”造型或浑圆多姿的巨石兀立形态。我国著名的花岗岩地貌景观有山东泰山、安徽黄山、陕西华山、南岳衡山、安徽九华山、江西三清山、浙江普陀山、福建鼓浪屿等。

（二）丹霞地貌

丹霞地貌是在红色砂岩地区由内外地质动力作用形成的顶平、身陡、麓缓的方山、石墙、石峰、石柱等奇特的地貌形态。这种地貌是因为我国地质学家冯景兰在广东仁化县丹霞山发现而被命名为丹霞地貌。丹霞地貌的景观特点是丹山碧水、精巧玲珑。我国著名的丹霞地貌景观有广东丹霞山、福建武夷山、江西龙虎山、浙江江郎山、安徽齐云山、湖南崀山、贵州赤水等。

（三）岩溶地貌

岩溶地貌又称喀斯特地貌，是地下水和地表水对以碳酸岩为代表的可溶性岩石进行溶蚀等作用所形成的地表和地下形态的总称。喀斯特地貌一般可以分为地表喀斯特和地下喀斯特两种。地表喀斯特景观有峰林、峰丛、石林、溶洞、峡谷、天坑、天生桥、地表钙华堆积、桌山等；地下喀斯特景观溶洞遍布，洞内常有地下湖或者地下暗河，以及由石灰岩溶解沉淀而形成的石钟乳、石笋、石柱等千姿百态的洞穴景观。我国岩溶地貌景观以广西、云贵高原最为集中，代表性景观有广西桂林山水、云南石林、贵州织金洞、重庆武隆喀斯特、四川黄龙景区等。

（四）石英砂岩峰林地貌

石英砂岩峰林地貌是在夹有薄层砂质页岩的石英砂岩地层中，由于地壳稳定上升，岩石垂直节理发育，经长期风化和重力作用而发生断裂和崩塌，同时充沛的地表流水又对其进行强烈的侵蚀而形成的密度和规模很大、千姿百态的砂岩石峰。湖南张家界是我国乃至世界上最典型的石英砂岩峰林地貌，有“奇峰三千，秀水八百”之美誉。

（五）流纹岩地貌

流纹岩地貌是火山喷发出的岩浆、火山灰等在流动冷却过程中形成的流纹状构造。在岩体节理和裂隙特别发育的部位经岩浆局部流失、构造上升、河流下切、重力崩塌等作用，易形成奇峰异洞、峭壁幽谷等丰富奇特的造型地貌。随着观者步移景迁，同一景物从不同角度呈现出多种不同的形象特征。著名的流纹岩地貌景观有浙江雁荡山、神仙居、仙都峰、杭州西湖宝石山等。

（六）海岸地貌

海岸地貌是指海岸在构造运动、海水动力、生物作用和气候因素等共同作用下所形成的各种地貌的总称。海岸地貌按照其基本特征可以分为海岸侵蚀地貌和海岸堆积地貌，按照海岸物质组成及其形态可以分为砂砾质海岸、淤泥质海岸、三角洲海岸、生物海岸等。著名的海岸地貌景观有台湾野柳、海南东寨港红树林、山东成山头、河北昌黎黄金海岸等。

（七）荒漠地貌

荒漠地貌形成于环境恶劣的极端干旱地区，是荒漠地区各种地表形态的总称。风力作用是塑造其形态的最主要地质营力，风化作用、重力作用、流水作用的影响也较常见。著名的荒漠地貌有新疆乌尔禾、宁夏沙坡头等。

（八）冰川地貌

冰川地貌景观主要指由冰川侵蚀、堆积和搬运作用形成的地貌景观，是高山和高纬度地区具有的特殊形态特征的地貌景观，分为冰川侵蚀地貌和冰川堆积地貌景观。冰川侵蚀地貌景观一般分布在雪线以上的位置，包括冰斗、角峰、羊背石等；冰川堆积景观则大多分布在雪线以下，包括冰瀑、冰塔林等。

二、地貌景观讲解要领

（一）熟悉路线

地貌景观所属景区一般面积都比较大，导游对于线路一定要特别熟悉，不能安排断径绝路，也不能走回头路，如果是导游自己不熟悉的景区，最好提前去踩线。导游带领游客到达景区后，应在景区导览图前讲清行走路线，并注意引导游客观赏的距离、角度，以及时间等，做到静态观赏和动态观赏有机结合。

（二）相关的自然科学知识

地貌景观类型丰富，导游必须全面地掌握相关科学常识。地貌景观游览过程中，还应根据游客的职业和文化层次，对不同的游客适当调整导游词内容。例如：如果游客是地质爱好者或者学生，可以针对地貌景观的成因和特点等进行讲解；如果是普通旅客，可以针对地貌景观的形态美进行讲解，让游客记忆深刻，有不虚此行之感。

（三）掌握相关的文学知识

我国古代有大量关于自然景观的文学作品，导游必须提高自己的文学修养，适时引入相关的诗词文，以提高地貌景观游览的品位，让游客真正感受到中国山水文化的精髓。例如：唐·王维《使至塞上》中的名句“大漠孤烟直，长河落日圆”，诗人抓住典型景物孤烟、落日，描写了广袤的大沙漠傍晚时的奇丽风光，让游览荒漠景观的游客产生共鸣。

（四）采用虚实结合讲解法

虚实结合法讲解就是导游在讲解中将典故、传说与现实介绍有机结合。所谓“实”是指景观的实体、实物、史实、艺术价值等，而“虚”则指与景观有关的民间传说、神话故事、轶闻趣事等。导游讲解中将典故、传说与景物介绍有机结合，能产生艺术感染力，使气氛变得轻松愉快。例如：在鸣沙山月牙泉景区的讲解过程中，就可以适当引入月亮仙子、神沙大仙等传说故事。

三、导游词示范

鸣沙山、月牙泉风景名胜区导游词

各位游客朋友，欢迎大家来到鸣沙山·月牙泉风景名胜区旅游观光。我是导游小张，预祝大家乘兴而来，满意而归！

鸣沙山•月牙泉位于甘肃省敦煌市城南5千米处，主要景点有鸣沙山、月牙泉。鸣沙山为流沙积成，沙分红、黄、绿、白、黑五色，因沙动成响而得名。月牙泉处于鸣沙山环抱之中，其形酷似一弯新月而得名。鸣沙山月牙泉就如大漠中的一对孪生姐妹相邻相伴。1994年，鸣沙山•月牙泉景区被评为国家重点风景名胜区。2015年，被评为国家5A级旅游景区。

各位游客朋友，现在我们看到的是鸣沙山，古称“沙角山”“神沙山”。鸣沙山东起莫高窟崖顶，西接党河水库，延绵40千米，南北宽20千米，面积约200平方千米，整个山体由细米粒状五色沙积聚而成。鸣沙山沙峰起伏，山“如虬龙蜿蛾”，金光灿灿，宛如一座金山。鸣沙山有两个奇特之处：一是白天人们爬沙山留下的脚印，第二天竟会痕迹全无；二是人若从山顶下滑，脚下的沙子会鸣鸣作响。一会儿大家就可以尝试滑沙，体验用不足一分钟的时间从山顶到达山脚下的急速和鸣沙山沙子发出的鸣响。那么鸣沙山的沙子为什么会鸣鸣作响呢？其实，鸣沙山的鸣响之谜，从科学的角度推究现在成型的解释大概有3种：①静电发声。鸣沙山沙粒在人力或风力的推动下向下流泻，含有石英晶体的沙粒互相摩擦产生静电，静电放电即发出声响，响声汇集就大如雷了。②摩擦发声。天气炎热时，沙粒特别干燥而且温度增高，稍有摩擦就可能发出爆裂声，众声汇合在一起就变成了轰轰隆隆的鸣响。③共鸣放大。沙山群峰之间形成了壑谷，是天然的共鸣箱，流沙下泄时发出的摩擦声或放电声引起共振，经过天然共鸣箱的共鸣，放大了音量，形成了巨大的回响声。如果您对这3种解释都不满意，一会可要仔细研究了，说不定能提出更合理的解释。

各位游客朋友，现在我们看到的是处于鸣沙山环抱之中的月牙泉。月牙泉南北长近100米，东西宽约25米，泉水东深西浅，最深处约5米，因其形酷似一弯新月而得名。月牙泉又名药泉，一度讹传渥洼地，清代正名月牙泉。关于月牙泉、鸣沙山的形成，当地有一个传说故事。故事说，从前，这里没有鸣沙山也没有月牙泉，而有一座雷音寺。每年四月初八寺里举行一年一度的浴佛节，善男信女都在寺里烧香敬佛，顶礼膜拜。当佛事活动进行到“洒圣水”时，住持方丈端出一碗雷音寺祖传圣水，放在寺庙门前。忽听一位外道术士大声挑战，要与住持方丈斗法比高低。只见术士挥剑作法，口中念念有词，霎时间，天昏地暗，狂风大作，黄沙铺天盖地而来，把雷音寺埋在沙底。然而，奇怪的是寺庙门前那碗圣水却安然无恙，还放在原地，术士又使出浑身法术往碗内填沙，但任凭他如何施法，碗内始终没进一颗沙粒。直至碗周围形成一座沙山，圣水碗还是安然如故。术士无奈，只好悻悻离去。刚走了几步，忽听轰隆一声，那碗圣水半边倾斜变化成一湾清泉，术士也变成一颗黑色顽石。原来这碗圣水本是佛祖释牟尼赐予雷音寺住持世代相传专为人们消病除灾的，故称“圣水”。由于外道术士作孽残害生灵，佛祖便显灵惩罚，进而形成了月牙泉。

各位游客朋友，传说毕竟是传说。月牙泉千百年来不为流沙所掩埋，不因干旱而枯竭，从科学的角度来说，是因为其低洼的地形和较高区域地下水溢出地表形成。所以，只要此地的地形条件和地下水整体补给量不发生变化，那么月牙泉也将永不干涸。

好了朋友们，现在大家就可以自由活动了，一小时后我们在此集合。自由活动时请大家注意安全，谢谢大家！

张掖丹霞地貌景区导游词

各位朋友大家好！欢迎大家来到神奇壮观、美丽多姿的七彩丹霞谷观光游览。这里是被誉为中国最美的“七大丹霞之一”和“世界十大神奇地理奇观之一”的张掖丹霞国家地质公园。它地处祁连山北麓，是国内唯一的丹霞地貌与彩色丘陵景观复合区，具有非常重要的科学研究价值和极高的旅游观赏价值。

这片彩色丘陵形成时间非常遥远而又漫长，它发育于侏罗纪至第三纪时期，是喜马拉雅山运动中保留下来的红色砂岩经长期的风化剥离和流水侵蚀，最终形成了今天我们看到的色彩斑斓的地貌结构。

各位朋友，从我们现在所处的位置大家可以看到，七彩丹霞地貌无论是在山脊、山顶，还是在沟壑中，连绵不绝的山丘铺满一条条红色、黄色、白色、青色、蓝色的色彩，并随着山峦的起伏呈现波浪状，从山底向山顶延伸，远看似朝霞升腾，近看犹如艳丽的彩带随风蜿蜒飘动。请大家随着我的手势向远处看，其经典之处依次为有七彩峡、七彩塔、七彩屏、火海、琉璃峰等 11 处奇观，这些景观与周边的山峦、河流、田园、炊烟相辉映，构成了一幅风景名画。满目山峦，是色彩的堆涌，是壮美的组合，像一幅幅壮丽的天然图画，呈现于天地之间。四时不同，景色迥异；晨昏之间，造型奇特。数十公里的绵延群山，连同远处的雪峰，堪称天下绝景。刚才有位游客朋友问我，这么美丽的七彩丹霞是怎样形成的呢？其实，七彩丹霞的形成是自然界长期演化的过程。在漫长的地质年代中，祁连山的各类岩石经过长期风化和侵蚀，加之岩性不同和温度差异，在光线照射下，呈现不同的色泽，铁质岩呈红色，锰质岩呈黑色，磷质岩呈灰蓝色，火山岩呈黄色，砾质岩呈青色，依次类推，山体呈现出了不同的色彩。

张掖丹霞地质公园是目前全国丹霞地貌中唯一没有水没有植被生长的丹霞地貌景观，也是目前全国、全亚洲乃至于全世界唯一一处窗棂状宫殿式丹霞地貌与彩色丘陵的复合区。中国丹霞地貌旅游开发研究会终身名誉会长、著名的地理学家黄进教授评价说“张掖窗棂状宫殿式丹霞地貌中国第一”“张掖彩色丘陵中国第一”。说到这，好多朋友肯定都在想，这么神奇，这么美丽的地方，为什么我才知道？其实张掖丹霞地貌一直处在不为人知的状态。2002 年 4 月，张掖当地的一位村民偶遇外省人到他放羊的地方采风时，告诉游客到山里看看彩山，这一看便引发了“多米诺骨牌效应”。通过过往游客和一些摄影家的介绍，这里先后引来了诸多剧组和知名导演，如电影《太阳照常升起》《三枪拍案惊奇》，电视剧《神探狄仁杰》均把景区作为外景拍摄主场地之一。这些影片在全国上映后，魅力张掖丹霞地貌，越来越多地吸引了全国各地的游客竞相前来。

好了，各位朋友，此时日落时分正值最佳拍照时间，希望大家多留一些倩影，留住美景，并把他们分享给你的家人和朋友。我的讲解到这就结束了，谢谢大家。

【学生文本任务单】

1. 以小组为单位，制作演示 PPT，分别介绍各类型地貌的成因和特点。
2. 根据提示完成“景泰黄河石林”导游词。

欢迎词：____

____

____

____

____

____

____

____

____

地貌景观类的内型和成因：____

____

____

____

____

____

____

____

____

(现场)感受它的雄浑和壮观：____

____

____

____

黄河石林是很多著名影视剧的取景地：

介绍大西北的驴车和空中热气球等：

3. 请小组同学协作完成张掖七彩丹霞、鸣沙山月牙泉的导游词思维导图，并创作导游词。

【考核评价】

表 3-3-2　学生自评表

评价项目：		班级：		姓名：	
小组名称：		小组组长：			
小组成员：					
本课学习难度	非常容易	比较容易	可以接受	比较难	非常难
本课学习兴趣	很有兴趣	比较有兴趣	一般	不大有兴趣	完全没兴趣
团队合作情况	非常愉快	比较愉快	可以接受	比较困难	非常困难
学习内容掌握程度（10 分）	评价标准			评分标准	评分
	能够根据地貌景观类型和特点制作演示 PPT			3	
	会借助互联网搜集资料，撰写景泰黄河石林导游词			2	
	会根据张掖七彩丹霞导游词绘制讲解思维导图			2	
	能够对甘肃的地貌景观进行模拟讲解			3	
总分					
学习反思					

表 3-3-3　小组互评表

评价项目：		班级：	
小组名称：		小组组长：	
小组成员：			
项目	指标	评分标准	评分
学生文本任务单（4 分）	讲解词内容正确、完整，有文采	1	
	导游词结构合理，详略得当，条理清晰，逻辑通顺，层次清楚	1	
	讲解词内容突出奇特性、趣味性	1	
	讲解词内容有文化内涵，有创新性和时代特色	1	
PPT 演示和景点模拟讲解（6 分）	PPT 内容与图片一一对应、恰当正确	1	
	语言表达清晰、准确、流畅	1	
	讲解节奏控制合理、有层次感，生动有趣、富有感染力	2	
	仪态大方、恰当、得体，有亲和力	1	
	团队协作能力	1	
总分			

表 3-3-4　教师评价表

评价项目：		班级：	姓名：
小组名称：		小组组长：	
小组成员：			
项目	指标	评分标准	评分
学生文本任务单（4 分）	讲解词内容正确、完整，有文采	1	
	导游词结构合理，详略得当，条理清晰，逻辑通顺，层次清楚	1	
	讲解词内容突出奇特性、趣味性	1	
	讲解词内容有文化内涵，有创新性和时代特色	1	
PPT 演示和景点模拟讲解（6 分）	PPT 内容与图片一一对应、恰当正确	1	
	语言表达清晰、准确、流畅	1	
	讲解节奏控制合理、有层次感，生动有趣、富有感染力	2	
	仪态大方、恰当、得体，有亲和力	1	
	团队协作能力	1	
总分			

工作任务二　生物景观导游

【任务要求】

1. 熟悉生物景观导游讲解的方法与技巧；
2. 能进行生物景观导游讲解；
3. 能够将生物景观知识融入生物景观导游讲解中。

【实施条件】

模拟导游实训室、多媒体教室或生物景观点。

【实施过程】

表 3-3-5　实施过程

实训步骤	操作及说明	注意事项
步骤一	1. 课前教师指导学生准备好导游证、导游旗、麦克风、导游词卡片等； 2. 教师分配实训任务与团型； 3. 教师讲授生物景观导游讲解要领	1. 讲解过程中要求学生注意口头语言、态势语言的综合运用，以达到最佳讲解效果； 2. 教师应鼓励其他学生与讲解人员适当互动，以增强讲解现场感
步骤二	1. 各小组通过互联网查询某一典型生物景观（点）及与之相关的文化，科学设计景区游览线路； 2. 绘制讲解思维导图； 3. 撰写生物景观导游词； 4. 制作演示 PPT	
步骤三	教师示范讲解生物景观	
步骤四	各小组对某一典型生物景观进行导游讲解	
步骤五	模拟过程中完成学生自评、小组互评、教师点评，对模拟过程中存在的问题在模拟结束后进行反思、总结	

【知识链接】

一、生物景观讲解要领

动植物景观是生物景观的核心内容，也是重要的旅游组成部分。他们为名山大川披上绿衣，为旅游景点增加生气，为人文墨客赋予品格。导游在介绍动植物景观时，可以从以下几方面着手，展开讲解。

（一）讲解相关的生物知识

生物景观点参观游览时，导游应对其中的动植物相关知识进行讲解，使游客了解基本的生物知识，游有所知有所获。在参观野生动物园时，应对园中白头海雕、犀牛、鬣狗等动物的名称、纲目、特性等有所了解，能详细介绍给游客。例如，讲到蓝鲸时可以介绍，蓝鲸是世界上最大的哺乳动物，它的头非常大，舌头上能站约 50 个人，一头普通的蓝鲸体重相当于 25 只以上的非洲象或者 2000 ~ 3000 个人的体重总和。

（二）讲解生物的文化意蕴

以动植物寄托人的情感和理想是中华民族的传统，如羊代表着温顺，鹰代表着大展宏图、鹏程万里，鸽子象征着和平与友谊，乌龟代表着吉祥长寿，牡丹代表着富贵、吉祥和如意，荷花代表着高洁、吉祥，梅兰竹菊被誉为花中四君子等。导游人员在讲解过程中要明晰生物的文化意蕴，并通过讲解传达给游客，为游客营造与环境相匹配的文化意蕴。

（三）讲解其突出性能和价值

许多动植物除了好看、有趣，还有非常重要的实用价值，导游讲解时还应突出其性能，使游客明确动植物的实用价值。示范：万寿菊为一年生草本植物，是提取纯天然黄色素的理想原料，在非洲名为卡基布许，常见它垂吊于茅屋下，以驱赶成群的苍蝇。万寿菊有一种刺鼻气味，蚊虫不敢接近它，是一种特殊的优良天然驱虫剂。

（四）进行环保和安全教育

许多动植物化石是地球亿万年发展历程中所遗留下来的珍贵财富，是大自然留给人类的结晶，现有的许多动植物也是自然界发展历程中地球留给人类的弥足珍贵的一笔财富。为此，导游人员要教育游客在参观游览时珍惜、爱护动植物，从而增强游客保护自然、爱护环境的意识。

生物景观参观游览过程中有时存在一些安全隐患，例如与野生动物园的猛兽近距离接触可能存在生命危险，荒漠中带刺的植物可能会将游客扎伤，草甸中的土拨鼠可能会传播疾病等。因此，导游人员应该对游客提前进行安全教育，避免游客因不知情造成身体的损害或伤亡。

二、植物景观讲解要领

植物景观类型可以分为森林景观、灌丛景观、草原景观、荒漠植物景观、草甸和草本沼泽等。特种植物景观主要分为珍稀植物、古树名木、奇花异卉和佳果名茶等。植物景观讲解可以从形态、色彩、香味、性能等角度进行讲解。

（一）突出形态

植物景观或苍劲挺拔，或虬枝错节，不同的形态使植物景观呈现出不同的美感，给游客带来别样的审美体验。因此，导游讲解中应突出植物的形态美。示范：大家看山峰顶侧的这棵松树，它横于悬崖峭壁之中，在树干 20 cm 处分两枝盘曲生长，俯卧昂首，人们给它取名为卧龙松。再顺着卧龙松往下看，这棵松树树冠平整，很像迎客松，最下一侧枝干的高度几乎是树高的一倍。这棵树枝向山谷中伸出，当云雾在山壑间弥漫飞腾时，伸出的侧枝犹如凌波探海，所以人们称之为探海松。

（二）突出色彩

古人讲：“一叶落而知天下秋。”确实，正常的树叶颜色发生改变、脱落是季节轮转，秋天到来的典型标志。这些树有绿色的叶子，它们在秋天会变成各种美丽的颜色，如紫色、黄色和红色甚至红黄绿的渐变色。植物生长过程中随季节变换呈现出不同的色彩，为自然增添了无限的美感。导游讲解时可以突出植物的色彩美。示范：每当霜秋节，香山东南山坡上，十万余株黄栌树迎晖饮露，叶焕丹红，其间杂以柿、枫、野槭等树，如火似锦，极为壮美。乾隆年间所定“香山二十八景”中的“绚秋林”即指此处。

（三）突出香味

许多植物都能散发出独特的气味，或浓郁，或淡雅，或使人曼妙沉醉，或使人提神清醒，总之不同的植物香味会给游客带来不一样的审美体验，导游讲解时应突出香味，引导游客感受植物香味所带来的愉悦旅游体验。示范：薰衣草的香味如人生中的某种半梦半醒，淡到了极处，又刻在心底。这淡蓝紫色的小花，到了开花时节，其香味远在十里之外够闻到；而更绝妙的是，就是站在一片大花田里边，嗅到的香味依然还是淡远温和，不像其他的香花，急切地想要把人熏倒。薰衣草的香味，既不像茉莉的清淡，也不像夜来香那样浓郁，这样独特的香，总是和更远更深的忧郁相连。

三、动物景观讲解要领

动物憨态可掬的动作，独特的外形，独特的习性等都能吸引游客。对动物景观进行讲解时可以从奇特性、表演性等方面展开。

（一）突出奇特性

动物奇特的外表、习性和本领，总是会让游客为之一震，突出其特性的讲解能更好地满足游客的好奇心和求知欲。示范：孔雀头顶翠绿，羽冠蓝绿而呈尖形，尾上覆羽特别长，形成尾屏，鲜艳美丽，真正的尾羽很短，呈黑褐色。雌鸟无尾屏，羽色暗褐而多杂斑。尾屏主要由尾部上方的覆羽构成，这些覆羽极长，羽尖具虹彩光泽的眼圈，周围绕以蓝色及青铜色。求偶表演时，雄孔雀将尾屏下的尾部竖起，从而将尾屏竖起及向前；求偶表演达到高潮时，尾羽颤动，闪烁发光，并发出嘎嘎响声。

（二）突出表演性

精湛的动物表演总是会给游客带来不同凡响的游历体验，导游讲解时配以活泼的讲解能更好地激发起游客的游览兴趣和参与热情。因此，导游讲解应突出动物的表演性。示范：金秋十月就要到了，在收获的浪漫季节里，青岛海豚表演馆的“明星们”闪亮登场了！温柔可爱的海豚会为您献上一场精彩绝伦的水上表演。温柔的海豚的亲吻、激情的空中飞跃、优美的海狮乐队，都将带给您“明星们”最真诚、最热烈的问候与祝福。有“绅士”琪琪先生优美的水中华尔兹，体操皇后小黑小姐的高空旋转跳，更有神勇骑士东东先生带给您穿越时空、飞跃彩虹，还有更精彩的人豚共舞、浪漫骑士表演让您尽情陶醉在动人的表演中。

四、生物景观讲解示范

和政古生物化石博物馆

各位游客大家好，今天我们要参观的是和政古动物化石博物馆。和政古动物化石博物馆位于和政县县城，占地 120 亩(800 平方米)，建筑面积 23 000 平方米，由 3 个造型别致的独立建筑构成呈“品”字形分布。现为国家二级博物馆，馆藏化石标本 30 000 多件，分属 3 纲 8 目 150 多个属种。这里是世界上独一无二的和政羊、世界上最大的三趾马化石产地，同样也有世界上最丰富的铲齿象化石——铲齿象头骨，世界上最早的第四纪披毛犀头骨化石、世界上最大的真马——埃氏马，世界上最大的鬣狗——巨鬣狗的化石。

我们首先参观的是一号展览馆——临夏地质馆，这里展示了青藏高原隆升变迁的原理，以及临夏盆地形成的地质历史发展概况。临夏盆地地处青藏高原的东北缘，历经亿万年的板块裂解、造山运动、海洋变迁而形成。这个馆主要陈列展示和政地区发现的具有代表性矿物、岩石标本以及临夏盆地独特地质地貌的复原模拟，保存了新生代晚期不同地层环境的化石，为临夏盆地的地质变迁历史和青藏高原隆升过程的研究提供了重要的地质证据，同时也让我们直观地感受到了临夏地区的地质演变历史。

现在我们来到的是二号展览馆——生命进化馆，这里展示的是地球演变产生生命，生命进化后又改变地球环境的过程。陈列展示以古动物进化为主线，以低等到高等的发展为顺序，以生物多样性为主要内容，例如古生代的海洋动物“三叶虫”、曾经统治海洋的“鱼类”代表、中生代的陆地霸主恐龙、在甘肃出土的“黄河巨龙”和“巨型北山龙”等复原骨架，还有中国发现的第一个中生代鸟类化石标本——玉门甘肃鸟。这些标本系统展示了哺乳动物的演变进化，让人们了解亿万年前地球上各种生命生存、繁衍、灭绝的过程。

接下来参观的是三号展览馆，这里是晚新生代古哺乳动物化石专业展览馆。该馆以巨犀、铲齿象、三趾马、真马四大动物群为主线，展示和政羊、铲齿象、三趾马、披毛犀、埃氏马、巨鬣狗等“六项世界之最”和千奇百怪的奇蹄类、偶蹄类等多样性食草动物及鬣狗科、犬科、凶猛敏捷的猫科等丰富的食肉动物，讲述了和政地区晚新生代古哺乳动物繁衍、生息、灭绝的悲壮历程，告诉我们这里曾是动物的天堂。

2003 年 9 月 6 日，中科院授予和政古动物化石博物馆“中科院古脊椎动物与古人类研究所和政科研基地”。同时，中国科协授予该馆“全国青少年科普教育基地”。和政古动物化石博物馆还被省委、省政府确定为“全省爱国主义教育基地”“全省绿色单位建设环境教育示范基地”。

各位游客朋友们，我的讲解到此就全部结束了。现在请大家自行参观，11：00 我们在一号展馆前集合，谢谢大家！

【学生文本任务单】

各小组同学根据选择的生物景观(点)，利用互联网查找资料，完成导游词思维导图，再撰写水体景观导游词，并制作 PPT。

【考核评价】

表 3-3-6　学生自评表

评价项目：		班级：		姓名：	
小组名称：		小组组长：			
小组成员：					
本课学习难度	非常容易	比较容易	可以接受	比较难	非常难
本课学习兴趣	很有兴趣	比较有兴趣	一般	不大有兴趣	完全没兴趣
团队合作情况	非常愉快	比较愉快	可以接受	比较困难	非常困难
学习内容掌握程度（10 分）	评价标准			评分标准	评分
	能够根据生物景观类型和特点制作演示 PPT			3	
	会借助互联网搜集资料，撰写某一处生物景观的导游词			2	
	会根据导游词绘制讲解思维导图			2	
	能够对撰写的生物景观进行模拟讲解			3	
总分					
学习反思					

表 3-3-7　小组互评表

评价项目：		班级：	
小组名称：		小组组长：	
小组成员：			
项目	指标	评分标准	评分
学生文本任务单（4 分）	讲解词内容正确、完整，有文采	1	
	导游词结构合理，详略得当，条理清晰，逻辑通顺，层次清楚	1	
	讲解词内容突出奇特性、趣味性	1	
	讲解词内容有文化内涵，有创新性和时代特色	1	
PPT 演示和景点模拟讲解（6 分）	PPT 内容与图片一一对应、恰当正确	1	
	语言表达清晰、准确、流畅	1	
	讲解节奏控制合理、有层次感，生动有趣、富有感染力	2	
	仪态大方、恰当、得体，有亲和力	1	
	团队协作能力	1	
总分			

表 3-3-8　教师评价表

评价项目：		班级：	姓名：
小组名称：		小组组长：	
小组成员：			
项目	指标	评分标准	评分
学生文本任务单（4 分）	讲解词内容正确、完整，有文采	1	
	导游词结构合理，详略得当，条理清晰，逻辑通顺，层次清楚	1	
	讲解词内容突出奇特性、趣味性	1	
	讲解词内容有文化内涵，有创新性和时代特色	1	
PPT 演示和景点模拟讲解（6 分）	PPT 内容与讲解一一对应、恰当正确	1	
	语言表达清晰、准确、流畅	1	
	讲解节奏控制合理、有层次感，生动有趣、富有感染力	2	
	仪态大方、恰当、得体，有亲和力	1	
	团队协作能力	1	
总分			

工作任务三　水体景观导游

【任务要求】

1. 熟悉水体景观导游讲解的方法与技巧；
2. 能够将水体景观知识融入水体景观导游讲解中，展开讲解工作。

【实施条件】

模拟导游实训室、多媒体教室或水体景观点。

【实施过程】

表 3-3-9　实施过程

实训步骤	操作及说明	注意事项
步骤一	1. 课前教师指导学生准备好导游证、导游旗、麦克风、导游词卡片等； 2. 学生分成若干小组； 3. 教师讲授水体景观导游讲解要领	1. 讲解过程中要求学生注意口头语言、态势语言的综合运用，以达到最佳讲解效果； 2. 教师应鼓励其他学生与讲解人员适当互动，以增强讲解现场感
步骤二	1. 各小组通过互联网查询典型水体景观； 2. 绘制讲解思维导图； 3. 撰写水体景观导游词； 4. 制作演示 PPT	
步骤三	教师示范讲解水体景观	
步骤四	各小组对某地或某景区水体景观进行导游讲解	
步骤五	模拟过程中，完成学生自评、小组互评、教师点评，对模拟过程中存在的问题在模拟结束后进行反思、总结	

【知识链接】

一、水体景观讲解要领

（一）水体景观美学特征

1. 动态美。

江河湖海一般以动态美为主要美感，受到地形和季节影响呈现动中有静、静中有动的特点。因此，导游对江河湖海形态美的讲解能让游客产生很大的兴趣。如“西子三千个，群山已失高，峰岳成岛屿，平地卷波涛”，把千岛湖的形态惟妙惟肖地勾勒了出来；又如“黄河之水天上来，奔流到海不复回”，写出了黄河一泻千里、气势磅礴的壮阔场景。同样，“五百里滇池，奔来眼底”道尽了滇池的浩渺与辽阔。形态美的讲解，不仅能使游客在游览中欣赏到自然景观美，而且还能受到历史文化美的熏陶。

2. 色彩美。

水本无色，但透入水中的光线，通过水分子的选择吸收和散射，则会出现不同的颜色，给人以色彩美的享受。如渤海、黄海呈黄色，东海呈蓝色，南海呈深蓝色，黄河呈黄色，黑龙江呈黑褐色，鸭绿江呈鸭绿色，九寨沟的五彩池、五花海和火花海等则呈现出多种色彩。

3. 声音美。

水体运动所发出的各种声音，给游客造就了特定的情与境，因而声音美也是导游江河湖海的第三大特点。声音能让游人在旅游过程中获得重要的乐趣，如泉水的叮咚声、溪流的潺潺声、瀑布的轰鸣声、海啸的雷鸣声等，清浊徐疾，各有节奏。有些景象虽无声音，人们却似感到声音的存在，达到“此时无声胜有声”的效果，如“无边落木萧萧下，不尽长江滚滚来”将长江宏阔的境界、磅礴的气势一语写尽，给人以无限遐想的思绪。

（二）不同水体景观讲解的特征

1. 海洋景观——突出海滨的伟岸、辽阔。
2. 江河景观——突出景色多姿、类型丰富。
3. 湖泊景观——大湖泊的旷敞，小湖泊的清秀，高原湖泊的神秘。
4. 泉水景观——奇特功能及转换性。
5. 瀑布湖泊——形态变化。

二、水体景观讲解示范

宕昌官鹅沟

亲爱的各位游客大家好！我是你们本次的导游小刘。今天，我们将要游览的是有“峻冠群山、奇夺天下”之称的陇上胜境——官鹅沟自然风景区。下面，我将景区的一些基本情况给大家做个简单的介绍。

官鹅沟自然风景区位于宕昌县西南部，总面积420平方千米，森林覆盖率75%。北界白浪滚滚的岷江，南靠林海的迭山，风光奇峻秀美，古朴的羌族风情。整个风景区主要由官鹅沟、官亭沟、大河坝沟、缸沟、南河沟等五大沟系组成，五条沟连成一片，目前主要开发的是官鹅沟。

官鹅沟景区内山岭重叠、幽谷纵横、青山碧水、奇峰怪石、瀑布飞溅、草甸雪山、湖泊激流、古木参天，四季色彩变幻无穷，春天野花竞发，争奇斗艳；夏日绿荫蔽日，了无暑意；秋来枫叶红遍，层林尽染；冬则白雪覆地，琼花玉树，冰柱、冰挂、冰瀑晶莹玲珑，构成一幅幅精美的艺术品，实为赏冰玩雪之胜地。

官鹅沟内前14千米为20多个色彩斑斓的湖泊，后18千米为松柏茂密的原始森林，处处可见高耸入云的险峻峡谷。在长数百米，宽仅10米的各种形态峡谷中，河水震耳欲聋，凉风扑面，悬崖古松掩日，更有大大小小的瀑布飞泻直下，气势恢宏，最深处为高山草甸和终年不化的雪山，既有九寨沟之秀丽，又有黄山之雄伟和华山之奇险。有专家称：“官鹅九寨，燕瘦环肥，二美竞妍，东方奇绝。”其幽深雄奇、山势之美，在九寨之上。

进入鹅嫚沟后，或许已被大自然的鬼斧神工折服。然而，神像沐浴瀑布将更加让你惊叹于大自然的神奇。瀑布从天而降，潭水深不见底，唯有形如神像的石头惬意地沐浴着瀑布，周围杂草树木丛生，极其生动传神，故称“神像沐浴”。进入景区前行一段路程，就可听见瀑布直泻而下的声音。站在近处看，阵阵微风吹过，把瀑布吹得如烟如雾，水花飘落在身上，好像下过蒙蒙细雨，在阳光的照耀下光彩夺目。

当经过了珍珠瀑布、壶口瀑布，向远处眺望，山腰处草甸连绵，一片片地染着红黄相间的色彩。在官鹅沟众多景致中，瀑布独树一帜，它们张扬又壮观、柔曼且幽静，一泻千里，奔腾而去，犹如隐迹山林的精灵，美丽绝伦却深藏不露。

景区境内的雷古山海拔 4153 米，终年不化的雪线将山体从上而下一分为二。山顶是终年不化的积雪，雪线以下是云雾缭绕的茫茫林海，既有黄山之雄伟，又有华山之奇险，置身其间，野趣横生，心旷神怡。而官珠沟与鹅嫚沟被终年不化的雷古雪山、一望无际的高山草甸和千亩高山杜鹃花海所连接，山谷两侧山脉呈东北—西南走向且西南高、东北低，景观异常奇特。

泽荡湖位于鹅嫚沟内芝麻河梁顶，海拔 2850 米，占地 12 000 平方米，四周高山环绕，湖面一片澄碧，沿湖是迂回曲折的松木栈道回廊和凉亭，一根根木廊柱上刻着生肖兽首，面目神情，惟妙惟肖。雨后的泽荡湖更增添了几分神秘，如梦似幻，宛若仙境，如童话世界一般，令人遐思、陶醉。习惯了泽荡湖夏的美妙，才察觉到秋季的它充满了收获的喜悦。五彩绚烂的森林、变幻莫测的湖水，在金色阳光笼罩下，水天一色，像盛满了沉甸甸的夕阳。

好了，今天的讲解到这里就要结束了。接下来的时间，就由大家自由参观游览，有什么问题随时联系我。最后，预祝各位游客旅途愉快！

【学生文本任务单】

各小组同学根据选择的水体景观(点)，利用互联网查找资料，完成导游词思维导图，再撰写水体景观导游词，并制作 PPT。

【考核评价】

表 3-3-10　学生自评表

<table>
<tr><td colspan="3">评价项目：</td><td colspan="2">班级：</td><td>姓名：</td></tr>
<tr><td colspan="3">小组名称：</td><td colspan="3">小组组长：</td></tr>
<tr><td colspan="6">小组成员：</td></tr>
<tr><td rowspan="2">本课学习难度</td><td>非常容易</td><td>比较容易</td><td>可以接受</td><td>比较难</td><td>非常难</td></tr>
<tr><td></td><td></td><td></td><td></td><td></td></tr>
<tr><td rowspan="2">本课学习兴趣</td><td>很有兴趣</td><td>比较有兴趣</td><td>一般</td><td>不大有兴趣</td><td>完全没兴趣</td></tr>
<tr><td></td><td></td><td></td><td></td><td></td></tr>
<tr><td rowspan="2">团队合作情况</td><td>非常愉快</td><td>比较愉快</td><td>可以接受</td><td>比较困难</td><td>非常困难</td></tr>
<tr><td></td><td></td><td></td><td></td><td></td></tr>
<tr><td rowspan="5">学习内容掌握程度（10 分）</td><td colspan="3">评价标准</td><td>评分标准</td><td>评分</td></tr>
<tr><td colspan="3">线路设计是否合理</td><td>1</td><td></td></tr>
<tr><td colspan="3">导游词的完整性</td><td>2</td><td></td></tr>
<tr><td colspan="3">导游词的生动性</td><td>5</td><td></td></tr>
<tr><td colspan="3">导游词讲解的层次性</td><td>2</td><td></td></tr>
<tr><td colspan="4">总分</td><td colspan="2"></td></tr>
<tr><td>学习反思</td><td colspan="5"></td></tr>
</table>

表 3-3-11　小组互评表

<table>
<tr><td colspan="2">评价项目：</td><td colspan="2">班级：</td></tr>
<tr><td colspan="2">小组名称：</td><td colspan="2">小组组长：</td></tr>
<tr><td colspan="4">小组成员：</td></tr>
<tr><td>项目</td><td>指标</td><td>评分标准</td><td>评分</td></tr>
<tr><td rowspan="3">学生文本任务单（4 分）</td><td>内容正确、完整、规范</td><td>1</td><td></td></tr>
<tr><td>流程清晰、正确</td><td>1</td><td></td></tr>
<tr><td>能准确把握处理原则</td><td>2</td><td></td></tr>
<tr><td rowspan="4">情景模拟剧（6 分）</td><td>情景模拟正确、恰当</td><td>2</td><td></td></tr>
<tr><td>语言表达清晰、准确、流畅</td><td>1</td><td></td></tr>
<tr><td>沟通方式恰当、得体，有礼貌</td><td>2</td><td></td></tr>
<tr><td>团队协作能力</td><td>1</td><td></td></tr>
<tr><td colspan="2">总分</td><td colspan="2"></td></tr>
</table>

表 3-3-12　教师评价表

<table>
<tr><td colspan="2">评价项目：</td><td>班级：</td><td colspan="2">姓名：</td></tr>
<tr><td colspan="2">小组名称：</td><td colspan="3">小组组长：</td></tr>
<tr><td colspan="5">小组成员：</td></tr>
<tr><td>项目</td><td colspan="2">指标</td><td>评分标准</td><td>评分</td></tr>
<tr><td rowspan="4">学生文本任务单
（4 分）</td><td colspan="2">讲解词内容正确、完整，有文采</td><td>1</td><td></td></tr>
<tr><td colspan="2">导游词结构合理，详略得当，条理清晰，逻辑通顺，层次清楚</td><td>1</td><td></td></tr>
<tr><td colspan="2">讲解词内容突出奇特性、趣味性</td><td>1</td><td></td></tr>
<tr><td colspan="2">讲解词内容有文化内涵，有创新性和时代特色</td><td>1</td><td></td></tr>
<tr><td rowspan="5">PPT 演示和景点模拟讲解
（6 分）</td><td colspan="2">PPT 内容与图片一一对应、恰当正确</td><td>1</td><td></td></tr>
<tr><td colspan="2">语言表达清晰、准确、流畅</td><td>1</td><td></td></tr>
<tr><td colspan="2">讲解节奏控制合理、有层次感，生动有趣、富有感染力</td><td>2</td><td></td></tr>
<tr><td colspan="2">仪态大方、恰当、得体，有亲和力</td><td>1</td><td></td></tr>
<tr><td colspan="2">团队协作能力</td><td>1</td><td></td></tr>
<tr><td colspan="3">总分</td><td colspan="2"></td></tr>
</table>

工作任务四　气候气象景观导游

【任务要求】

1. 熟悉气候气象景观导游讲解的方法与技巧，能进行气候气象导游讲解；
2. 能够将积累的知识融入气候气象导游讲解中。

【实施条件】

模拟导游实训室、多媒体教室或气候气象景观突出的景区(点)。

【实施过程】

表 3-3-13　实施过程

实训步骤	操作及说明	注意事项
步骤一	1. 课前教师指导学生准备好导游证、导游旗、麦克风、导游词卡片等； 2. 学生分成若干小组； 3. 教师讲授气候气象景观导游讲解要领	1. 讲解过程中要求学生注意口头语言、态势语言的综合运用，以达到最佳讲解效果； 2. 教师应鼓励其他学生与讲解人员适当互动，以增强讲解现场感
步骤二	1. 各小组通过互联网查询气候气象景观相关文化知识； 2. 绘制讲解思维导图； 3. 撰写气候气象景观导游词； 4. 制作演示 PPT	
步骤三	教师示范讲解气候气象景观	
步骤四	各小组对某地或某景区气候气象景观进行导游讲解	
步骤五	模拟过程中，完成学生自评、小组互评、教师点评，对模拟过程中存在的问题在模拟结束后进行反思、总结	

【知识链接】

一、气象气候资源的种类

(一) 云雾、云海景观

云雾是大气中一种水汽凝结景象。当气温下降时，空气中所含的水蒸气凝结成小水滴，浮在靠近地面的空气中称为雾。云雾在名山胜景中极为奇妙，当潮湿气流沿山坡上升到一定高度时，水汽冷却凝结形成坡地雾，形成云雾景观。它与山景相映成趣，使群山富有生命，使游人心潮起伏。云海是指在一定条件下形成的云层，并且云顶高度低于山顶高度，当人们在山顶俯瞰漫无边际的云，如临大海之滨，波起蜂拥。我国著名的云海景观有黄山云海、庐山云海、峨眉云海、衡山云海。

（二）雾凇、雨凇景观

雾凇俗称“树挂”，是雾气在低于0℃时附着在物体上面直接凝华生成的白色絮状凝结物。它集聚包裹在附着物外围，漫挂于树枝、树丛等景物上。我国雾凇出现最多的是吉林省吉林市。雨凇是在低温条件下，小雨滴附着于景物之上冻结的半透明、透明的冰层与冰块。雨凇的产生，必须是低层空气有逆温现象，小水滴从上层气温高于0℃的空气中下降至下层气温低于0℃的空气中，处于过冷却状态，过冷却水滴附着在寒冷的物体表面，立即冻结成雨凇。我国峨眉山雨凇最多，庐山雨凇誉称“玻璃世界”。

（三）冰雪景观

冰雪是纬度较高地区的寒冷季节或海拔较高的高山地区才能见到的气象景观。我国江南在冬季寒潮来临之际才可能降雪，断桥残雪是西湖胜景之一。降雪往往使大自然形成银装素裹的冰雪世界，如果配以高山、森林等自然景观，可构成奇异的冰雪风光，如东北“林海雪原”、关中“太白积雪”、长沙“江天暮雪”等。冰雪运动有“白色旅游”之称。素有“冰城”之称的哈尔滨，每年冰雪节都举办大型冰雕、冰灯、雪雕的展出活动。

（四）烟雨景观

烟雨是指像烟雾那样的细雨，在特定地理环境和心境下，观赏和品味降雨过程也有无穷韵味，如诗如梦。我国著名雨景有江南烟雨、巴山夜雨等。江南烟雨是指江南地区春秋季降落的丝丝细雨，呈细雨霏霏、烟雾缭绕景象。“巴山夜雨”现象是指渝陕交界大巴山地的山间谷地，气温高、湿度大，谷地中湿热空气不易扩散，夜间降温后湿热的空气上升使水汽凝结而出现的细雨蒙蒙的景象。

（五）佛光景观

佛光是光线衍射作用中产生的一种特殊自然景观。佛光一般出现于中低纬度地区及高山上茫茫云海之中，人站在山上，若光线从背后射来，当太阳、人与云幕在一条直线上时，会在前面云幕上出现人影或头影，其外围绕彩色光环，似佛像头上的光圈，故称佛光。峨眉山佛光出现次数最多。因峨眉山多云雾，且湿度大、风速小，故峨眉山佛光最精彩，有“峨眉宝光”“金顶祥光”之誉。著名佛光景观地还有庐山、泰山、黄山、五台山等。

（六）蜃景景观

蜃景也称海市或海市蜃楼。蜃景成因是气温在垂直方向剧烈变化，使空气密度在垂向上出现显著差异，从而产生光线折射和全反射现象，导致远处景物在眼前呈现出奇幻景观。它有上现蜃景与下现蜃景之分。一般上现蜃景多出现在海滨地区，下现蜃景多出现在沙漠地区。山东蓬莱蜃景出现的次数最多。

二、气候气象景观导游讲解要领

（一）讲解相关知识

云海、雾凇、冰挂等各地独特的气候气象景观具有独特的魅力，会成为吸引游客的旅游资源，但引导游客在欣赏气候气象景观时要及时做好相关知识点的讲解，满足游客的好奇心和求知欲，提升游客的游历体验。例如，冬季在东北旅游期间，讲解冰挂。冰挂，学名叫冰锥，也叫冰锥子、冰柱、冰溜。冰溜子是东北方言的叫法，其实就是在寒冷的冬天下过雪后，晴天温暖的阳光照耀在雪上，雪开始融化，然后雪顺着屋檐或者石头上滴答滴答地落下来。到了晚上，气温达到冰点以下，雪水开始冻结，逐渐形成了透明的冰面和冰柱，这便是冰溜子。

（二）讲解观赏时机

大气中的气象是瞬息万变、变幻无穷的，典型的如一日内冷、暖、阴、晴的变化。刚刚是倾盆大雨，即时就晴空万里，这些变化常常影响景色的色彩、风采和明快度，给游客以不同的美感和多变感。气象要素中的雾、雨、电、光等要素变化极为迅速，典型景象如宝光、摩景、日出、霞光、夕照等都是存在较短时间即会消失的气象景观。导游在讲解中应引导旅游者把握时机，才能观赏到佳景。

（三）讲解审美方法与角度

大自然中许多气象景观的出现常常要与其他一些旅游资源相配合，要借助其他景观为背景，如高山云海、海上日出、沙漠流景、名山佛光等。在讲解时，导游应为游客介绍最佳观赏角度，让游客在恰当的位置，选择恰当的背景与角度，达到其他景观与气候气象景观的完美融合，使游客实现最佳的旅游审美体验。

【学生文本任务单】

各小组学生选择一处全国典型的气候气象景观（点），利用互联网查找资料，撰写气候气象景观导游词，并制作 PPT。

____

____

____

____

____

____

【考核评价】

表 3-3-14　学生自评表

评价项目：		班级：		姓名：	
小组名称：		小组组长：			
小组成员：					
本课学习难度	非常容易	比较容易	可以接受	比较难	非常难
本课学习兴趣	很有兴趣	比较有兴趣	一般	不大有兴趣	完全没兴趣
团队合作情况	非常愉快	比较愉快	可以接受	比较困难	非常困难
学习内容掌握程度（10 分）	评价标准			评分标准	评分
	导游词设计是否合理			1	
	导游词的完整性			2	
	导游词的生动性			5	
	导游词讲解			2	
总分					
学习反思					

表 3-3-15　小组互评表

评价项目：		班级：	
小组名称：		小组组长：	
小组成员：			
项目	指标	评分标准	评分
学生文本任务单（4 分）	内容正确、完整、规范	1	
	流程清晰、正确	1	
	能准确把握处理原则	2	
情景模拟剧（6 分）	正确、恰当的情景模拟	2	
	语言表达清晰、准确、流畅	1	
	沟通方式恰当、得体，有礼貌	2	
	团队协作能力	1	
总分			

表 3-3-16　教师评价表

<table>
<tr><td colspan="2">评价项目：</td><td>班级：</td><td>姓名：</td></tr>
<tr><td colspan="2">小组名称：</td><td colspan="2">小组组长：</td></tr>
<tr><td colspan="4">小组成员：</td></tr>
<tr><td>项目</td><td>指标</td><td>评分标准</td><td>评分</td></tr>
<tr><td rowspan="4">学生文本任务单
（4 分）</td><td>讲解词内容正确、完整，有文采</td><td>1</td><td></td></tr>
<tr><td>导游词结构合理，详略得当，条理清晰，逻辑通顺，层次清楚</td><td>1</td><td></td></tr>
<tr><td>讲解词内容突出奇特性、趣味性</td><td>1</td><td></td></tr>
<tr><td>讲解词内容有文化内涵，有创新性和时代特色</td><td>1</td><td></td></tr>
<tr><td rowspan="5">PPT 演示和景点模拟讲解
（6 分）</td><td>PPT 内容与图片一一对应、恰当正确</td><td>1</td><td></td></tr>
<tr><td>语言表达清晰、准确、流畅</td><td>1</td><td></td></tr>
<tr><td>讲解节奏控制合理、有层次感，生动有趣、富有感染力</td><td>2</td><td></td></tr>
<tr><td>仪态大方、恰当、得体，有亲和力</td><td>1</td><td></td></tr>
<tr><td>团队协作能力</td><td>1</td><td></td></tr>
<tr><td colspan="2">总分</td><td colspan="2"></td></tr>
</table>

模块四 旅行生活服务

项目一 文娱活动服务

项目介绍

文娱活动包括欣赏性文娱活动与参与性文娱活动，它是构成旅游活动的六要素之一，是旅游目的地城市发展夜间旅游活动的重要手段。提供良好的文娱活动服务，既能使游客多渠道了解目的地文化，也能充实游客的夜间生活。本项目主要介绍游览途中文娱活动服务的内容与要点，以及当游客提出个别文娱要求时的处理方式。

学习目标

1. 知识目标：

（1）掌握欣赏性娱乐活动的服务内容与要点；

（2）掌握参与性娱乐活动的服务内容与要点；

（3）掌握游客个别文娱要求的处理方式。

2. 能力目标：

（1）能根据欣赏性文娱活动为游客提供专业讲解；

（2）能根据参与性文娱活动为游客提供专业讲解与示范；

（3）能妥善处理游客个别文娱要求。

3. 素质目标：

（1）培养学生工作责任意识、参与意识；

（2）培养学生分析问题、解决问题的能力；

（3）培养学生良好的职业素养和职业道德。

工作情景描述

从北京来中国丝绸之路旅游的“北京张先生一行”旅游团共 12 人，于 7 月 15 日抵达兰州后游览 3 天。你作为甘肃 SC 国际旅行社的地陪导游，请做好游览途中的文娱活动服务。

工作任务一　文娱活动服务

【任务要求】

1. 能够根据旅游接待计划为团队提供文娱活动服务；
2. 能根据文娱活动的特点为游客提供专业讲解与示范。

【实施条件】

模拟导游实训室或多媒体教室。

【实施过程】

表 4-1-1　实施过程

实训步骤	操作及说明	注意事项
步骤一	1. 教师分发旅游接待计划、演出票等资料，为各小组分配具体工作任务； 2. 教师带领学生回顾文娱活动服务与讲解的流程与要点； 3. 学生小组内分角色扮演领队、全陪、地陪、游客、旅行社计调、演出场工作人员等	1. 学生一般 5～7 人一组，成员之间应分工明确，互相协作，保证完成工作任务； 2. 不同小组分别展示欣赏性文娱活动与参与性文娱活动的不同服务流程与要点
步骤二	1. 各小组根据不同的工作任务，通过网络、书籍查询资料，撰写赴剧院途中导游讲解服务的讲解词； 2. 学生认真阅读接待计划，确定好文娱活动前的出发时间、集合地点等行程安排； 3. 学生情景模拟文娱活动服务：赴剧院前、赴剧院途中、到达剧院	
步骤三	模拟过程中，完成学生自评、小组互评、教师点评，对模拟过程中存在的问题在模拟结束后进行反思、总结	

【知识链接】

一、计划内欣赏性文娱活动服务流程

1. 通知游客集合时间、地点；

2. 前往途中介绍剧院、文娱活动内容、注意事项等；

3. 下车前与司机约好演出后集合时间与地点，通知全团，并提醒游客带好随身物品；

4. 引导游客入座，始终与游客在一起，简要介绍演出设施与位置，提醒游客注意事项（防走失、手机静音等），外宾应做好必要的介绍与翻译工作；

5. 演出结束后，提醒游客不要遗留物品并带领游客依次退场；

6. 大型剧院中，地陪要了解出口位置，以便发生意外情况时能及时带领游客撤离。

二、计划内参与性文娱活动服务流程

1. 通知游客集合时间、地点；
2. 前往活动现场前介绍文娱活动内容、注意事项等；
3. 下车前与司机约好演出后集合时间与地点，通知全团，并提醒游客带好随身物品；
4. 为游客做好现场观赏时的讲解，并提醒游客注意事项，必要时为游客做好示范工作；
5. 活动结束后，提醒游客不要遗留物品。

三、文娱活动讲解要点

（一）简要介绍文娱活动基本情况

舞台剧应简要介绍概况、主要人物、剧目、创作背景、特点、获得荣誉等；戏剧艺术则应介绍概况、流行地区、曲艺特点、演出剧目、故事情节等。简要介绍文娱活动基本情况需要导游通过多种渠道掌握丰富的专业知识，为游客做好讲解与介绍，使游客真正能看懂中国艺术。

（二）多种手段呈现文娱活动特色

导游在讲解文娱活动时除了文化讲解，还可以通过表演的形式，简单呈现文娱活动的特色，亦可以借助图文声像让游客初识该文化艺术，从而激发游客的观赏热情。

四、文娱活动讲解示范

《敦煌盛典》介绍

各位游客，大家下午好！在游览了莫高窟与鸣沙山月牙泉后，我们白天的行程已经圆满结束了，而晚间的行程才刚刚开始。今晚给大家安排的娱乐活动是观看大型实景演出《敦煌盛典》。利用途中的 30 分钟，我先简单介绍一下《敦煌盛典》。

全球首个沙漠实景剧《敦煌盛典》作为敦煌的一张特色名片，在方圆 33 000 平方米的景区，以沙山为背景山峰，依托广袤无际的天穹构成全球首部沙漠实景剧场。《敦煌盛典》以丝绸之路的深厚文化沉淀为基础，清晰地反映敦煌的文化与历史。通过观演，大家对敦煌会有一次全新的认识和了解。

《敦煌盛典》整场演出 80 分钟，由“序幕·大漠魂”“鸣沙山·丝路的记忆”“敦煌城·沸腾的都会”“莫高窟·沉睡的敦煌”“月牙泉·梦幻的星空”及“尾声·共婵娟”6 个部分组成。3D 巨幅墙体结构投影、观众互动装置洞窟包裹式剧场、360 度旋转移动观众席，可容纳 1483 人。多介质水面造景，综合机械演出，超震撼楼体灯光秀、激光秀、烟火秀，最奢华舞美设计。剧情“相遇”“相知”“相爱”“相思”的层层递进，将鸣沙山、敦煌城、莫高窟、月牙泉等场景一一带出。

在这幅上帝创造的杰作里，一部全新概念的“沙漠实景演出”由此诞生。数百位著名艺术家参与创作，百多次修改演出方案，大型驼队、200 多名专业演员参加演出。《敦煌盛典》

为保障质量，还特别邀请了国家特级作曲家雷蕾、春晚最美导演谢长慧、资深编剧王鹭毅等国内尖端团队打造。

请各位团友在观看过程中保持安静，不要乱扔垃圾，用心去欣赏这一场盛宴。演出结束后，我们在停车场集合，谢谢大家！

舞剧《丝路花雨》介绍

各位亲爱的游客朋友们大家晚上好，今天晚上我们为大家安排的是大型舞剧《丝路花雨》的演出。为了让大家能有更好的审美体验，接下来我利用这点时间给大家简单介绍一下《丝路花雨》。

《丝路花雨》是 1979 年甘肃敦煌艺术剧院以中国唐朝极盛时期为背景，以举世闻名的丝绸之路和敦煌壁画为素材，博采各地民间歌舞之长，创作的大型民族舞剧。该剧为 6 场历史舞剧，描述了在丝绸之路上各国商旅络绎不绝，突然狂风四起，老画工神笔张带着女儿英娘救起了昏倒在沙漠的波斯商人伊努思，但在途中，英娘却被强盗劫去。数年后，在敦煌市场，神笔张找到了女儿，但英娘已沦为百戏班子的歌舞伎。伊努思为英娘赎身，父女团聚。莫高窟中，神笔张按照女儿的舞姿画出了代表作——反弹琵琶伎乐天。掌管贸易的市曹企图霸占英娘，英娘跟伊努思到波斯避难，英娘与波斯人们朝夕相处，互授技艺。后来，伊努思奉命率商队使唐，英娘也相随回到自己的国家。市曹唆使戏班拦劫商队，神笔张点起烽火报警救下商队，自己却献出了生命。这部剧歌颂了画工神笔张和歌伎英娘的光辉艺术形象，描述了他们的悲欢离合以及与波斯商人伊努斯之间的纯洁友谊，再现了唐朝对外经济、文化交往频繁的盛况。编创者们从敦煌莫高窟的 2000 多尊彩塑、4 万多平方米壁画中寻找灵感，将一个个孤立静止的画面编织成一个动人心弦的人间故事、一幅气象万千的历史画卷，“复活”了沉睡千年的敦煌，也开启了一条传播中华文化之路。

迎改革开放的春风，1977 年年底，甘肃省歌舞团接收到一个新的选题“敦煌”。1977 年 11 月，甘肃省歌舞团七进敦煌六易其稿，终于在 1978 年底创编完成。1979 年 5 月 23 日，经过历时两年的创编后《丝路花雨》剧首次在兰州黄河剧院首次演出，并于同年 10 月 1 日为庆祝新中国成立 30 周年演出 28 场。9 月下旬，剧组带着一星期的粮票赴北京演出，结果一炮而红，一路从北京到广州、香港再到桂林、上海，最后返回兰州时已经历时 8 个月，演出 200 多场。剧中的喇叭裤、飘带裙等当时的奇装异服不久从舞台走进大街小巷，一度在社会上流行起来。此后，海外邀请纷至沓来，丝路花雨团常常以中国艺术团的名称被派出国门，成了中国文化的使者。1982 年 9 月，作为我国改革开放后的第一个文艺团体出访意大利和法国。首场演出在欧洲三大古典剧院之一的意大利米兰斯卡拉剧场演出，这是斯卡拉大剧院第一次接待亚洲剧团登台演出，首场演出就受到许多人的盛赞。此后，又到法国多地连续巡演 40 多场，演出一票难求，掀起了一轮又一轮的中国热。今天的《丝路花雨》已经走到祖国大江南北，到达世界 30 多个国家和地区，已演出 2300 多场，观看群众超过 400 万人，引发了其后中国舞蹈的一系列创新与变革。2008 年 8 月，创新修排后的舞剧《丝路花雨》赴京参加 2008 北京奥运重大文化活动，一连 5 场演出，热烈而不息的掌声传递出观众 29 年来未曾中断的“丝路花雨”情结。2017 年 5 月，改版后的《丝路花雨》在敦煌大剧院常态化演出。

独特的《丝路花雨》得到了各方的一致好评。1979 年，《丝路花雨》荣获中国文化部颁发的“创作一等奖”和“演出一等奖”；1994 年，荣获中华民族 20 世纪舞蹈经典作品“金像奖”；2004 年 10 月，被上海大世界基尼斯总部认定为“中国舞剧之最”；2008 年，创新修排后的《丝路花雨》赴京参加奥运重大文化活动；2009 年，被文化部定为“首届优秀保留剧目大奖”作品。《丝路花雨》拥有中华民族 21 世纪舞蹈经典等中国舞蹈的所有最高奖项，因演出年轮之久，演出场次之多，被吉尼斯纪录评为“中国舞剧之最”，是观众心中的“东方《天鹅湖》”。

《丝路花雨》博采各地民间歌舞之长，为符合当时丝绸之路上各民族交流频繁、互惠互容的景象，把霓裳羽衣舞、印度舞、黑巾舞、波斯马铃舞、波斯酒舞、土耳其舞、盘上舞、新疆舞等各种舞蹈艺术形式于一身，形成一部造型精妙、舞种类型多样、新颖独特、美妙绝伦的大型舞剧，成为东方艺术的奇葩，被作为 20 世纪中国舞蹈经典剧之作，载入中华民族艺术史册。其创作的反弹琵琶伎乐天、千手观音与独特的“S”造型成为敦煌舞独特的艺术特征，被誉为“中国民族舞剧的典范”“活的敦煌壁画，美的艺术享受”“此舞只应天上有，人间难得看几回”。

好了，各位朋友，甘肃大剧院马上到了，请大家一会有序进场，按位就座，在演出期间将手机调至静音或震动，文明观演。今晚的演出时间为 2 个小时，演出将在 8：00 正式开始，10：00 结束，请大家最晚 10：20 在剧院大厅等候集合。现在，请大家带好随身物品准备下车，让我们去一睹《丝路花雨》的风采吧。

【学生文本任务单】

请各小组同学根据教师分配的工作任务选定人物角色，撰写“带领游客参加文娱活动”的模拟剧脚本。

文娱活动服务模拟剧脚本

□：____
□：____
□：____
□：____
□：____
□：____
□：____
□：____
□：____
□：____
□：____
□：____
□：____
□：____
□：____
□：____
□：____
□：____
□：____
□：____
□：____
□：____
□：____
□：____
□：____

【考核评价】

表 4-1-2　学生自评表

评价项目：		班级：		姓名：	
小组名称：		小组组长：			
小组成员：					
本课学习难度	非常容易	比较容易	可以接受	比较难	非常难
本课学习兴趣	很有兴趣	比较有兴趣	一般	不大有兴趣	完全没兴趣
团队合作情况	非常愉快	比较愉快	可以接受	比较困难	非常困难
学习内容掌握程度（10 分）	评价标准			评分标准	评分
	妥当安排游览活动的内容和日程安排			2	
	能为提供文娱活动做好相应的准备工作（讲解词、PPT）			3	
	能恰当为游客提供行车途中的服务与讲解工作			3	
	能恰当为游客提供演出中的服务工作			2	
总分					
学习反思					

表 4-1-3　小组互评表

评价项目：		班级：	
小组名称：		小组组长：	
小组成员：			
项目	指标	评分标准	评分
学生文本任务单（4 分）	内容正确、完整、规范	1	
	流程清晰、正确	1	
	能准确把握处理原则	2	
情景模拟剧（6 分）	情景模拟正确、恰当	2	
	语言表达清晰、准确、流畅	1	
	沟通方式恰当、得体、有礼貌	2	
	团队协作能力	1	
总分			

表 4-1-4　教师评价表

评价项目：	班级：		姓名：
小组名称：	小组组长：		
小组成员：			
考评内容	评分指标	评分标准	得分
模拟实操能力（7 分）	妥当安排游览活动的内容和日程安排	1	
	能为提供文娱活动做好相应的准备工作（讲解词、PPT）	2	
	能恰当为游客提供行车途中的服务与讲解工作	2	
	能恰当为游客提供演出中的服务工作	1	
	明确文娱活动服务内容与要点	1	
素质能力（3 分）	语言表达清晰、流畅，沟通文明、有效	1	
	表演真实、生动，有代入感	1	
	团队协作良好	1	
总分			

工作任务二　文娱活动时游客个别要求的处理

【任务要求】

1. 掌握游客在进行文娱活动中个别要求的处理原则；
2. 能够协同各部门处理游客的个别要求。

【实施条件】

模拟导游实训室或多媒体教室。

【实施过程】

表 4-1-5　实施过程

实训步骤	操作及说明	注意事项
步骤一	1. 教师带领学生回顾文娱活动游客个别要求的处理方法； 2. 教师分配落实任务； 3. 学生小组内分角色扮演领队、全陪、地陪、游客、旅行社计调、演出场工作人员等	1. 情景模拟演练过程中，小组成员应分工协作，各负其责，保证完成工作任务； 2. 情景模拟演练过程中，小组成员应根据脚本用自己的语言完成工作任务
步骤二	各小组撰写落实情景模拟的脚本： 1. 个别游客想调换计划内的文娱节目； 2. 个别游客想自费观看计划外的文娱节目； 3. 个别游客要求前往不符合我国法律要求、禁止的娱乐场所	
步骤三	各小组完成文娱活动中游客个别要求的情景模拟： 1. 个别游客想调换计划内的文娱节目； 2. 个别游客想自费观看计划外的文娱节目； 3. 个别游客要求前往不符合我国法律要求、禁止的娱乐场所	
步骤四	模拟过程中，完成学生自评、小组互评、教师点评，对模拟过程中存在的问题在模拟结束后进行反思、总结	

【知识链接】

表 4-1-6　文娱活动时游客个别要求的处理方法

个别要求	具体情况	解决方案
想调换计划内的文娱节目	全团游客提出	1. 与接待社计调部门联系，尽可能调换，调换前不做许诺； 2. 如接待社无法调换，耐心解释，请求谅解
	部分游客提出	1. 与接待社计调部门联系，尽可能调换，调换前不做许诺； 2. 如接待社无法调换，耐心解释，请求谅解。 3. 与计划内文娱节目在同一线路的，与司机协调，尽量提供方便； 4. 与计划内的文娱节目在不同线路的，则为他们联系车辆，车费自理

续表

个别要求	具体情况	解决方案
想自费观看计划外的文娱节目	时间允许时	方法一(陪同): 1. 与接待社有关部门联系，请其报价; 2. 将接待社的对外报价(其中包括节目票费、车费、服务费)报给游客，并逐一解释清楚; 3. 若游客认可，请接待社预订，地陪同时要陪同前往; 4. 将游客交付的费用交接待社，将收据交给游客。 方法二(不陪同): 1. 协助解决，帮助购票、联系车辆; 2. 提醒客人注意安全; 3. 请游客自行乘坐出租车前往，一切费用由游客自理; 4. 提醒游客注意安全、记住饭店地址，将自己的联系电话告诉游客
	时间不允许	做好解释说明
要前往我国法律禁止的娱乐场所		1. 断然拒绝; 2. 介绍中国的传统观念和道德风貌; 3. 严肃指出不健康的娱乐活动在中国是违法的，会受到法律惩处

【学生文本任务单】

各小组同学根据教师分配的工作任务，选定人物角色，撰写情景模拟剧“文娱活动中游客个别要求”的脚本。

□: ________________________________

□: ________________________________

□: ________________________________

□: ________________________________

□: ________________________________

□: ________________________________

□: ________________________________

□: ________________________________

□: ________________________________

□: ________________________________

□: ________________________________

□: ________________________________

【考核评价】

表 4-1-7　学生自评表

<table>
<tr><td colspan="2">评价项目：</td><td colspan="2">班级：</td><td colspan="2">姓名：</td></tr>
<tr><td colspan="2">小组名称：</td><td colspan="4">小组组长：</td></tr>
<tr><td colspan="6">小组成员：</td></tr>
<tr><td rowspan="2">本课学习难度</td><td>非常容易</td><td>比较容易</td><td>可以接受</td><td>比较难</td><td>非常难</td></tr>
<tr><td></td><td></td><td></td><td></td><td></td></tr>
<tr><td rowspan="2">本课学习兴趣</td><td>很有兴趣</td><td>比较有兴趣</td><td>一般</td><td>不大有兴趣</td><td>完全没兴趣</td></tr>
<tr><td></td><td></td><td></td><td></td><td></td></tr>
<tr><td rowspan="2">团队合作情况</td><td>非常愉快</td><td>比较愉快</td><td>可以接受</td><td>比较困难</td><td>非常困难</td></tr>
<tr><td></td><td></td><td></td><td></td><td></td></tr>
<tr><td rowspan="4">学习内容掌握程度（10 分）</td><td colspan="3">评价标准</td><td>评分标准</td><td>评分</td></tr>
<tr><td colspan="3">能按规范处理个别游客想调换计划内的文娱节目</td><td>3</td><td></td></tr>
<tr><td colspan="3">能按规范灵活处理个别游客想自费观看计划外的文娱节目</td><td>4</td><td></td></tr>
<tr><td colspan="3">能按规范灵活处理个别游客要求前往不符合我国法律要求、禁止的娱乐场所</td><td>3</td><td></td></tr>
<tr><td colspan="4">总分</td><td colspan="2"></td></tr>
<tr><td>学习反思</td><td colspan="5"></td></tr>
</table>

表 4-1-8　小组互评表

<table>
<tr><td colspan="2">评价项目：</td><td colspan="2">班级：</td></tr>
<tr><td colspan="2">小组名称：</td><td colspan="2">小组组长：</td></tr>
<tr><td colspan="4">小组成员：</td></tr>
<tr><td>项目</td><td>指标</td><td>评分标准</td><td>评分</td></tr>
<tr><td rowspan="3">学生文本任务单（4 分）</td><td>内容正确、完整、规范</td><td>1</td><td></td></tr>
<tr><td>流程清晰、正确</td><td>1</td><td></td></tr>
<tr><td>能准确把握处理原则</td><td>2</td><td></td></tr>
<tr><td rowspan="4">情景模拟剧（6 分）</td><td>情景模拟正确、恰当</td><td>2</td><td></td></tr>
<tr><td>语言表达清晰、准确、流畅</td><td>1</td><td></td></tr>
<tr><td>沟通方式恰当、得体，有礼貌</td><td>2</td><td></td></tr>
<tr><td>团队协作能力</td><td>1</td><td></td></tr>
<tr><td colspan="2">总分</td><td colspan="2"></td></tr>
</table>

表 4-1-9　教师评价表

评价项目：		班级：	姓名：
小组名称：		小组组长：	
小组成员：			
考评内容	评分指标	评分标准	得分
模拟实操能力（6分）	文本任务单角色分配合理，流程规范	1	
	能按规范处理个别游客想调换计划内的文娱节目	2	
	能按规范灵活处理个别游客想自费观看计划外的文娱节目	2	
	能按规范灵活处理个别游客要求前往不符合我国法律要求、禁止的娱乐场所	1	
素质能力（4分）	遵循文娱活动中游客个别要求的处理原则	1	
	语言表达清晰、流畅，沟通文明、有效	1	
	表演真实、生动，有代入感	1	
	团队协作良好	1	
总分			

项目二　用餐服务

项目介绍

俗话说："民以食为天。"在旅游六要素食、住、行、游、购、娱当中，"食"居首位，说明"食"在旅游活动过程中非常重要。中国是一个餐饮大国，餐饮文化是重要的旅游资源，与中国五千年文明的发展息息相关，凡名胜之地必有美味佳肴。因此，对于餐饮方面的服务，导游应该尽心尽力，细致周到。

学习目标

1. 知识目标：

（1）了解地陪接待服务中用餐服务的工作内容；

（2）掌握正餐服务的规范与要求；

（3）掌握正餐服务中游客个别要求的处理方法；

（4）掌握风味餐服务的规范与要求；

（5）了解宴会服务时地陪应提供的相关服务。

2. 能力目标：

（1）能根据旅游接待要求提供相关用餐服务；

（2）能够处理用餐过程中的各种突发事件。

3. 素质目标：

（1）培养学生工作责任意识、团队精神和集体意识；

（2）培养学生分析问题、解决问题的能力；

（3）培养学生良好的职业素养和职业道德。

工作情景描述

从日本东京来中国丝绸之路旅游的"梦之旅"旅游团一行 12 人，于 3 月 2 日晚抵达兰州，今天将去百里黄河风情线参观游览。你作为甘肃 SC 国际旅行社的地陪导游，请做好游览途中的用餐服务。

工作任务一　正餐服务

【任务要求】

1. 掌握正餐服务的规范与要求；
2. 能够准确、规范完成正餐服务工作。

【实施条件】

模拟导游实训室或中餐餐饮实训室。

【实施过程】

表 4-2-1　实施过程

<table>
<tr><th>实训步骤</th><th>操作及说明</th><th>注意事项</th></tr>
<tr><td>步骤一</td><td>1. 学生分为若干个组，扮演地陪、全陪、游客、餐厅等不同角色；
2. 学生撰写“旅游团用正餐”情景模拟的流程图</td><td rowspan="3">1. 小组成员分配时主角应逐次更换，确保全员都参与到课堂实践过程中；
2. 小组可在情景模拟演练前准备简单的流程图，帮助成员梳理工作流程，探索工作技巧，尽可能保证完整、得体地完成实训任务</td></tr>
<tr><td>步骤二</td><td>学生进行“旅游团用正餐”情景模拟：
1. 餐前服务——提前落实。
2. 餐中服务：
(1) 引导就餐；
(2) 巡视用餐；
(3) 司陪用餐；
(4) 结账。
3. 餐后服务：
(1) 信息反馈；
(2) 处理投诉</td></tr>
<tr><td>步骤三</td><td>模拟过程中，完成学生自评、小组互评、教师点评，对模拟中存在的问题在模拟结束后进行反思、总结</td></tr>
</table>

【知识链接】

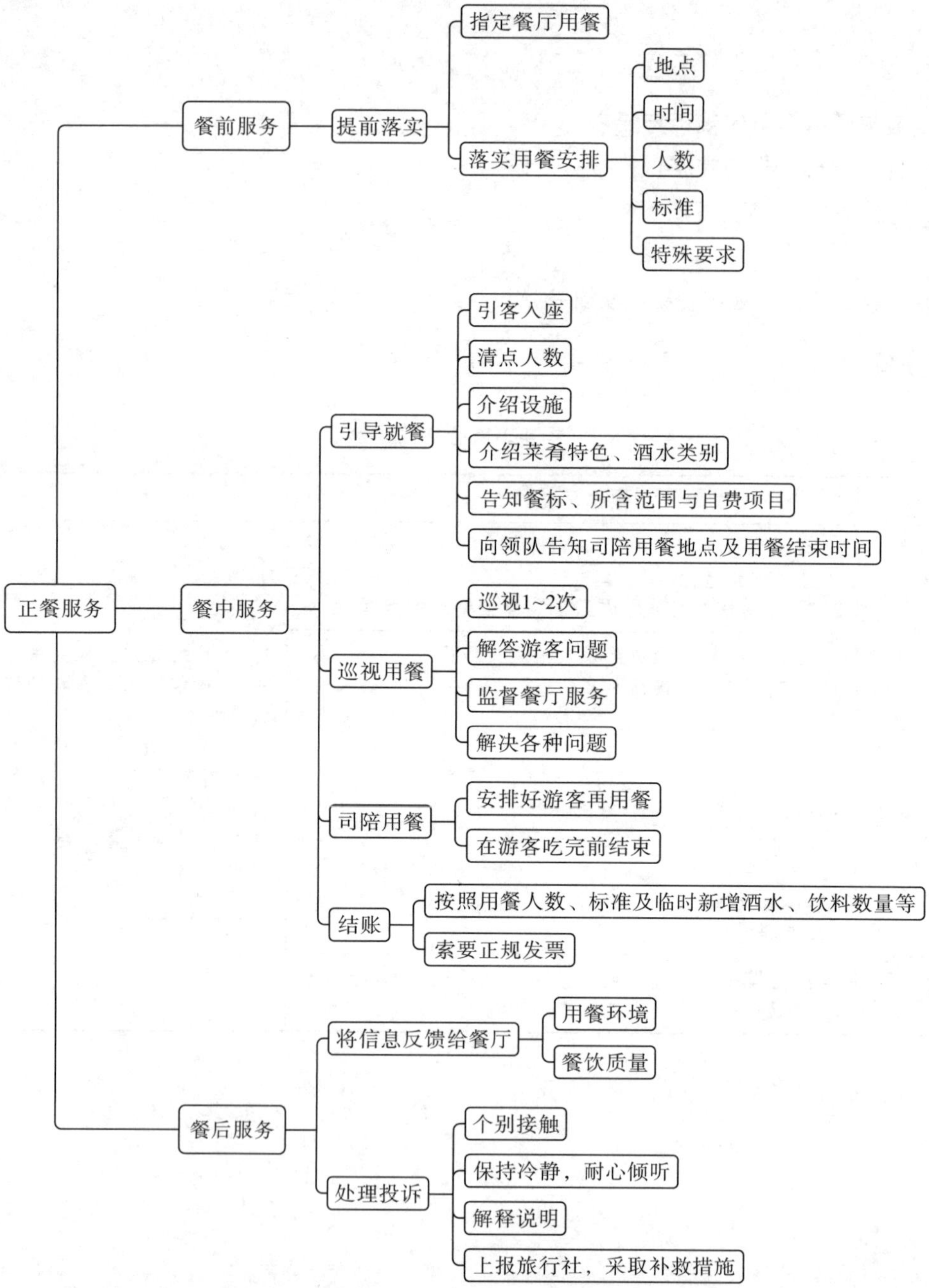

图 4-2-1　旅游团正餐服务流程

【学生文本任务单】

各小组同学根据教师分配的工作任务，选定人物角色，撰写完成情景模拟剧“旅游团正餐服务”的脚本。

☐：______________________________

☐：______________________________

☐：______________________________

☐：______________________________

☐：______________________________

☐：______________________________

☐：______________________________

☐：______________________________

☐：______________________________

☐：______________________________

☐：______________________________

☐：______________________________

☐：______________________________

☐：______________________________

☐：______________________________

☐：______________________________

☐：______________________________

☐：______________________________

☐：______________________________

☐：______________________________

☐：______________________________

☐：______________________________

☐：______________________________

【考核评价】

表 4-2-2 学生自评表

<table>
<tr><td colspan="2">评价项目：</td><td colspan="2">班级：</td><td colspan="2">姓名：</td></tr>
<tr><td colspan="2">小组名称：</td><td colspan="4">小组组长：</td></tr>
<tr><td colspan="6">小组成员：</td></tr>
<tr><td rowspan="2">本课学习难度</td><td>非常容易</td><td>比较容易</td><td>可以接受</td><td>比较难</td><td>非常难</td></tr>
<tr><td></td><td></td><td></td><td></td><td></td></tr>
<tr><td rowspan="2">本课学习兴趣</td><td>很有兴趣</td><td>比较有兴趣</td><td>一般</td><td>不大有兴趣</td><td>完全没兴趣</td></tr>
<tr><td></td><td></td><td></td><td></td><td></td></tr>
<tr><td rowspan="2">团队合作情况</td><td>非常愉快</td><td>比较愉快</td><td>可以接受</td><td>比较困难</td><td>非常困难</td></tr>
<tr><td></td><td></td><td></td><td></td><td></td></tr>
<tr><td rowspan="4">学习内容掌握程度（10分）</td><td colspan="3">评价标准</td><td>评分标准</td><td>评分</td></tr>
<tr><td colspan="3">餐前服务安排与落实</td><td>2</td><td></td></tr>
<tr><td colspan="3">餐中引领与介绍工作</td><td>5</td><td></td></tr>
<tr><td colspan="3">餐后信息反馈与处理投诉工作</td><td>3</td><td></td></tr>
<tr><td colspan="4">总分</td><td colspan="2"></td></tr>
<tr><td>学习反思</td><td colspan="5"></td></tr>
</table>

表 4-2-3 小组互评表

<table>
<tr><td colspan="2">评价项目：</td><td colspan="2">班级：</td></tr>
<tr><td colspan="2">小组名称：</td><td colspan="2">小组组长：</td></tr>
<tr><td colspan="4">小组成员：</td></tr>
<tr><td>项目</td><td>指标</td><td>评分标准</td><td>评分</td></tr>
<tr><td rowspan="3">学生文本任务单（4分）</td><td>内容正确、完整、规范</td><td>1</td><td></td></tr>
<tr><td>流程清晰、正确</td><td>2</td><td></td></tr>
<tr><td>能准确把握处理原则</td><td>1</td><td></td></tr>
<tr><td rowspan="4">情景模拟剧（6分）</td><td>情景模拟正确、恰当</td><td>2</td><td></td></tr>
<tr><td>语言表达清晰、准确、流畅</td><td>1</td><td></td></tr>
<tr><td>沟通方式恰当、得体，有礼貌</td><td>2</td><td></td></tr>
<tr><td>团队协作能力</td><td>1</td><td></td></tr>
<tr><td colspan="2">总分</td><td colspan="2"></td></tr>
</table>

表 4-2-4　教师评价表

评价项目：		班级：	姓名：
小组名称：		小组组长：	
小组成员：			
考评内容	评分指标	评分标准	得分
模拟实操能力（6分）	文本任务单角色分配合理，流程规范	1	
	餐前服务安排与落实	1	
	餐中引领与介绍工作	2	
	餐后信息反馈与处理投诉工作	2	
素质能力（4分）	工作流程规范	1	
	语言表达清晰、流畅，沟通文明、有效	1	
	表演真实、生动，有代入感	1	
	团队协作良好	1	
总分			

工作任务二　正餐时游客个别要求的处理

【任务要求】

1. 能够掌握游客用正餐时个别要求处理方法；
2. 能够规范、妥善地做好正餐时游客个别要求的处理。

【实施条件】

模拟导游实训室或餐饮实训室。

【实施过程】

表 4-2-5　实施过程

实训步骤	操作及说明	注意事项
步骤一	1. 教师带领学生回顾“正餐时游客个别要求的处理”方法； 2. 教师分配落实任务； 3. 学生小组内分角色扮演领队、全陪、地陪、游客、旅行社计调、餐厅工作人员等	1. 情景模拟演练过程中，小组成员应分工协作，各负其责，保证完成工作任务； 2. 情景模拟演练过程中，每小组负责一种个别要求，表演时其他小组认真观看，结束后打分互评； 3. 小组成员应根据脚本用自己的语言完成工作任务
步骤二	各小组撰写情景模拟剧脚本： 1. 个别游客的特殊餐饮要求； 2. 个别游客要求换餐； 3. 个别游客要求单独用餐； 4. 个别游客要求在客房内用餐； 5. 旅游团要求外出自费品尝风味餐； 6. 游客要求推迟就餐时间	
步骤三	各小组完成正餐时游客个别要求的情景模拟： 1. 个别游客的特殊餐饮要求； 2. 个别游客要求换餐； 3. 个别游客要求单独用餐； 4. 个别游客要求在客房内用餐； 5. 旅游团要求外出自费品尝风味餐； 6. 游客要求推迟就餐时间	
步骤四	模拟过程中，完成学生自评、小组互评、教师点评，对模拟过程中存在的问题在模拟结束后进行反思、总结	

【知识链接】

表 4-2-6　正餐时游客个别要求的处理方法

个别要求	情况	解决方案
对特殊饮食要求的处理	旅游协议书中有明文规定的	早做安排，确保兑现
	临时提出要求(团队抵达后或到餐厅后)	1. 立即与餐厅联系，尽量满足； 2. 满足不了的，地陪应说明情况，协助游客自行解决，费用由游客自理
要求换餐	时间允许	1. 用餐前 3 小时提出，应尽量与餐厅联系，提前向游客声明如能换妥，差价由游客自理； 2. 若计划中的供餐单位不具备供应能力，可更换餐厅
	时间不允许	1. 若该餐厅可换餐，地陪应协助解决； 2. 若情况复杂，餐厅无该服务，一般不接受要求，但应向游客耐心解释； 3. 游客仍然坚持，建议其到零点餐厅点菜或单独用餐，费用自理，原餐费不退
要求单独用餐	因矛盾或其他原因	1. 导游耐心解释，并请领队调解； 2. 如游客坚持，导游可协助与餐厅联系，但餐费自理，原餐费不退
	游客访友等原因不随团用餐	同意其要求，但应说明餐费不退
要求在客房内用餐	游客生病	导游可请饭店将饭菜送进房间以示关怀
	健康的游客	如果餐厅能提供此项服务，可满足，并告知服务费标准
要求自费品尝风味餐	自费品尝风味餐	1. 导游予以协助，应由旅行社或游客订餐； 2. 风味餐订妥后旅游团又不想去，应劝游客去，说明若不去用餐则要赔偿餐厅的损失
要求推迟就餐时间	生活习惯不同、游兴未尽	与餐厅联系，视餐厅具体情况处理
	一般情况	1. 向游客说明过时用餐需另付服务费； 2. 若餐厅不提供过时服务，最好按时就餐

【学生文本任务单】

请各小组学生根据教师分配的工作任务选定人物角色，撰写“正餐时游客个别要求的处理”情景模拟剧的脚本。

□：______________________________

□：______________________________

□：______________________________

□：______________________________

□：________________________________

□：________________________________

□：________________________________

□：________________________________

□：________________________________

□：________________________________

□：________________________________

□：________________________________

□：________________________________

【考核评价】

表 4-2-7　学生自评表

评价项目：		班级：		姓名：	
小组名称：		小组组长：			
小组成员：					
本课学习难度	非常容易	比较容易	可以接受	比较难	非常难
本课学习兴趣	很有兴趣	比较有兴趣	一般	不大有兴趣	完全没兴趣
团队合作情况	非常愉快	比较愉快	可以接受	比较困难	非常困难
学习内容掌握程度（10 分）	评价标准			评分标准	评分
	能按规范灵活处理游客特殊饮食要求			2	
	能按规范灵活处理游客要求换餐			2	
	能按规范灵活处理游客要求单独用餐			2	
	能按规范灵活处理游客要求在客房内用餐			2	
	能按规范灵活处理游客要求自费品尝风味餐			1	
	能按规范灵活处理游客要求推迟就餐时间			1	
总分					
学习反思					

表 4-2-8　小组互评表

评价项目：		班级：	
小组名称：		小组组长：	
小组成员：			
项目	指标	评分标准	评分
学生文本任务单（4分）	内容正确、完整、规范	1	
	流程清晰、正确	1	
	能准确把握处理原则	2	
情景模拟剧（6分）	情景模拟正确、恰当	2	
	语言表达清晰、准确、流畅	1	
	沟通方式恰当、得体，有礼貌	2	
	团队协作能力	1	
总分			

表 4-2-9　教师评价表

评价项目：		班级：	姓名：
小组名称：		小组组长：	
小组成员：			
考评内容	评分指标	评分标准	得分
模拟实操能力（6分）	能按规范灵活处理游客特殊饮食要求	1	
	能按规范灵活处理游客要求换餐	1	
	能按规范灵活处理游客要求单独用餐	1	
	能按规范灵活处理游客要求在客房内用餐	1	
	能按规范灵活处理游客要求自费品尝风味餐	1	
	能按规范灵活处理游客要求推迟就餐时间	1	
素质能力（4分）	遵循接团服务工作的处理原则	1	
	语言表达清晰、流畅，沟通文明、有效	1	
	表演真实、生动，有代入感	1	
	团队协作良好	1	
总分			

工作任务三　风味餐服务

【任务要求】

1. 掌握风味餐服务的内容；
2. 能够准确、规范地完成风味餐服务工作。

【实施条件】

模拟导游实训室或中餐餐饮实训室。

【实施过程】

表 4-2-10　实施过程

实训步骤	操作及说明	注意事项
步骤一	1. 教师带领学生回顾“风味餐服务”流程； 2. 教师分配落实任务； 3. 学生小组内分角色扮演领队、全陪、地陪、游客、旅行社计调、餐厅工作人员等	1. 小组成员分配时主角应逐次更换，以保证全员都能参与到课堂实践过程中来； 2. 小组可在情景模拟演练前准备简单的脚本，帮助成员梳理工作流程，探索工作技巧，尽可能保证完整、得体地完成实训任务
步骤二	各小组撰写“风味餐服务”情景模拟剧的脚本与讲解词	
步骤三	各小组完成风味餐服务的情景模拟： 1. 做好风味餐的安排； 2. 做好风味餐的讲解	
步骤四	模拟过程中完成学生自评、小组互评、教师点评，对模拟过程中存在的问题在模拟结束后进行反思、总结	

【知识链接】

一、风味餐服务要领

风味餐是广受游客欢迎的一种用餐形式，以品尝具有地方特色的风味佳肴为主，形式自由、不排座次。

品尝风味餐分为计划内和计划外两种。前一种是旅游接待计划中安排好的，地陪与游客一道参与。在品尝风味餐之前，地陪要做好各项联系落实工作，用餐时要介绍风味餐的特色。后一种是旅游接待计划中未予安排，由游客自费预订的，如游客邀请地陪参加，这种情况下地陪应注意不要反客为主。

二、风味餐讲解要领

（一）介绍风味餐的特色

中国饮食文化博大精深，各地因其独特的地理环境、气候条件、物产类型、民族风俗等影响形成了独特的风味美食。它是当地的饮食生活，也是游客独特的旅游资源。因此，导游应深度挖掘其饮食文化的特色，将其制作原料、制作程序、口感、味道、形状、营养价值等特色介绍给游客，满足游客美食旅游需求和民俗文化需求。

（二）介绍风味餐的用餐方式

各地特色美食在吃法上总有其独到之处，导游应在开餐前对风味餐的用餐方式给游客做介绍，避免游客因不会吃而闹笑话，方便游客品味美食。

（三）介绍风味餐体验旅游产品

风味餐体验旅游产品能帮助游客通过就餐感受当地文化、品味当地美食、丰富旅游活动、促进与当地居民的交流与沟通，实现餐饮产品旅游资源化。风味餐经常与中国传统文化中的皮影戏、快板、边塞诗、敦煌舞等相融合，将餐饮文化生动灵活地以多元形式搬上舞台。导游应介绍风味餐相关的文化内容，介绍参与风味餐制作中的采摘、制作、品鉴、品尝等活动，提升游客餐饮消费体验。

三、风味餐讲解示范

兰州牛肉面

各位游客朋友，大家好，首先我代表兰州市400万人欢迎各位到兰州观光旅游。来到兰州一定要吃一碗正宗的兰州牛肉面。当然了，吃之前先要了解一下兰州牛肉面。

兰州牛肉面是回族人马保子于1915年始创的。当时马保子家境贫寒，为生活所迫，他在家里制成了热锅牛肉面，肩挑着在城里沿街叫卖。后来，他又把煮过牛羊肝的汤兑入牛肉面，其香扑鼻，它突出一个“清”字，大家都喜欢他的牛肉面。接着他开了自己的店，不用沿街叫卖了，就想着推出免费的“进店一碗汤”。客人一进门，伙计就马上端上一碗香热的牛肉汤请客人喝，爽口、醒胃，于是马保子的清汤牛肉面名气大振。马保子经营到1925年由其子马杰三接管经营。马杰三继续在“清”字上下功夫，不断改进牛肉拉面，直到后来名震各方，被赠予“闻香下马，知味停车”的称誉。

识别兰州牛肉面的正宗与否，一看有没有进店免费一碗汤，正宗必有汤赠。二看牛肉拉面的汤是否清，汤浊就不是正宗了。兰州出名的店很多，如安泊尔、马子禄、金鼎、1915等。兰州牛肉面的特点就是一清(汤清)、二白(白萝卜)、三红(辣椒油)、四绿(蒜苗与香菜)、五黄(面)。一碗真正的牛肉面汤应该是“清汤”，熬汤时常选用草原上出产的肥嫩牦牛肉或黄牛肉，加大块牛骨头和腿骨，再按比例加入牛肝汤和鸡汤，在特大罐形铁锅内熬成即可。选料上乘才能熬出符合要求的清汤，这也是牛肉面正宗与否的品质保证。肉汤气香味浓，清亮澄澈，营养丰富。食用时选用清汤，加入白萝卜片，舀上一勺红灿灿的油泼辣子，再撒上鲜嫩嫩的绿蒜苗，那诱人的味道是百吃不厌啊！这“一清，二白，三红，四绿”都有了，“五黄”指的就是牛肉面的面条。和面的过程中加入了少许蓬灰(蓬灰是一种植物的碳化物)，增加了面条的柔韧性，也给面条增加了独特的口感。面和好后用清油醒着，并被分成适量的条块，一条拉开了就是一碗。此时的面条澄黄油亮，软滑劲道。

关于牛肉面的吃法，这里要特别注意，如果拉面师傅问你面大面小，千万不要以为是说面的粗细。面大面小指的是面的分量大小。胃口小的就面小点，饭量大的就叮嘱面大些，不会另外收费的。说到面条的粗细选择，那就有的说了。大多数面馆都有以下 9 种面型可以选择：大宽、薄宽、韭叶、荞麦棱、二柱、二细、三细、细滴、毛细。如果喜欢吃扁面，就要选择大宽、薄宽或韭叶，具体来说，大宽约两指宽，薄宽约一指宽，韭叶则如韭菜叶片宽。个人觉得大宽片大较厚，嚼头好，但难入味；薄宽、韭叶都不错，厚薄恰当，既有嚼劲，入味也好。如果喜欢圆面，则点二细、三细、细滴、毛细。用一个简单的公式总结一下，一份私人定制的牛肉面=牛肉面粗细+分量大小+辣子多少+蒜苗多少+肉+蛋+小菜。

兰州牛肉面，讲究的是一种情绪、一种气势、一种风范、一种文化。在他们看来，汤要醇美，肉要鲜嫩，抻面的风情万种、舀汤的出手快捷、吃面的全身心投入。一碗热腾腾的牛肉面端上来，醇香中弥漫的、张扬的正是兰州人那清亮鲜明的审美、淳朴执着的性情和豪放热情的大西北气概。这便是兰州，能给长途旅客带来慰藉。一会办理好入住，我就带大家去品尝我们兰州的特色美食牛肉面，大家不要太心急哦！

【学生文本任务单】

各小组学生根据教师分配的工作任务选定人物角色，撰写情景模拟剧“风味餐服务”的脚本。

☐：____

☐：____

☐：____

☐：____

☐：____

☐：____

☐：____

☐：____

☐：____

☐：____

☐：____

☐：____

☐：____

【考核评价】

表 4-2-11　学生自评表

评价项目：		班级：		姓名：	
小组名称：		小组组长：			
小组成员：					
本课学习难度	非常容易	比较容易	可以接受	比较难	非常难
本课学习兴趣	很有兴趣	比较有兴趣	一般	不大有兴趣	完全没兴趣
团队合作情况	非常愉快	比较愉快	可以接受	比较困难	非常困难
学习内容掌握程度（10 分）	评价标准			评分标准	评分
	计划内风味餐安排与落实			2	
	计划外风味餐安排与落实			4	
	风味餐特色讲解			4	
总分					
学习反思					

表 4-2-12　小组互评表

评价项目：		班级：	
小组名称：		小组组长：	
小组成员：			
项目	指标	评分标准	评分
学生文本任务单（4 分）	内容正确、完整、规范	1	
	流程清晰、正确	1	
	能准确把握处理原则	2	
情景模拟剧（6 分）	情景模拟正确、恰当	2	
	语言表达清晰、准确、流畅	1	
	沟通方式恰当、得体、有礼貌	2	
	团队协作能力	1	
总分			

表 4-2-13　教师评价表

评价项目：		班级：	姓名：
小组名称：		小组组长：	
小组成员：			
考评内容	评分指标	评分标准	得分
模拟实操能力（6分）	文本任务单角色分配合理，流程规范	1	
	计划内风味餐安排与落实	1	
	计划外风味餐安排与落实	2	
	风味餐特色讲解	2	
素质能力（4分）	工作流程规范	1	
	语言表达清晰、流畅，沟通文明、有效	1	
	表演真实、生动，有代入感	1	
	团队协作良好	1	
总分			

工作任务四　宴会服务

【任务要求】

1. 掌握宴会服务的内容；
2. 能够准确、规范地完成宴会服务工作。

【实施条件】

中餐宴会实训室。

【实施过程】

表 4-2-14　实施过程

实训步骤	操作及说明	注意事项
步骤一	1. 教师带领学生回顾“宴会服务”流程； 2. 学生小组内分角色扮演领队、全陪、地陪、游客、餐厅工作人员等； 3. 学生分组利用互联网或者图书馆收集整理宴会服务情景	1.小组成员分配时主角应逐次更换，确保全员都参与到课堂实践过程中来； 2.小组可在情景模拟演练前准备简单的脚本，帮助成员梳理工作流程，探索工作技巧，尽可能保证完整、得体地完成实训任务
步骤二	1. 各小组撰写“宴会服务”情景模拟剧的脚本； 2. 各小组完成宴会服务时的情景模拟。 一组同学配合展示宴会中的情境，另一组同学派地陪完成对情境的处理，以此类推	
步骤三	模拟过程中，完成学生自评、小组互评、教师点评，对模拟过程中存在的问题在模拟结束后进行反思、总结	

【知识链接】

一、宴请服务要领

宴请活动包括宴会、冷餐会和酒会等。地陪要重视宴请礼仪，以恰当的形象参加宴会活动，同时在宴会中应注意自己的仪态，并做好团队服务工作，正确处理好自己与游客的关系。

（一）了解信息

1. 知道宴会的时间、地点、重要人物的身份；
2. 知道桌台、台型、菜式；
3. 了解客人的风俗习惯、特殊要求、忌讳和就餐方式等。

（二）座次安排

宴会中礼宾的次序是排席位的主要依据，导游应有基本的宴会服务常识，这样才能准确地引导客人就座。商务宴会中，通常桌次的高低以离主桌位置的远近而定，与主桌近高远低、右高左低。同一桌上，席位以离主人的座位远近而定，离主人位近高远低、右高左低。有时可以因团而异，考虑一些实际情况。

（三）准备时间的安排

团队客人在旅游活动中大多穿得很休闲，这种着装不适合参加宴会。所以，导游在时间安排上尽量两者兼顾，既可以把参观景点安排得很完美，又能够留出足够的时间让客人回到酒店换装，整洁大方地赴宴。

（四）准时到达

导游带领旅游团赴宴要准时，这是一种礼貌，不可姗姗来迟、拖拖沓沓。入席时，按照安排好的席位协助客人就座，之后礼貌地退出，不可喧宾夺主。

（五）做好翻译、介绍

如旅游团队需要，导游要很有分寸地做翻译和介绍。

（六）宴会结束

正式宴会通常需要 1.5 小时左右。宴会结束后，导游应清点人数，送客人平安回到酒店，其他工作程序按照服务要求来做。

需要注意的是，宴会的主角是客人，而不是陪同人员，导游应注意自己的身份与形象，不卑不亢，彬彬有礼，随时做好服务准备。

【学生文本任务单】

1.完成情景模拟剧“宴会服务”的脚本。

各小组同学根据教师分配的工作任务选定人物角色，撰写情景剧脚本。

☐：____

☐：____

☐：____

☐：____

☐：____

☐：____

☐：____

☐：____

□：________________________________

□：________________________________

□：________________________________

□：________________________________

□：________________________________

□：________________________________

2. 请根据嘉宾身份，安排宴会座次。

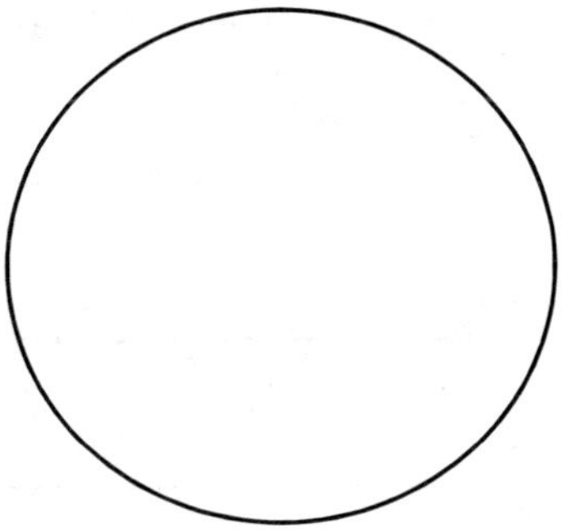

中餐宴会座次

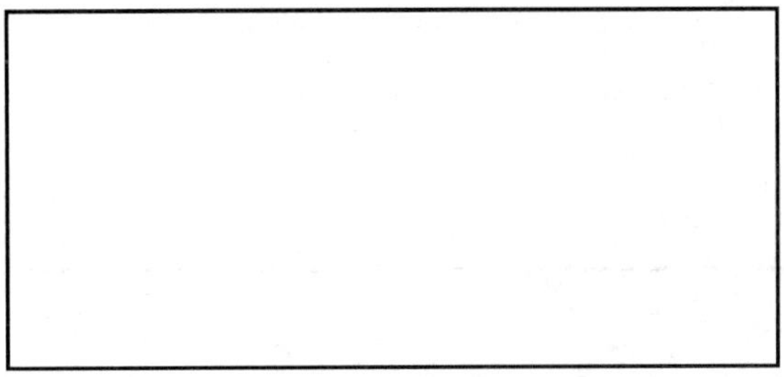

西餐宴会座次

【考核评价】

表 4-2-15　学生自评表

评价项目：		班级：		姓名：	
小组名称：		小组组长：			
小组成员：					
本课学习难度	非常容易	比较容易	可以接受	比较难	非常难
本课学习兴趣	很有兴趣	比较有兴趣	一般	不大有兴趣	完全没兴趣
团队合作情况	非常愉快	比较愉快	可以接受	比较困难	非常困难
学习内容掌握程度（10 分）	评价标准			评分标准	评分
	宴会座次安排			5	
	宴会服务			5	
总分					
学习反思					

表 4-2-16　小组互评表

评价项目：		班级：	
小组名称：		小组组长：	
小组成员：			
项目	指标	评分标准	评分
学生文本任务单 （4 分）	内容正确、完整、规范	1	
	流程清晰、正确	1	
	能准确把握处理原则	2	
情景模拟剧 （6 分）	情景模拟正确、恰当	2	
	语言表达清晰、准确、流畅	1	
	沟通方式恰当、得体、有礼貌	2	
	团队协作能力	1	
总分			

表 4-2-17　教师评价表

评价项目：		班级：	姓名：
小组名称：		小组组长：	
小组成员：			
考评内容	评分指标	评分标准	得分
模拟实操能力 （6 分）	文本任务单角色分配合理，流程规范	1	
	宴会座次安排	4	
	宴会服务	1	
素质能力 （4 分）	工作流程规范	1	
	语言表达清晰、流畅，沟通文明、有效	1	
	表演真实、生动，有代入感	1	
	团队协作良好	1	
总分			

项目三　购物服务

项目介绍

旅游时，游客总是想购买旅游目的地的风物特产等旅游商品作为留念或送给亲朋好友。因此，购物既是游客的旅游需求，又能客观带动旅游目的地经济，是一举多得的旅游活动。因此，导游要做好游客购物服务工作。

学习目标

1. 知识目标：

(1) 掌握导游在游览途中提供购物服务工作的流程与规范；

(2) 掌握地方特色商品的相关知识；

(3) 掌握游客在购物时提出个别要求的处理方法。

2. 能力目标：

(1) 能够正确、规范地为团队提供购物服务；

(2) 能够处理游客在购物过程中所需各项个别要求；

(3) 能够向游客恰当介绍旅游商品的特色。

3. 素质目标：

(1) 提升学生对团队的管理能力、团队协作能力、社交能力；

(2) 养成事无巨细的工作作风。

工作情景描述

从日本东京来中国丝绸之路旅游的“梦之旅”旅游团一行 12 人，于 3 月 2 日抵达兰州后游览 3 天。今天下午，地陪将带领团队游览金城关旅游商业街、张掖路步行街进行购物活动。你作为甘肃 SC 国际旅行社的地陪，请做好游览途中的购物服务。

工作任务一　购物服务

【任务要求】

1. 能够正确、规范地为团队提供购物服务；
2. 能够恰当介绍旅游商品的特色。

【实施条件】

模拟导游实训室或多媒体教室。

【实施过程】

表 4-3-1　实施过程

实训步骤	操作及说明	注意事项
步骤一	1. 教师分配实训任务； 2. 学生小组内分角色扮演游客、导游、商店工作人员等； 3. 学生分组利用互联网或者图书馆收集整理购物情境与旅游商品介绍的讲解词	1.小组成员分配时主角应逐次更换，以保证全员都参与到课堂实践过程中来； 2.小组可在情景模拟演练前准备简单的脚本，帮助成员梳理工作流程，探索工作技巧，尽可能保证完整、得体地完成实训任务
步骤二	情景模拟演练“购物服务”： 1. 导游向全团讲清停留时间、注意事项。 2. 导游介绍商品的特色及有关商品知识：小组两两进行旅游商品介绍比赛，并录制视频；其他小组同学对其讲解进行打分，并决定购买谁的物品。 3. 导游介绍托运手续和海关对游客携带物品的有关规定。 4. 导游对于商店的不合理行为应当及时制止，并向负责人反映	
步骤三	模拟过程中，完成学生自评、小组互评、教师点评，对模拟过程中存在的问题在模拟结束后进行反思、总结	
步骤四	课后，将学生旅游商品介绍的视频进行剪辑后公开发布，考察网络接受度	

【知识链接】

导游既要做好购物服务，又要做好对旅游行程的控制。在旅游目的地，建议游客买什么东西有意义，商品的价格行情如何，在购物环节中需要注意哪些安全问题，如何控制好时间，在什么地点等待、集合等。这些问题都要认真考虑，精心把握。

一、地陪购物服务的工作原则

1. 遵循游客“需要购物，愿意购物”的原则；
2. 了解对象，因势利导；

3. 当好游客的购物参谋；
4. 积极维护游客的正当利益。

二、地陪购物服务的知识准备

1. 商品的名称、产地、生产要求；
2. 商品的历史、文化承载与动人传说；
3. 商品生产、制作的基本过程和工艺特色；
4. 商品的优点和缺点；
5. 鉴别商品品质的基本方法；
6. 商品的保存方法和技巧；
7. 商品的市场行情。

三、掌握导游购物服务的要求

（一）在讲解中介绍商品

介绍当地有特色、有知名度的旅游商品是导游服务中的一项重要内容。导游可以在城市概况的讲解中，有意识地向游客介绍当地有民族特色和地方特色的旅游商品，让游客有所了解，为安排购物进行必要的铺垫。

导游在向游客介绍当地旅游商品时，首先要具有一定的商品知识，熟悉商品的性能及工艺特点，讲解中重点突出其特色及价值。旅游商品的讲解是导游讲解的重要组成部分，在讲解中要做到以下几点。

1. 突出文化内涵。

许多地方旅游商品是多年文化传承的结果，在历史的发展过程中，融合了许多人文思想和艺术元素。导游在旅游商品讲解中要注意突出其文化内涵，满足游客的审美需要，而不是一味地讲旅游商品本身，更不能直接推销和兜售。

2. 介绍真实的旅游商品，不介绍完美的旅游商品。

导游在讲解旅游商品时，对其功效的介绍要做到实事求是、客观公正，评价要恰如其分，赞美要有根据，坚决杜绝不负责任、无限夸大的讲解，以免误导游客，更不能怀着自私的目的进行欺骗性的宣传。

雪莲介绍

(武侠小说功效、人们对雪莲的追捧)说到天山雪莲，很多朋友一定是从武侠小说中认识的。在金庸的《书剑恩仇录》中，天山雪莲有起死回生之效。梁羽生也在其作品中说：“用天山雪莲所炼制的解毒灵丹，不但可以解毒，还可以给人增长功力。”近些年，随着人们对雪莲花医用价值的需求，以雪莲为原材料的药品、滋补品开始增多，食用雪莲成为保健时尚，来我们这里旅游的很多游客也喜欢带一些雪莲回家。那么雪莲真的有那么神奇的功效吗？接下来我给大家简单介绍一下雪莲。

(介绍雪莲的属性、产地、成分、主要功效)雪莲是一种高山稀有的名贵药用植物，是菊科草本植物。它生长在海拔 4800～5800 米的高山流石坡以及雪线附近的碎石间，绝大部分产于中国青藏高原及其毗邻地区。据研究，雪莲含有挥发油、生物碱、黄酮类、酚类、糖类等成分，主要功效有散寒除湿、止痛、活血通经、暖宫散淤、强筋助阳，对治风湿疾病有特殊疗效。因此，它主治风湿性关节炎、男性病和妇科病。所以，雪莲是一种高山稀有的名贵药用植物，但说他能起死回生，那只是文艺作品的艺术表达手法而已。

(雪莲的使用方法及疗效)雪莲全草入药，在 7 月—8 月初开花时采集药效最好。采集后要放烈日下晒，以防挥发油的丧失和有效成分的破坏。雪莲不能用水煎服(因含挥发油)，多用白酒泡浸，一朵大的雪莲加白酒 0.5 千克，泡 7 天后即可服用。日服 2 次，每次 10 毫升。对风湿关节炎，腰酸腿痛均有良好疗效。

(采摘很辛苦、疯狂采挖、土壤破坏)采摘雪莲非常辛苦。天山雪莲一般都是在 4800～5800 米的高山上生长，所以又称高山雪莲。能摘到的一般是体力好的人。近些年，市场需求的增大直接导致供应市场的泛滥。每年夏季，当地和外地农民翻山越岭，疯狂采挖，造成雪莲数量锐减。如果照现在这样的速度发展下去，雪莲不出 10 年就会灭绝。雪莲扎根的土壤形成需要经过几百万年的缓慢过程，采摘时需要一些技巧。如果连根拔掉，会使土壤很难再恢复原有肥力，导致雪莲几乎不可能再在原地生长。而成群的非法采摘雪莲者恰恰都是连根拔起！近几年，由于滥采滥挖，雪莲数量大幅减少，已经成为濒危植物。

保护雪莲无论在科学上、医药学上，还是从观赏上都有重要意义。因此，大家如果真的有需求可以适当购买一些雪莲，但如果您认为雪莲可以起死回生、包治百病，那您就真的不用购买了。接下来大家可以根据需要自行选购。

天水雕漆

各位游客朋友，大家下午好，欢迎大家来天水市雕漆艺术陈列馆参观游览。现在展现在大家眼前的是天水特有的传统工艺品——天水雕漆。参观游览之前请允许我对雕漆艺术给大家做一下简单的介绍。

雕漆艺术，是把漆的优良特性与古老精湛的雕刻技艺完美融合在一起的古老民族传统手工艺术。雕漆工艺制品种类繁多、题材丰富，集雕刻、绘画、工艺于一身，具有庄重典雅的艺术性，是研究中国传统工艺美术不可缺少的重要内容。据史书记载，雕漆发源于唐代的四川、云南一带。宋代时雕漆工艺进一步发展，当时富有人家在日常生活中已十分钟情于雕漆制品。明末，雕漆制造经过了一段时期萎缩后，至清初，又开始兴盛。2006 年，被列入国家级非物质文化遗产。

雕漆制品造型古朴、纹饰考究、色泽光润，并有防潮、抗热、耐酸碱、不变形、不变质的特点。目前主要产地有北京、扬州、天水等。天水雕漆器具在长期发展中，继承传统，博采众长，历经能工巧匠创新发展，形成了自己的独特风格，成为我国雕漆工艺中一个出类拔萃的品种。以选料严格、工艺精湛、造型奇特、图案古朴、漆质坚硬、漆面光亮、耐酸耐碱耐高温、既可观赏又可实用的特点，在国内外享有盛誉。雕漆是把天然漆料在胎上涂抹出一定厚度，再用刀在堆起的平面漆胎上雕刻花纹的技法。工艺十分复杂，要经过设计、制胎、涂漆、画工、雕刻等十余道大的工序，每道大工序中，又要经过数十道小的工序。由于制造的手工性、雕刻的复杂性、技巧的专门性、艺术的独特性，雕漆作品从设计到成品的制成，必须由许多手工艺人经过若干道工序方能完成。一般说来，一件普通的雕漆成品的制成，至少也需要半年的时间；稍微高档的雕漆艺术品，则需要一年左右，而珍品佳作，甚至需要两年多的时间。

天水雕漆器具漆面颜色除传统的乌黑色外，还有朱砂红、翠绿、宝兰、驼黄等多种，色彩绚丽，光泽如镜。而且图案装饰十分讲究，题材广泛，内容丰富，有《八仙过海》《杨门女将》《九天玄女》等传统故事人物造型，还有《松鹤延年》《花好月圆》《喜鹊登梅》《锦鸡牡丹》等喜闻乐见的花卉名画，也有《戈壁驼铃》《牧马图》等当代生活题材，还有仿照出土文物绘制的作品，图像栩栩如生，美不胜收。它不仅是一种实用的器具，而且是精致的艺术品。产品远销欧美、日本、东南亚等 37 个国家和地区。

在陈列馆的尾部有我们的雕漆艺术体验馆，大家有兴趣的话可以在那里体验制作雕漆艺术品，会有专业的匠人对您进行指导。另外，体验馆还有各种在售雕漆艺术品，如果您喜欢的话也可以把他带回家或送给您的亲朋好友。简单介绍之后，请大家随我进馆参观这些精美的雕漆艺术品吧。

（二）合理安排购物时间

1. 合理安排购物时间。

无论是计划内、计划外购物，还是自由活动购物，导游对购物次数的安排切忌过于频繁。次数太多，可能会影响正常的游览行程，也会使游客产生厌烦情绪。购物的时间安排要合理，既不可太长，使游客在店中无事可做；也不可过短，让游客没有时间挑选商品。

2. 慎重选择购物商店。

旅游团购物商店的选择一定要得当，如果选择不当，可能会使游客的利益受到损害，还会带来一系列严重后果。

（三）提供服务

1. 介绍商品的功能、类型。

导游在介绍商品时要客观、公正、详细、具体，尤其是涉及商品的功效和性能时更要实事求是。同时，也不要强加于人，表现出明显的倾向性。价格问题是个敏感问题，导游一般不要妄加评论。购买与否，由游客自己做主，不要过于热心。

2. 协助游客办理托运手续。

要熟知海关相关规定，以防游客买到贵重物品无法出境。购物时，如有游客购买大件物品，导游要与商店积极联系，办理托运手续。

【学生文本任务单】

各小组学生根据教师分配的工作任务选定人物角色，撰写情景模拟剧“购物服务”的脚本与讲解词。

□：____

□：____

□：____

□：____

□：____

□：____

□：____

□：____

□：____

□：____

□：____

□：____

□：____

□：____

□：____

□：____

□：____

□：____

□：____

□：____

□：____

□：____

□：____

【考核评价】

表 4-3-2　学生自评表

<table>
<tr><td colspan="2">评价项目：</td><td colspan="2">班级：</td><td colspan="2">姓名：</td></tr>
<tr><td colspan="2">小组名称：</td><td colspan="4">小组组长：</td></tr>
<tr><td colspan="6">小组成员：</td></tr>
<tr><td rowspan="2">本课学习难度</td><td>非常容易</td><td>比较容易</td><td>可以接受</td><td>比较难</td><td>非常难</td></tr>
<tr><td></td><td></td><td></td><td></td><td></td></tr>
<tr><td rowspan="2">本课学习兴趣</td><td>很有兴趣</td><td>比较有兴趣</td><td>一般</td><td>不大有兴趣</td><td>完全没兴趣</td></tr>
<tr><td></td><td></td><td></td><td></td><td></td></tr>
<tr><td rowspan="2">团队合作情况</td><td>非常愉快</td><td>比较愉快</td><td>可以接受</td><td>比较困难</td><td>非常困难</td></tr>
<tr><td></td><td></td><td></td><td></td><td></td></tr>
<tr><td rowspan="5">学习内容掌握程度（10 分）</td><td colspan="3">评价标准</td><td>评分标准</td><td>评分</td></tr>
<tr><td colspan="3">能按规范向全团讲清停留时间和有关购物的基本事项</td><td>3</td><td></td></tr>
<tr><td colspan="3">能在进入购物店后介绍本地商品的特色及有关商品知识</td><td>3</td><td></td></tr>
<tr><td colspan="3">能在有外籍游客时，承担翻译工作，并介绍托运手续和海关对游客携带物品的有关规定</td><td>2</td><td></td></tr>
<tr><td colspan="3">能及时制止商店不合理行为，并向负责人反映</td><td>2</td><td></td></tr>
<tr><td colspan="4">总分</td><td colspan="2"></td></tr>
<tr><td>学习反思</td><td colspan="5"></td></tr>
</table>

表 4-3-3　小组互评表

<table>
<tr><td colspan="2">评价项目：</td><td colspan="2">班级：</td></tr>
<tr><td colspan="2">小组名称：</td><td colspan="2">小组组长：</td></tr>
<tr><td colspan="4">小组成员：</td></tr>
<tr><td>项目</td><td>指标</td><td>评分标准</td><td>评分</td></tr>
<tr><td rowspan="3">学生文本任务单（4 分）</td><td>内容正确、完整、规范</td><td>1</td><td></td></tr>
<tr><td>流程清晰、正确</td><td>1</td><td></td></tr>
<tr><td>能准确把握处理原则</td><td>2</td><td></td></tr>
<tr><td rowspan="4">情景模拟剧（6 分）</td><td>情景模拟正确、恰当</td><td>2</td><td></td></tr>
<tr><td>语言表达清晰、准确、流畅</td><td>1</td><td></td></tr>
<tr><td>沟通方式恰当、得体，有礼貌</td><td>2</td><td></td></tr>
<tr><td>团队协作能力</td><td>1</td><td></td></tr>
<tr><td colspan="2">总分</td><td colspan="2"></td></tr>
</table>

表 4-3-4　教师评价表

评价项目：		班级：	姓名：
小组名称：		小组组长：	
小组成员：			
考评内容	评分指标	评分标准(分)	得分
模拟实操能力(7分)	文本任务单角色分配合理，流程规范	1	
	能按规范讲清停留时间和有关购物的基本事项	2	
	能介绍本地商品的特色及有关商品知识	2	
	对外籍游客能介绍托运手续和海关对游客携带物品的有关规定	1	
	对商店不合理行为能及时制止，并向负责人反映	1	
素质能力(3分)	语言表达清晰、流畅，沟通文明、有效	1	
	表演真实、生动，有代入感	1	
	团队协作良好	1	
总分			

工作任务二　购物时游客个别要求的处理

【任务要求】

1. 掌握游客购物时个别要求的处理原则；
2. 能够妥善处理购物时的特殊情况。

【实施条件】

模拟导游实训室或多媒体教室。

【实施过程】

表 4-3-5　实施过程

<table>
<tr><th>实训步骤</th><th>操作及说明</th><th>注意事项</th></tr>
<tr><td>步骤一</td><td>1. 教师分配落实任务；
2. 教师带领学生回顾“购物时游客个别要求的处理”；
3. 学生小组内分角色扮演领队、全陪、地陪、游客、旅行社计调、旅游商店工作人员等</td><td rowspan="4">1. 情景模拟演练过程中，小组成员应分工协作，各负其责，保证完成工作任务；
2. 情景模拟演练过程中，每小组负责一种个别要求的处理责，表演时其他小组认真观看，结束后打分互评；
3. 小组成员应根据脚本用自己的语言完成工作任务</td></tr>
<tr><td>步骤二</td><td>各小组撰写情景模拟脚本：
1. 要求单独外出购物；
2. 要求退换商品；
3. 要求再次前往某商店购物；
4. 要求购买古玩或仿古艺术品；
5. 要求购买中药材</td></tr>
<tr><td>步骤三</td><td>各小组完成情景模拟剧“购物时游客个别要求的处理”，一组表演情景，另一组进行处理。
1. 要求单独外出购物；
2. 要求退换商品；
3. 要求再次前往某商店购物；
4. 要求购买古玩或仿古艺术品；
5. 要求购买中药材</td></tr>
<tr><td>步骤四</td><td>模拟过程中完成学生自评、小组互评、教师点评，对模拟过程中存在的问题在模拟结束后进行反思、总结</td></tr>
</table>

【知识链接】

一、购物时游客个别要求的处理

表 4-3-6　购物时游客个别要求的处理

个别要求	具体情况	解决方案
单独外出购物	自由活动时间	1. 给予帮助； 2. 当好购物参谋(去哪家商场、联系出租车、写中文便条等)； 3. 切记不能耽误行程
退换商品	残次品、计价有误、对物品不满意	1. 积极协助； 2. 必要时陪同前往
再次前往购物	当时未购买，后来经过考虑又决定购买	1. 热情帮助； 2. 如有时间可陪同前往，车费由游客自理； 3. 若因故不能陪同：为游客写张中外文便条，写清商店地址及欲购商品的名称，请其乘出租车前往
购买古玩或仿古艺术品	一般情况	1. 带其到古玩商店购买； 2. 购买后提醒游客保存发票，不要去掉火漆印，以便海关查验
	游客自行在地摊上选购古玩	1. 应劝阻，并告知有关规定； 2. 若发现个别游客有走私文物的可疑行为，导游必须及时报告有关部门
购买中药材	想购买并带出境	应告知中国海关有关规定(数量、品种、限量等)： 游客携带前往国外，总值限人民币 300 元； 游客携带前往港澳地区，总值限人民币 150 元； 游客寄往国外，总值限人民币 200 元； 游客寄往港澳地区，总值限人民币 100 元； 麝香、蟾酥、虎骨、犀牛角、牛黄不准出境

二、购物时游客个别要求的处理示范

游客：张导，你好。下午在旅游商店买的照相机我发现有点问题，我不想要了，你能不能帮我把它退掉啊？

导游：周女士，您先别着急，慢慢讲。照相机怎么了，是有什么问题吗？

游客：我在商店试用时感觉挺好的，但是拿回房间后我发现相机启动特别慢，成像效果也不是很好。我不太喜欢，我想把它退掉，不知你能不帮我退一下？

导游：是这样啊。好的，请稍等，我联系一下商店的工作人员。

导游：周女士，我已经跟商店员工沟通好了，她说您只要把相机、原包装和购物小票一同拿到商店就可以了，他们是可以退货的。您这些东西都还在吗？

游客：都在的，这些东西我都还没扔掉。

导游：那就最好了，店家说您拿过去，他们就正常退货了。

游客：可是，他们商店该怎么去呢，我可以坐什么车呢？或者你能不能陪我一起去呢？

导游：周女士，实在不好意思。下午团队自由活动时间，旅行社安排我回公司处理一些业务。所以，我恐怕没有时间陪您一同前往。不过这样您看可以吗？我给您写一个便条，上面写清楚旅游商店的名称、地址和联系电话，您带好酒店的卡片。我再帮您叫辆出租车，从这边打车过去大概20元的车费就够了。您看这样可以吗？

游客：这样可以的，谢谢张导。

导游：不客气，周女士。您什么时候去退货呢？

游客：那我现在就去吧，张导。

导游：好的，您稍等。

导游：周女士，车子我已经帮您叫好了，司机师傅大概有10分钟在酒店门口接您，车牌号是甘ATJ7××。这是我写好的便条，您拿好。我的联系方式也写在上面了，您有什么问题或者困难的话都可以给我打电话。外出期间，记得带好饭店卡片，注意安全，退货后早点回来。

游客：好的，张导，谢谢！

导游：不客气，再见！

游客：再见！

【学生文本任务单】

各小组同学根据教师分配的工作任务选定人物角色，撰写情景模拟剧“购物时游客个别要求的处理”的脚本。

☐：____

☐：____

☐：____

☐：____

☐：____

☐：____

☐：____

☐：____

☐：____

☐：____

☐：____

☐：____

☐：____

【考核评价】

表 4-3-7　学生自评表

<table>
<tr><td colspan="2">评价项目：</td><td colspan="2">班级：</td><td colspan="2">姓名：</td></tr>
<tr><td colspan="2">小组名称：</td><td colspan="4">小组组长：</td></tr>
<tr><td colspan="6">小组成员：</td></tr>
<tr><td rowspan="2">本课学习难度</td><td>非常容易</td><td>比较容易</td><td>可以接受</td><td>比较难</td><td>非常难</td></tr>
<tr><td></td><td></td><td></td><td></td><td></td></tr>
<tr><td rowspan="2">本课学习兴趣</td><td>很有兴趣</td><td>比较有兴趣</td><td>一般</td><td>不大有兴趣</td><td>完全没兴趣</td></tr>
<tr><td></td><td></td><td></td><td></td><td></td></tr>
<tr><td rowspan="2">团队合作情况</td><td>非常愉快</td><td>比较愉快</td><td>可以接受</td><td>比较困难</td><td>非常困难</td></tr>
<tr><td></td><td></td><td></td><td></td><td></td></tr>
<tr><td rowspan="6">学习内容掌握程度（10 分）</td><td colspan="3">评价标准</td><td>评分标准</td><td>评分</td></tr>
<tr><td colspan="3">能按规范灵活处理游客要求单独外出购物的要求</td><td>2</td><td></td></tr>
<tr><td colspan="3">能按规范灵活处理游客要求退换商品</td><td>2</td><td></td></tr>
<tr><td colspan="3">能按规范灵活处理游客要求再次前往某商店购物</td><td>2</td><td></td></tr>
<tr><td colspan="3">能按规范灵活处理游客要求购买古玩或仿古艺术品</td><td>2</td><td></td></tr>
<tr><td colspan="3">能按规范灵活处理游客要求购买中药材</td><td>2</td><td></td></tr>
<tr><td colspan="4">总分</td><td colspan="2"></td></tr>
<tr><td>学习反思</td><td colspan="5"></td></tr>
</table>

表 4-3-8　小组互评表

<table>
<tr><td colspan="2">评价项目：</td><td colspan="2">班级：</td></tr>
<tr><td colspan="2">小组名称：</td><td colspan="2">小组组长：</td></tr>
<tr><td colspan="4">小组成员：</td></tr>
<tr><td>项目</td><td>指标</td><td>评分标准</td><td>评分</td></tr>
<tr><td rowspan="3">学生文本任务单（4 分）</td><td>内容正确、完整、规范</td><td>1</td><td></td></tr>
<tr><td>流程清晰、正确</td><td>1</td><td></td></tr>
<tr><td>能准确把握处理原则</td><td>2</td><td></td></tr>
<tr><td rowspan="4">情景模拟剧（6 分）</td><td>情景模拟正确、恰当</td><td>2</td><td></td></tr>
<tr><td>语言表达清晰、准确、流畅</td><td>1</td><td></td></tr>
<tr><td>沟通方式恰当、得体，有礼貌</td><td>2</td><td></td></tr>
<tr><td>团队协作能力</td><td>1</td><td></td></tr>
<tr><td colspan="2">总分</td><td colspan="2"></td></tr>
</table>

表 4-3-9　教师评价表

评价项目：		班级：	姓名：
小组名称：		小组组长：	
小组成员：			
考评内容	评分指标	评分标准	得分
模拟实操能力（6分）	文本任务单角色分配合理，流程规范	1	
	能按规范灵活处理游客要求单独外出购物的要求	1	
	能按规范灵活处理游客要求退换商品	1	
	能按规范灵活处理游客要求再次前往某商店购物	1	
	能按规范灵活处理游客要求购买古玩或仿古艺术品	1	
	能按规范灵活处理游客要求购买中药材	1	
素质能力（4分）	遵循接团服务工作的处理原则	1	
	语言表达清晰、流畅，沟通文明、有效	1	
	表演真实、生动，有代入感	1	
	团队协作良好	1	
总分			

项目四　游客其他个别要求的处理

项目介绍

旅游时，游客除了住宿、餐饮与购物需求，有时还会有一些其他的个别要求。例如，游客想要去探望旅游目的地多年未曾谋面的故友，游客想要你帮他转递物品给他的朋友，游客因一些原因想要退团等。面对游客提出的个别要求，我们始终要坚持游客个别要求的处理原则，及时、恰当地处理，力争使游客满意。

学习目标

1. 知识目标：

（1）掌握游客探望亲友的处理方法；

（2）掌握游客要导游转递物品的处理方法；

（3）掌握游客要中途离团的处理方法。

2. 能力目标：

（1）能够正确、规范地处理游客的其他个别要求；

（2）具有具备处理游客个别要求的应变能力。

3. 素质目标：

（1）提升学生的应变能力、语言表达能力与社交能力；

（2）养成事无巨细的工作作风。

工作情景描述

从日本东京来中国丝绸之路旅游的“梦之旅”旅游团一行 12 人，于 3 月 2 日抵达兰州后游览 3 天。第三天行程结束后，团队将坐车赴中川机场时，游客川木先生想请导游小张帮其将几本书转交给他在兰州的好朋友。你作为甘肃 SC 国际旅行社的地陪导游，请做好游客个别要求的处理。

工作任务一　游客要求探亲访友

【任务要求】

1. 能够处理游客探亲访友的要求；
2. 能够掌握外国游客要求探亲访友时的一些注意事项。

【实施条件】

模拟导游实训室或多媒体教室。

【实施过程】

表 4-4-1　实施过程

实训步骤	操作及说明	注意事项
步骤一	1. 教师为各小组布置任务； 2. 教师带领学生回顾游客要求探访亲友的处理方法； 3. 学生小组内分角色扮演领队、全陪、地陪、旅行社工作人员、警察等	1. 学生一般 5～7 人一组，成员之间应明确分工，互相协作，保证完成工作任务； 2. 情景模拟演练过程中，每小组负责一种个别要求的处理，表演时其他小组认真观看，结束后打分互评； 3. 小组成员应根据脚本用自己的语言完成工作任务
步骤二	学生分组进行情景模拟演练： 1. 游客知道亲友信息(姓名、地址、电话)： (1)导游应该协助联系； (2)向游客讲明具体乘车路线，做好安全提示。 2. 游客只知道亲友的姓名或某些线索，地址不详： (1)导游可通过旅行社请公安户籍部门帮助寻找； (2)找到后及时告知游客并帮其联系； (3)若旅游期间没找到，导游可留下游客联系方式，待找到其亲友后通知他。 3. 如果游客要求会见同行洽谈业务、联系工作、捐款捐物或进行其他活动： (1)导游应该向旅行社汇报； (2)在领导指示下给予积极协助。 4. 如果游客慕名求访某位名人： (1)导游应该了解游客要求会见的目的； (2)向领导汇报，按规定处理	
步骤三	模拟过程中，完成学生自评、小组互评、教师点评，对模拟过程中存在的问题在模拟结束后进行反思、总结	

【知识链接】

当游客在旅途中提出要探亲访友，这涉及游客要求自由活动的问题。此类情况导游在带团过程中常常会碰到。一般情况下，导游应该予以满足，但在服务过程中，也应对其个别要求进行评判，以“合理而可能”的原则、“服务至上”的宗旨来对待游客的这种要求。如若不能满足以上原则，则应予以拒绝，并解释说明。在服务中，有以下几方面需要注意。

1. 不予满足的情况：

（1）游客探亲访友会影响全团旅游计划；

（2）所去的地方在安全方面不能予以保障；

（3）要去的地方还没有对外开放。

2. 协助外国游客联系在华亲友或同行时：

（1）一般不参加会见，更无充当翻译的义务；

（2）如果对方希望导游协助翻译，在不影响旅游团活动的前提下，可以答应。

3. 如果外国游客要求会见在华外国人或者驻华使领馆人员：

（1）导游不应干预；

（2）如果要求协助，导游可以提供地址和行车路线等帮助，一般不陪同前往；

（3）如果外国游客盛情邀请导游参加使领馆举行的活动，导游应先请示旅行社领导，经批准后方可参加。

4. 导游发现游客以亲友身份做掩护，与他人进行不正常往来，或者会见人员中有异常情况的，应及时汇报。

【学生文本任务单】

各小组同学根据教师分配的工作任务选定人物角色，撰写情景模拟剧“游客要求探亲访友个别要求的处理”的脚本。

☐：____

☐：____

☐：____

☐：____

☐：____

☐：____

☐：____

☐：____

☐：____

☐：____

☐：____

☐：____

【考核评价】

表 4-4-2　学生自评表

<table>
<tr><td colspan="2">评价项目：</td><td colspan="2">班级：</td><td colspan="2">姓名：</td></tr>
<tr><td colspan="2">小组名称：</td><td colspan="4">小组组长：</td></tr>
<tr><td colspan="6">小组成员：</td></tr>
<tr><td rowspan="2">本课学习难度</td><td>非常容易</td><td>比较容易</td><td>可以接受</td><td>比较难</td><td>非常难</td></tr>
<tr><td></td><td></td><td></td><td></td><td></td></tr>
<tr><td rowspan="2">本课学习兴趣</td><td>很有兴趣</td><td>比较有兴趣</td><td>一般</td><td>不大有兴趣</td><td>完全没兴趣</td></tr>
<tr><td></td><td></td><td></td><td></td><td></td></tr>
<tr><td rowspan="2">团队合作情况</td><td>非常愉快</td><td>比较愉快</td><td>可以接受</td><td>比较困难</td><td>非常困难</td></tr>
<tr><td></td><td></td><td></td><td></td><td></td></tr>
<tr><td rowspan="5">学习内容掌握程度（10 分）</td><td colspan="3">评价标准</td><td>评分标准</td><td>评分</td></tr>
<tr><td colspan="3">能够处理游客探亲访友的要求（游客已知亲友详细信息）</td><td>2</td><td></td></tr>
<tr><td colspan="3">能够处理游客探亲访友的要求（游客已知亲友部分信息）</td><td>3</td><td></td></tr>
<tr><td colspan="3">能够处理游客会见朋友的要求</td><td>3</td><td></td></tr>
<tr><td colspan="3">能够处理游客求访名人的要求</td><td>2</td><td></td></tr>
<tr><td colspan="4">总分</td><td colspan="2"></td></tr>
<tr><td>学习反思</td><td colspan="5"></td></tr>
</table>

表 4-4-3　小组互评表

<table>
<tr><td colspan="2">评价项目：</td><td colspan="2">班级：</td></tr>
<tr><td colspan="2">小组名称：</td><td colspan="2">小组组长：</td></tr>
<tr><td colspan="4">小组成员：</td></tr>
<tr><td>项目</td><td>指标</td><td>评分标准</td><td>评分</td></tr>
<tr><td rowspan="3">学生文本任务单（4 分）</td><td>内容正确、完整、规范</td><td>1</td><td></td></tr>
<tr><td>流程清晰、正确</td><td>1</td><td></td></tr>
<tr><td>能准确把握处理原则</td><td>2</td><td></td></tr>
<tr><td rowspan="4">情景模拟剧（6 分）</td><td>情景模拟正确、恰当</td><td>2</td><td></td></tr>
<tr><td>语言表达清晰、准确、流畅</td><td>1</td><td></td></tr>
<tr><td>沟通方式恰当、得体、有礼貌</td><td>2</td><td></td></tr>
<tr><td>团队协作能力</td><td>1</td><td></td></tr>
<tr><td colspan="2">总分</td><td colspan="2"></td></tr>
</table>

表 4-4-4　教师评价表

评价项目：		班级：	姓名：	
小组名称：		小组组长：		
小组成员：				
考评内容	评分指标		评分标准	得分
模拟实操能力（7 分）	文本任务单填写完整、清晰、规范		1	
	能够处理游客探亲访友的要求(游客已知亲友详细信息)		1	
	能够处理游客探亲访友的要求(游客已知亲友部分信息)		2	
	能够处理游客会见朋友的要求		2	
	能够处理游客求访名人的要求		1	
素质能力（3 分）	语言表达清晰、流畅，沟通文明、有效		1	
	表演真实、生动，有代入感		1	
	团队协作良好		1	
总分				

工作任务二　游客要求转递物品

【任务要求】

1. 能够正确处理游客转递物品的要求；
2. 能够掌握转递物品时的一些注意事项。

【实施条件】

模拟导游实训室或多媒体教室。

【实施过程】

表 4-4-5　实施过程

实训步骤	操作及说明	注意事项
步骤一	1. 教师为各小组布置任务； 2. 学生小组内分角色扮演地陪、游客、旅行社负责人等	1. 学生分组一般 5～7 人一组，成员之间应明确分工，互相协作，保证完成工作任务； 2. 情景模拟演练过程中，每小组负责一种个别要求的处理，表演时其他小组认真观看，结束后打分互评； 3. 小组成员应根据脚本用自己的语言完成工作任务
步骤二	1. 各小组讨论完成“学生文本任务单”； 2. 各小组分享任务单处理方式； 3. 教师归纳总结处理方法	
步骤三	学生分组进行情景模拟演练： 1. 游客要求转递一般物品； 2. 游客要求转递食品； 3. 游客要求转递贵重物品； 4. 游客要求转递应税物品	
步骤四	模拟过程中，完成学生自评、小组互评、教师点评，对模拟过程中存在的问题在模拟结束后进行反思、总结	

【知识链接】

游客要求转递物品的处理方法：

1. 一般情况：

（1）导游一般应予以婉拒；

（2）可以建议其亲自递交或邮寄；

（3）可以协助提供快递联系方式。

2. 游客确有困难，无法推辞：

（1）列好清单，当面核实点清；

（2）应税物品，督促其交清税款；

（3）贵重物品，请游客书写委托书（注明物品名称和数量），当面清点签字，并留下详细通信地址（收件人姓名、详细地址、联系电话）；

（4）转交收件人后，让其书面签收，写清楚所收物品及数量，并署上日期；

（5）将委托书和收条交旅行社保管。

3. 食品应礼貌拒绝，讲明原因，请其自行处理。

【学生文本任务单】

情景模拟：

某旅游团甘肃青海大环线旅行即将结束，游客王先生找到导游小李，要求她把一个密封的盒子转交给其在兰州的朋友，并说“盒子里有非常重要的东西，本来我是想亲手交给他的，但他最近有急事出国了，下月才回来，现在只能麻烦你将此盒子交给我的朋友了”。导游小李与王先生在此次游览活动中相处融洽，便答应了他的请求。一个月之后，导游小李在兰州联系到王先生的朋友，并把那个密封的盒子交给他。可是3个月之后，游客王先生打电话给旅行社，询问小李为什么没有将盒子交给他的朋友？旅行社调查清楚此事的来龙去脉后，如果你是领导，你会不会批评小李？小李是否有做错的地方？如果你是小李，你会怎样处理？

【考核评价】

表 4-4-6　学生自评表

评价项目：		班级：		姓名：	
小组名称：		小组组长：			
小组成员：					
本课学习难度	非常容易	比较容易	可以接受	比较难	非常难
本课学习兴趣	很有兴趣	比较有兴趣	一般	不大有兴趣	完全没兴趣
团队合作情况	非常愉快	比较愉快	可以接受	比较困难	非常困难
学习内容掌握程度（10 分）	评价标准			评分标准	评分
	能够处理游客要求转递一般物品			3	
	能够处理游客要求转递食品			2	
	能够处理游客要求转递贵重物品			3	
	能够处理游客要求转递应税物品			2	
总分					
学习反思					

表 4-4-7　小组互评表

评价项目：		班级：	
小组名称：		小组组长：	
小组成员：			
项目	指标	评分标准	评分
学生文本任务单（4 分）	内容正确、完整、规范	1	
	流程清晰、正确	1	
	能准确把握处理原则	2	
情景模拟剧（6 分）	情景模拟正确、恰当	2	
	语言表达清晰、准确、流畅	1	
	沟通方式恰当、得体、有礼貌	2	
	团队协作能力	1	
总分			

表 4-4-8　教师评价表

<table>
<tr><td colspan="2">评价项目：</td><td>班级：</td><td>姓名：</td></tr>
<tr><td colspan="2">小组名称：</td><td colspan="2">小组组长：</td></tr>
<tr><td colspan="4">小组成员：</td></tr>
<tr><td>考评内容</td><td>评分指标</td><td>评分标准</td><td>得分</td></tr>
<tr><td rowspan="5">模拟实操能力（7 分）</td><td>文本任务单填写完整、清晰、规范</td><td>1</td><td></td></tr>
<tr><td>能够处理游客要求转递一般物品</td><td>2</td><td></td></tr>
<tr><td>能够处理游客要求转递食品</td><td>1</td><td></td></tr>
<tr><td>能够处理游客要求转递贵重物品</td><td>2</td><td></td></tr>
<tr><td>能够处理游客要求转递应税物品</td><td>1</td><td></td></tr>
<tr><td rowspan="3">素质能力（3 分）</td><td>语言表达清晰、流畅，沟通文明、有效</td><td>1</td><td></td></tr>
<tr><td>表演真实、生动，有代入感</td><td>1</td><td></td></tr>
<tr><td>团队协作良好</td><td>1</td><td></td></tr>
<tr><td colspan="2">总分</td><td colspan="2"></td></tr>
</table>

工作任务三　游客要求中途退团

【任务要求】

1. 掌握游客要求中途退团的处理程序；
2. 能够正确处理游客要求中途退团。

【实施条件】

模拟导游实训室或多媒体教室。

【实施过程】

表 4-4-9　实施过程

<table>
<tr><th>实训步骤</th><th>操作及说明</th><th>注意事项</th></tr>
<tr><td>步骤一</td><td>1. 教师带领学生回顾游客要求中途离团的处理流程；
2. 教师为各小组布置任务；
3. 学生小组内分角色扮演地陪、全陪、领队游客、旅行社负责人等</td><td rowspan="4">1. 学生分组一般 5～7 人一组，成员之间应明确分工，互相协作，保证完成工作任务；
2. 情景模拟演练过程中，每小组负责一种个别要求的处理，表演时其他小组认真观看，结束后打分互评；
3. 小组成员应根据脚本用自己的语言完成工作任务</td></tr>
<tr><td>步骤二</td><td>各小组讨论完成情景模拟剧脚本</td></tr>
<tr><td>步骤三</td><td>学生分组进行情景模拟演练，一小组表演预设的情境，另一小组选派地陪、全陪、领队与旅行社工作人员处理该情境。
1. 因特殊原因提前离开旅游团；
2. 无特殊原因执意离开旅游团</td></tr>
<tr><td>步骤四</td><td>模拟过程中，完成学生自评、小组互评、教师点评，对模拟过程中存在的问题在模拟结束后进行反思、总结</td></tr>
</table>

【知识链接】

一、游客要求中途退团的处理方法

旅途中，游客出于工作、家庭、身体或情绪等原因提出中途退团的要求。此时，导游应根据具体情况，妥善处理。

表 4-4-10　游客要求中途退团的处理方法

个别要求	具体情况	解决方案
中途退团 （特殊原因）	患病、家庭、工作或其他	1. 经接待社与组团社协商后予以满足； 2. 剩余的旅游费用，按旅游协议书约定部分退还，或不退
中途退团 （无特殊原因）	执意离开	1. 地陪配合领队做说服工作，劝其继续随团旅游； 2. 如果地陪社确有责任，应该设法尽快弥补； 3. 如果游客提出无理要求，要耐心解释； 4. 若执意退团，可满足要求，告知剩余旅游费用不予退还； 5. 对于外宾，导游要在领导指示下协助游客重订航班、机座，办理分离签证及其他离团手续，费用由游客自理

二、游客要求中途退团的示范

游客：张导，我现在要回家，我不能继续旅游了。

地陪：王先生，您好。玩得好好的，您怎么突然要回家呢，有什么原因吗？

游客：没什么原因，我就是不想玩了，你把后续的费用尽快退给我，我要回家。

地陪：王先生，是我的工作哪里做得不好吗？如果是的话，请您告诉我，我会积极改进的。

游客：没有，我只是想回去了，请你把后续费用尽快退给我吧。

地陪：王先生，您先别着急，您先稍等。

地陪：钱导(全陪)，您好，我是小张。

全陪：张导，您好。

地陪：钱导，是这样的。咱们团队的王先生，刚刚执意要退团，我看他情绪低沉，也不说具体的原因，您看您能不能跟他沟通一下，了解一下他退团的具体原因呢？

全陪：好的，张导，我知道了。您别着急，我这就去跟王先生沟通一下，看看具体是什么情况。

地陪：好的，辛苦钱导了。

全陪：张导，我跟王先生沟通了，他觉得咱们行程的餐饮条件不够理想，本来是出门放松、享受旅程的，但是旅程中提供的条件太艰苦，他不想再随团旅行了。

地陪：原来是这样啊，实在抱歉。因为时值旅游旺季，我们当地的餐厅接待都已经严重超负荷，所以他们提供的菜品质量比较简单，未能达到大家的期望，我去跟王先生解释一下。

全陪：好的，张导。

地陪：王先生，您好。我听钱导说您觉得咱们行程的餐饮条件不够理想，实在是非常抱歉！来我们这里旅游让您不能享用可口美味的饭菜，我觉得很抱歉，对不起。我们地处青藏高原地区，接待条件比较有限。7、8 月又是旅游旺季，我们当地的接待能力、接待条件实在是不能满足突然暴增的游客，所以餐饮条件您可能觉得不够理想，非常抱歉。但高原地区客观条件实在比较有限，还请您请多担待、多包涵。后续，我将尽力跟餐厅沟通，请他们为我们提供更好的餐饮。同时，为了表达我的歉意，晚餐我给咱们团队每位团友赠送一碗我们当地的特色酸奶，您看可以吗？

游客：好吧，刚才全陪也给我分析了具体的情况，我也理解了。

地陪：好的，感谢您对我们的理解，后续您有什么需求就直接告诉我或者钱导，我一定竭尽全力做好服务工作，力争让大家的旅途愉快！

游客：好的，那就辛苦你了。

地陪：这是我应该做的，谢谢您的批评指正和理解支持。

游客：不客气。

【学生文本任务单】

表 4-4-11　任务单

情境设计	导游行为	是否正确	评分标准	得分
关于游客要求中途退团，作为导游应该如何做？	有正当理由要求中途退团，导游要立即报告接待旅行社，经接待旅行社与组团社协商同意后可予以满足		1	
	对无特殊理由提出中途退团的游客，导游一定要问明原因，并报告接待社		1	
	若游客提出的是无理要求，要坚决拒绝		1	
	对入境游客，需持旅行社证明为其办理分离签证(使用团体签证的入境旅游团)和其他离团手续		1	
	若解释、弥补无效，游客执意要求离团，领队、全陪和地陪商量后，可满足其要求		1	
有外国游客因为没能如愿见到在华好友而要求中止旅游，导游应该如何处理？	这属于无正当理由，导游应该拒绝		1	
	让领队去说服，自己不要参与		1	
	若劝说无效，可以满足其要求，并退还其未享受的综合服务费		1	
	让他自己办理分离签证		1	
	说明未享受的综合服务费不退还		1	
总分				

【考核评价】

表 4-4-12　学生自评表

<table>
<tr><td colspan="2">评价项目：</td><td colspan="2">班级：</td><td colspan="2">姓名：</td></tr>
<tr><td colspan="2">小组名称：</td><td colspan="4">小组组长：</td></tr>
<tr><td colspan="6">小组成员：</td></tr>
<tr><td rowspan="2">本课学习难度</td><td>非常容易</td><td>比较容易</td><td>可以接受</td><td>比较难</td><td>非常难</td></tr>
<tr><td></td><td></td><td></td><td></td><td></td></tr>
<tr><td rowspan="2">本课学习兴趣</td><td>很有兴趣</td><td>比较有兴趣</td><td>一般</td><td>不大有兴趣</td><td>完全没兴趣</td></tr>
<tr><td></td><td></td><td></td><td></td><td></td></tr>
<tr><td rowspan="2">团队合作情况</td><td>非常愉快</td><td>比较愉快</td><td>可以接受</td><td>比较困难</td><td>非常困难</td></tr>
<tr><td></td><td></td><td></td><td></td><td></td></tr>
<tr><td rowspan="3">学习内容掌握程度(10 分)</td><td colspan="3">评价标准</td><td>评分标准</td><td>评分</td></tr>
<tr><td colspan="3">能够处理游客因特殊原因中途退团的要求</td><td>4</td><td></td></tr>
<tr><td colspan="3">能够处理游客无特殊原因中途退团的要求</td><td>6</td><td></td></tr>
<tr><td colspan="4">总分</td><td colspan="2"></td></tr>
<tr><td>学习反思</td><td colspan="5"></td></tr>
</table>

表 4-4-13　小组互评表

评价项目：		班级：	
小组名称：		小组组长：	
小组成员：			
项目	指标	评分标准	评分
学生文本任务单（4 分）	内容正确、完整、规范	1	
	流程清晰、正确	1	
	能准确把握处理原则	2	
情景模拟剧（6 分）	情景模拟正确、恰当	2	
	语言表达清晰、准确、流畅	1	
	沟通方式恰当、得体、有礼貌	2	
	团队协作能力	1	
总分			

表 4-4-14　教师评价表

评价项目：		班级：	姓名：
小组名称：		小组组长：	
小组成员：			
考评内容	评分指标	评分标准	得分
模拟实操能力（7 分）	文本任务单填写完整、清晰、规范	2	
	能够处理游客因特殊原因中途退团的要求	2	
	能够处理游客无特殊原因中途退团的要求	3	
素质能力（3 分）	语言表达清晰、流畅，沟通文明、有效	1	
	表演真实、生动，有代入感	1	
	团队协作良好	1	
总分			

工作任务四　游客投诉

【任务要求】

1. 能够分析游客投诉的原因；
2. 能够正确处理游客投诉。

【实施条件】

模拟导游实训室或多媒体教室。

【实施过程】

表 4-4-15　实施过程

<table>
<tr><th>实训步骤</th><th>操作及说明</th><th>注意事项</th></tr>
<tr><td>步骤一</td><td>1. 教师带领学生回顾旅游投诉的处理流程；
2. 教师为各小组布置任务；
3. 学生小组内分角色扮演地陪、全陪、领队、游客等</td><td rowspan="4">1. 学生一般 5～7 人一组，成员之间应明确分工，互相协作，保证完成工作任务；
2. 情景模拟演练过程中，每小组负责一种个别要求的处理，表演时其他小组认真观看，结束后打分互评；
3. 小组成员应根据脚本用自己的语言完成工作任务</td></tr>
<tr><td>步骤二</td><td>小组讨论完成情景模拟剧脚本</td></tr>
<tr><td>步骤三</td><td>学生分组进行情景模拟演练：
一个小组表演预设的情境，另一个小组选派地陪、全陪、领队与旅行社工作人员处理该情境</td></tr>
<tr><td>步骤四</td><td>模拟过程中，完成学生自评、小组互评、教师点评，对模拟过程中存在的问题在模拟结束后进行反思、总结</td></tr>
</table>

【知识链接】

游客投诉主要来自两个方面：一是旅游产品供给方面；二是游客自身方面。无论游客的投诉是否合理，导游必须予以重视并认真对待。通常情况下，导游应按照如下步骤处理投诉：

一、主动与游客沟通

导游在接到游客投诉后，应高度重视，迅速与投诉者进行沟通。不要逃避游客的投诉或者带有不满情绪，也不可先入为主地认为游客的投诉是故意挑毛病、找麻烦。不管游客投诉的问题是否存在或者是否重要，都要快速做出反应，不得有所怠慢或者故意拖延时间，以免造成更多的不良影响。

二、耐心倾听游客陈述，认真记录

导游以诚恳的态度仔细倾听游客的意见或者不满，在处理投诉之前，先处理好游客的情绪。静静地听对方把话说完，不要中途加入自己的意见或者企图强辩。即使投诉者言语过激或者没有正当理由，导游也应该耐心倾听，并做好记录，满足其发泄“怨气”的心理需求。

三、分析投诉的原因

认真倾听投诉者的陈述后，在没有调查清楚的情况下不要急于下结论，不要盲目做出承诺，也不要推卸责任，让对方火上浇油。要认真调查、客观分析投诉的原因是否属实，若情况属实则需分析投诉的性质。

四、认真处理，做好安抚工作

核实游客投诉的内容后，导游首先应向其表示歉意，然后根据投诉的原因认真处理。如果是因为个别游客的不合理要求得不到满足而提出投诉，导游应该认真解释，在维护其自尊的基础上，指出游客要求的不合理性；如果是旅游产品的供给出现问题，则要迅速思考并寻找解决问题的方法，并寻求对方的谅解。无论如何，不要拖沓，应就该问题及时处理。

【学生文本任务单】

以小组为单位，根据情境自行设计对话。

情景模拟 1：

甘肃 SC 国际旅行社地陪小李带某政务团赴敦煌莫高窟景区参观游览，下榻当地一家酒店。一天下午，当游客们兴致勃勃地从景区回来用餐时，一位游客发现餐厅所上菜肴中有一只蟑螂，顿时一桌游客食欲全无。游客立即找到导游小李，气愤地向他投诉。

☐：____________________________

☐：____________________________

☐：____________________________

☐：____________________________

☐：____________________________

☐：____________________________

☐：____________________________

☐：____________________________

☐：____________________________

☐：____________________________

☐：____________________________

☐：____________________________

☐：____________________________

情景模拟 2：

某旅游团在酒泉的雅丹魔鬼城参观游览时，个别游客觉得该景区与想象中的壮观景象相差甚远，游客王先生更是不停地向导游小李抱怨。

□：____

□：____

□：____

□：____

□：____

□：____

□：____

□：____

□：____

□：____

□：____

□：____

□：____

□：____

□：____

□：____

□：____

□：____

□：____

□：____

□：____

□：____

□：____

【考核评价】

表 4-4-16　学生自评表

<table>
<tr><td colspan="3">评价项目：</td><td colspan="3">班级：</td><td>姓名：</td></tr>
<tr><td colspan="2">小组名称：</td><td colspan="5">小组组长：</td></tr>
<tr><td colspan="7">小组成员：</td></tr>
<tr><td rowspan="2">本课学习难度</td><td>非常容易</td><td colspan="2">比较容易</td><td>可以接受</td><td>比较难</td><td>非常难</td></tr>
<tr><td></td><td colspan="2"></td><td></td><td></td><td></td></tr>
<tr><td rowspan="2">本课学习兴趣</td><td>很有兴趣</td><td colspan="2">比较有兴趣</td><td>一般</td><td>不大有兴趣</td><td>完全没兴趣</td></tr>
<tr><td></td><td colspan="2"></td><td></td><td></td><td></td></tr>
<tr><td rowspan="2">团队合作情况</td><td>非常愉快</td><td colspan="2">比较愉快</td><td>可以接受</td><td>比较困难</td><td>非常困难</td></tr>
<tr><td></td><td colspan="2"></td><td></td><td></td><td></td></tr>
<tr><td rowspan="3">学习内容掌握程度（10分）</td><td colspan="4">评价标准</td><td>评分标准</td><td>评分</td></tr>
<tr><td colspan="4">能够妥善处理游客因旅游产品供给原因的投诉</td><td>5</td><td></td></tr>
<tr><td colspan="4">能够妥善处理游客因自身原因的投诉</td><td>5</td><td></td></tr>
<tr><td colspan="5">总分</td><td colspan="2"></td></tr>
<tr><td>学习反思</td><td colspan="6"></td></tr>
</table>

表 4-4-17　小组互评表

<table>
<tr><td colspan="2">评价项目：</td><td colspan="2">班级：</td></tr>
<tr><td colspan="2">小组名称：</td><td colspan="2">小组组长：</td></tr>
<tr><td colspan="4">小组成员：</td></tr>
<tr><td>项目</td><td>指标</td><td>评分标准</td><td>评分</td></tr>
<tr><td rowspan="3">学生文本任务单（4分）</td><td>内容正确、完整、规范</td><td>1</td><td></td></tr>
<tr><td>流程清晰、正确</td><td>1</td><td></td></tr>
<tr><td>能准确把握处理原则</td><td>2</td><td></td></tr>
<tr><td rowspan="4">情景模拟剧（6分）</td><td>情景模拟正确、恰当</td><td>2</td><td></td></tr>
<tr><td>语言表达清晰、准确、流畅</td><td>1</td><td></td></tr>
<tr><td>沟通方式恰当、得体、有礼貌</td><td>2</td><td></td></tr>
<tr><td>团队协作能力</td><td>1</td><td></td></tr>
<tr><td colspan="2">总分</td><td colspan="2"></td></tr>
</table>

表 4-4-18　教师评价表

<table>
<tr><td colspan="2">评价项目：</td><td>班级：</td><td>姓名：</td></tr>
<tr><td colspan="2">小组名称：</td><td colspan="2">小组组长：</td></tr>
<tr><td colspan="4">小组成员：</td></tr>
<tr><td>考评内容</td><td>评分指标</td><td>评分标准</td><td>得分</td></tr>
<tr><td rowspan="3">模拟实操能力（7 分）</td><td>文本任务单填写完整、清晰、规范</td><td>1</td><td></td></tr>
<tr><td>能够妥善处理游客因旅游产品供给原因的投诉</td><td>3</td><td></td></tr>
<tr><td>能够妥善处理游客因自身原因的投诉</td><td>3</td><td></td></tr>
<tr><td rowspan="3">素质能力（3 分）</td><td>语言表达清晰、流畅，沟通文明、有效</td><td>1</td><td></td></tr>
<tr><td>表演真实、生动，有代入感</td><td>1</td><td></td></tr>
<tr><td>团队协作良好</td><td>1</td><td></td></tr>
<tr><td colspan="2">总分</td><td colspan="2"></td></tr>
</table>

模块五　问题与事故的处理

项目一　常见问题与事故的处理

项目介绍

当今社会，旅游活动日渐成为人们日常生活的重要组成部分。但导游带团过程中常会遇到一些突发的问题，如导游接旅游团迟到或接错了旅游团、游客生病、旅游计划行程变更等；也会遇到一些事故，如误机（车船）、游客群发性食物中毒等。这些常见问题与事故的恰当处理体现着导游的业务素养和工作能力，也是导游保证旅游团队正常运行的必要能力。

学习目标

1. 知识目标：

（1）掌握漏接、错接与误机（车船）的预防与处理程序；

（2）掌握旅游计划和日程变更的处理方法；

（3）掌握遗失物品（证件、财物、行李）的预防与处理程序；

（4）掌握游客走失、患病、死亡事件的预防、急救、应急措施；

（5）掌握常见事故的预防与应急措施。

2. 能力目标：

（1）能够预防并正确处理漏接、错接与误机事故；

（2）能够预防并处理旅游计划的变更、遗失物品的事故；

（3）能够预防并处理游客遗失物品（证件、财物、行李）的事故；

（4）能够预防并处理游客走失、患病、死亡事件的事故；

（5）能够准确预防并冷静处理常见事故。

3. 素质目标：

（1）增强导游的应变能力及应变技巧；

（2）提高学生的职业道德和心理素质；

（3）培养导游关心照顾游客的意识。

工作情景描述

2022 年 5 月 3 日，导游小张按照旅行社的安排去机场迎接“梦之旅”旅游团一行 12 人。航班准时到达，核对人数之后，小张就带领游客上车。当旅游车到达饭店门口时，领队突然提出疑问说他们预订的酒店不是这家，领队拿出计划单和小张对照后，小张才知道自己接错了团。请问这种情况该如何处理？

工作任务一　漏接、错接与误机(车、船)

【任务要求】

1. 掌握漏接、错接与误机事故的预防与处理程序；
2. 能够根据实际情况处理工作中的漏接、错接与误机(车、船)。

【实施条件】

模拟导游实训室或多媒体教室。

【实施过程】

表 5-1-1　实施过程

<table>
<tr><th>实训步骤</th><th>操作及说明</th><th>注意事项</th></tr>
<tr><td>步骤一</td><td>1. 教师分配实训任务，小组进行角色扮演，分别扮演游客、导游；
2. 教师指导学生梳理漏接、错接、误机(车、船)的预防、处理方法与流程；
3. 学生分组设定“漏接、错接、误机(车、船)”的具体情景</td><td rowspan="3">1. 处理漏接、错接、误机(车、船)过程中要求学生注意语言、语气、表情等的综合运用；
2. 教师应鼓励小组成员之间加强协作</td></tr>
<tr><td>步骤二</td><td>学生情景模拟“漏接、错接、误机(车、船)”：
1. 小组之间两两合作，第一组设定的情景由第二组处理，第二组设定的情景由第一组处理，以此类推；
2. 各小组分角色处理情景中出现的问题；
3. 各小组处理情景后简述预防措施</td></tr>
<tr><td>步骤三</td><td>模拟过程中，完成学生自评、小组互评、教师点评，对模拟过程中存在的问题在模拟结束后进行反思、总结</td></tr>
</table>

【知识链接】

一、旅游事故

旅游事故，是指因旅游服务部门运行机制出现故障造成的事故，一般分为责任事故和自然事故。责任事故是由接待方的疏忽、计划不周等原因造成的事故；自然事故又称非责任事故，是指由天气变化、自然灾害或非接待部门的原因造成的事故。

二、事故的预防与处理

1. 漏接指旅游团(者)抵达后，无导游迎接的现象。

表 5-1-2　漏接的预防与处理

事故类型	漏接	
出现的原因	主观原因	1. 工作不仔细； 2. 没认真阅读接待计划，对旅游团抵达的具体日期、时间、地点混淆； 3. 迟到； 4. 没看变更记录，仍按原计划接站； 5. 没核查新的航班(车、船)时刻表； 6. 导游举牌接站地方不恰当
	客观原因	1. 上一站旅行社行程有变而提前到达，无法变更通知； 2. 接待社接到变更通知，但未通知导游； 3. 司机迟到； 4. 航班提前到达或游客改乘其他航班提前到达； 5. 其他预料不到的情况
预防措施	1. 认真阅读接待计划； 2. 核实交通工具到达的准确时间； 3. 提前抵达接站地点	
处理措施	1. 向游客说明情况，赔礼道歉，求得谅解； 2. 采取弥补措施，将游客损失降低到最低限度； 3. 提供更加热情周到的服务； 4. 必要时请领导出面道歉，或酌情给游客一定的物质补偿	

2. 错接指导游接了不应由他接的旅游团(者)。

表 5-1-3　错接的预防与处理

事故类型	错接
出现的原因	导游责任心不强，接团后不仔细核对
预防措施	1. 提前到达接站点，站到醒目的位置，高举接站牌； 2. 接到旅游团后仔细核对，包括旅游团的领队、全陪姓名、人数、国籍、旅游团的编号、下榻饭店等； 3. 提高警惕，严防社会其他人员非法接走旅游团
处理措施	1. 报告领导：立即向旅行社汇报，查明错接原因； 2. 将错就错：错接发生在本社两个旅游团之间，且导游均为地陪，地陪交换计划后可继续接团； 3. 必须交换：错接的团属两家接待社，则必须交换；错接的团属同一家旅行社，但有一名导游是地陪兼全陪，必须交换； 4. 向游客说明情况，诚恳道歉，求得谅解； 5. 非法导游将游客带走，立即与饭店联系，看游客是否已下榻饭店

3. 误机(车、船)事故的预防与处理。

误机(车、船)事故指因故造成旅游团(者)没有按原定航班(车次、船次)离开本站而导致暂时滞留。

表 5-1-4　误机(车、船)的预防与处理

<table>
<tr><td>事故类型</td><td colspan="2">误机(车、船)</td></tr>
<tr><td>出现的原因</td><td colspan="2">1. 导游的差错和不负责；
2. 游客走失；
3. 游客没有准时集合；
4. 其他意外事件(交通事故、自然灾害等)</td></tr>
<tr><td>预防措施</td><td colspan="2">1. 认真核实飞机(车、船)的班次、日期、时间、机场(车站、码头)等；
2. 如票据未核实，导游应随时与旅行社有关人员保持联系；
3. 离开当天不安排旅游团到地域复杂、偏远的景点参观游览；
4. 留有充足的时间去机场、车站、码头；
5. 保证按规定的时间提前到达机场、车站、码头</td></tr>
<tr><td rowspan="2">处理措施</td><td>将成事故</td><td>1. 与机场取得联系，请求等候；
2. 如同意，立即组织游客赶赴现场；
3. 向旅行社汇报，请求协助；
4. 合理调度安排有关部门、有关人员，如海关、司机、行李员等</td></tr>
<tr><td>已成事故</td><td>1. 立即向旅行社及有关部门报告，请求协助；
2. 尽快与机场(车站、码头)联系，争取让游客乘最近的交通工具离开本站；
3. 稳定游客的情绪，安排好滞留期间的食宿等；
4. 通知下一站，对日程做出调整；
5. 向游客赔礼道歉；
6. 写出事故报告，查明原因和责任，责任者应承担经济损失及相应处分</td></tr>
</table>

【学生文本任务单】

请各小组根据合作小组提供的情景，撰写“漏接、错接、误机(车、船)”情景模拟剧的脚本。

漏接情景模拟剧脚本

□: ______________________________

□: ______________________________

□: ______________________________

□: ______________________________

□: ______________________________

□: ______________________________

□: ______________________________

□: ______________________________

□: ______________________________

错接情景模拟剧本

误机(车、船)情景模拟剧本

【考核评价】

表 5-1-5　学生自评表

评价项目：		班级：		姓名：	
小组名称：		小组组长：			
小组成员：					
本课学习难度	非常容易	比较容易	可以接受	比较难	非常难
本课学习兴趣	很有兴趣	比较有兴趣	一般	不大有兴趣	完全没兴趣
团队合作情况	非常愉快	比较愉快	可以接受	比较困难	非常困难
学习内容掌握程度（10分）	评价标准			评分标准	评分
	掌握漏接事故的预防与处理			2	
	掌握错接事故的预防与处理			1	
	掌握误机（车、船）事故的预防与处理			2	
	模拟漏接事故情景的处理			2	
	模拟错接事故情景的处理			1	
	模拟误机（车、船）事故情景的处理			2	
总分					
学习反思					

表 5-1-6　小组互评表

评价项目：		班级：	
小组名称：		小组组长：	
小组成员：			
项目	指标	评分标准	评分
情景模拟剧脚本（4分）	角色分配恰当	1	
	内容完整	1	
	落实事宜规范	2	
情景模拟剧（6分）	正确、恰当地落实事宜	2	
	语言表达清晰、准确、流畅	1	
	沟通方式恰当、得体，有礼貌	2	
	团队协作能力	1	
总分			

表 5-1-7　教师评价表

评价项目：		班级：	姓名：
小组名称：		小组组长：	
小组成员：			
考评内容	评分指标	评分标准	得分
落实接待事宜内容（3 分）	掌握漏接、错接、误机（车、船）的预防与处理	1	
	能清晰划分情景剧角色	1	
	脚本完整、规范	1	
团队模拟表达能力（7 分）	完整呈现漏接、错接、误机（车、船）的情境	1	
	规范操作处理程序	1	
	遵循漏接、错接、误机（车、船）的处理措施	2	
	语言表达与沟通能力	1	
	表演能力与代入感	1	
	团队协作能力	1	
总分			

工作任务二　旅游计划与日程变更

【任务要求】

1. 了解导致旅游计划与日程变更的原因；
2. 掌握不同类型的旅游计划变更的处理程序；
3. 能够正确处理带团过程中出现的旅游计划与日程变更情况。

【实施条件】

模拟导游实训室或多媒体教室。

【实施过程】

表 5-1-8　实施过程

实训步骤	操作及说明	注意事项
步骤一	1. 课前教师指导学生准备好导游证、导游旗、麦克风等； 2. 教师指导学生梳理旅游计划与日程变更的处理措施； 3. 教师分配实训任务，小组进行角色扮演，分别扮演游客、导游； 4. 学生利用书籍、互联网等搜集查阅旅游计划与日程变更情景；	1. 处理旅游计划与日程变更过程中，要求学生注意语言、语气、表情等的综合运用； 2. 教师应鼓励小组成员之间加强协作
步骤二	学生情景模拟“旅游计划与日程变更”： 1. 小组之间两两合作，第一组设定的情景由第二组处理，第二组设定的情景由第一组处理，以此类推； 2. 各小组分角色处理情景中出现的问题	
步骤三	模拟过程中，完成学生自评、小组互评、教师点评，对模拟过程中存在的问题在模拟结束后进行反思、总结	

【知识链接】

表 5-1-9　旅游计划和日程变更的处理

变更原因			处理措施
客观原因、天气、自然灾害、交通问题等	缩短或取消在某地的游览时间	旅游团（者）抵达时间延误	1. 分析延误原因，报告上级，反馈组团社； 2. 在旅行社协助下，落实交通、住宿、游览等事宜； 3. 提醒有关人员及时办理退车、退房、退餐等事宜； 4. 调整活动日程，压缩游览时间，尽量不减少计划内游览项目
		旅游团（者）提前离开	1. 与全陪、领队商量，采取补救措施； 2. 调整活动时间，尽量完成计划内游览项目； 3. 如实在无法完成，选择具有代表性、特色的旅游景点； 4. 不急于将旅游团提前离开的消息告知，以免引起躁动； 5. 制定新旅游方案后，找恰当时机告知旅游团中有影响力的游客； 6. 分头安抚游客情绪，说明原因，诚恳道歉，求得谅解与支持；

续表

变更原因			处理措施
客观原因、天气、自然灾害、交通问题等	缩短或取消在某地的游览时间	旅游团(者)提前离开	7. 通知旅行社安排好退房、退餐、退车等事宜； 8. 必要时可请领导致歉，给予游客一定的补偿； 9. 旅游团提前离开，全陪报告组团社，通知下一站接待社
	延长旅游时间		1. 落实有关事宜，如用餐、用房、用车等，落实离开的车票等； 2. 调整活动日程，可延长在主要景点的游览时间，经组团社同意，可酌情增加游览景点，安排文体活动； 3. 通知下一站接待社该团的日程变化； 4. 变更旅游计划时，地陪需与领队、全陪商量； 5. 与领队、全陪商量好如何向团内游客解释说明，取得他们的谅解与支持
	逗留时间不变，被迫改变部分旅游计划		1. 实事求是地将情况向游客讲清楚，求得谅解； 2. 提出由另一景点代替的方案，与游客协商； 3. 以精彩的讲解、热情的服务激起游客游兴； 4. 做出相应补偿，必要时请领导出面，向游客表示歉意
旅游团(者)要求变更计划日程			1. 原则上应按合同执行； 2. 如遇特殊情况或领队提出，报告上级，经有关部门同意，按指示做好变更工作
因旅行社的原因需要调整计划日程			1. 对旅游计划进行合理安排，尽量不影响日程； 2. 将安排后的计划与领队、游客沟通，取得支持与谅解； 3. 按照新计划安排游览

【学生文本任务单】

请各小组根据其他小组提供的情景，撰写“旅游计划和日程变更处理”情景模拟剧的脚本。

□：____

□：____

□：____

□：____

□：____

□：____

□：____

□：____

□：____

□：____

【考核评价】

表 5-1-10　学生自评表

评价项目：		班级：		姓名：	
小组名称：		小组组长：			
小组成员：					
本课学习难度	非常容易	比较容易	可以接受	比较难	非常难
本课学习兴趣	很有兴趣	比较有兴趣	一般	不大有兴趣	完全没兴趣
团队合作情况	非常愉快	比较愉快	可以接受	比较困难	非常困难
学习内容掌握程度（10 分）	评价标准			评分标准	评分
	掌握旅游计划与日程变更的原因			2	
	掌握不同的变更原因下不同的处理方法			1	
	模拟缩短或取消某地游览时间的处理			2	
	模拟延长旅游时间的处理			2	
	模拟被迫改变旅游计划的处理			1	
	模拟游客需要更改旅游计划日常的处理			1	
	模拟因旅行社的原因需要调整旅游计划的处理			1	
总分					
学习反思					

表 5-1-11　小组互评表

评价项目：		班级：	
小组名称：		小组组长：	
小组成员：			
项目	指标	评分标准	评分
情景模拟剧脚本（4 分）	角色分配恰当	1	
	内容完整	1	
	处理事宜规范	2	
情景模拟剧（6 分）	正确、恰当地处理事宜	2	
	语言表达清晰、准确、流畅	1	
	沟通方式恰当、得体，有礼貌	2	
	团队协作能力	1	
总分			

表 5-1-12　教师评价表

<table>
<tr><td colspan="2">评价项目：</td><td colspan="2">班级：</td><td>姓名：</td></tr>
<tr><td colspan="2">小组名称：</td><td colspan="3">小组组长：</td></tr>
<tr><td colspan="5">小组成员：</td></tr>
<tr><td>考评内容</td><td colspan="2">评分指标</td><td>评分标准</td><td>得分</td></tr>
<tr><td rowspan="3">落实接待事宜内容（3分）</td><td colspan="2">掌握旅游计划日程变更的处理</td><td>1</td><td></td></tr>
<tr><td colspan="2">能清晰划分情景剧角色</td><td>1</td><td></td></tr>
<tr><td colspan="2">脚本完整、规范</td><td>1</td><td></td></tr>
<tr><td rowspan="6">团队模拟表达能力（7分）</td><td colspan="2">完整呈现处理日程变更事宜情景</td><td>1</td><td></td></tr>
<tr><td colspan="2">规范操作处理程序</td><td>1</td><td></td></tr>
<tr><td colspan="2">遵循落实旅游计划日程变更事宜的处理措施</td><td>2</td><td></td></tr>
<tr><td colspan="2">语言表达与沟通能力</td><td>1</td><td></td></tr>
<tr><td colspan="2">表演能力与代入感</td><td>1</td><td></td></tr>
<tr><td colspan="2">团队协作能力</td><td>1</td><td></td></tr>
<tr><td colspan="3">总分</td><td colspan="2"></td></tr>
</table>

工作任务三　遗失物品（证件、财物、行李）

【任务要求】

1. 了解游客丢失物品的预防措施；
2. 掌握游客遗失物品的处理方法；
3. 能够正确处理游客物品的遗失。

【实施条件】

模拟导游实训室或多媒体教室。

【实施过程】

表 5-1-13　实施过程

实训步骤	操作及说明	注意事项
步骤一	1. 课前教师指导学生准备好导游证、导游旗、麦克风等； 2. 教师指导学生梳理游客遗失物品的处理措施； 3. 教师分配实训任务，小组进行角色扮演，分别扮演游客、导游； 4. 学生利用书籍、互联网等搜集查阅旅游过程中游客遗失物品的情景	1. 处理游客遗失物品过程中，要求学生注意语言、语气、表情等的综合运用； 2. 教师应鼓励小组成员之间加强协作
步骤二	学生情景模拟“游客遗失物品”： 1. 小组之间两两合作，第一组设定的情景由第二组处理，第二组设定的情景由第一组处理，以此类推； 2. 各小组分角色处理情景中出现的问题	
步骤三	模拟过程中，完成学生自评、小组互评、教师点评，对模拟过程中存在的问题在模拟结束后进行反思、总结	

【知识链接】

一、遗失物品的原因与预防措施

遗失事故有些是游客个人马虎大意造成的，有些是相关部门的工作失误造成的。遗失物品会影响游客情绪，造成游客经济损失，甚至可能会影响旅游行程，造成游客滞留等。为此，导游带团时应做好遗失物品的预防措施，尽量避免发生游客物品遗失的情况。具体措施包括以下几方面：

1. 游客下交通工具前、购物时、离店前、入住饭店时多做提醒工作。
2. 不代为保管游客证件等贵重物品，证件随用随还。
3. 切实做好每次行李的清点、交接工作。
4. 每次游客下车后，导游巡视车辆，并提醒司机清车、关窗锁门。

二、证件丢失的处理措施

表 5-1-14　证件丢失的处理措施

丢失证件类型		处理措施
外国护照和签证		1. 旅行社出具证明； 2. 请失主准备照片； 3. 失主本人持证明去当地公安局(外国人出入境管理处)报失，由公安局出具证明； 4. 持公安局的证明去所在国驻华使、领馆申请补办新护照； 5. 持新护照前往公安出入境部门申请签证
团体签证		1. 旅行社开具遗失公函； 2. 准备原团体签证复印件(副本)； 3. 重新打印与原团体签证格式、内容相同的该团人员名单； 4. 收集该团全体游客的护照； 5. 持以上资料到公安局出入境管理处报失，填写申请表
中国护照和签证	华侨丢失护照、签证	1. 接待社开具遗失证明； 2. 失主准备照片； 3. 失主持证明、照片到公安局出入境管理处报失并申请办理新护照； 4. 持新护照到其居住国驻华使、领馆办理入境签证手续
	中国公民出境丢失护照、签证	1. 请地陪协助接待社开具遗失证明； 2. 持遗失证明到当地警察机构报案，并取得警察机构开具的报案证明； 3. 持当地警察机构的报案证明和有关材料到我国驻该国使、领馆领取中华人民共和国旅行证； 4. 回国后，凭中华人民共和国旅行证和境外警方的报失证明，申请补发新护照
丢失港澳居民来往内地通行证		1. 向公安局派出所报失，取得报失证明，或由旅行社开具遗失证明； 2. 持报失证明或遗失证明到公安局出入境管理处申请领取赴港澳证件； 3. 经出入境管理部门核实，给失主签发一次性中华人民共和国出入境通行证； 4. 回港澳地区后，填写港澳居民来往内地通行证件遗失登记表和申请表，凭本人的港澳居民身份证，向通行证受理机关申请补发新的通行证
台湾同胞旅行证明		1. 失主向遗失地的市、县公安机关报失； 2. 经调查属实的可以允许重新申请领取相应的旅行证件或者发给一次性有效的出境通行证
中华人民共和国居民身份证		1. 当地旅行社核实后开具证明； 2. 失主持证明到公安局报失； 3. 经核实后，开具身份证明，并按照交通部的规定办理乘坐交通工具的临时证明； 4. 回到居住所在地后，凭公安局报失证明和有关材料到当地派出所办理新身份证

三、财物丢失的处理措施

表 5-1-15　财物丢失的处理措施

财物丢失对象	处理措施
外国游客	1. 稳定失主情绪，详细了解物品丢失的经过、物品的数量、形状、特征、价值； 2. 分析物品丢失的原因、时间、地点，并迅速判断丢失的性质：是不慎还是被盗； 3. 立即向公安局或保安部以及保险公司报案(特别是贵重物品的丢失)； 4. 及时向接待社领导汇报，听取领导指示； 5. 接待社出具遗失证明； 6. 若丢失的是贵重物品，失主持证明、本人护照或有效身份证件到公安局出入境管理处填写失物经过说明，列出遗失物品清单； 7. 若失主遗失的是入境时向海关申报的物品，要出示中国海关行李申报单； 8. 若将中国海关行李申报单遗失，要到公安局出入境管理处申请办理《中国海关行李申报单报失证明》； 9. 若遗失物品已在国外办理财产保险，可以向公安局出入境管理处申请办理财物报失证明； 10. 若遗失物品是旅行支票、信用卡等票证，在向公安机关报失的同时也要及时向有关银行挂失
国内游客	1. 立即向公安局、保安部门或保险公司报案； 2. 及时向接待社领导汇报； 3. 若旅游团行程结束时仍未破案，可根据失主丢失钱物的时间、地点、责任方等具体情况做善后处理

四、行李遗失的处理措施

表 5-1-16　行李遗失的处理措施

遗失地点		处理措施
来华途中丢失		1. 带失主到机场失物登记处办理行李丢失和认领手续； 2. 游客在当地游览期间，导游要不时打电话询问寻找行李的情况； 3. 一时找不回行李，要协助失主购置必要的生活用品； 4. 离开本地前行李还没有找到，导游应帮助失主将接待旅行社的名称、全程旅游线路以及各地可能下榻的饭店名称转告有关航空公司，以便行李找到后及时运往相应地点交还失主； 5. 如行李确系丢失，失主可向有关航空公司索赔或按国际惯例取得赔偿
中国境内丢失	机场取行李时	1. 全陪应马上带领失主凭机票和行李牌到机场行李查询处登记办理行李丢失或认领手续； 2. 由失主填写“行李丢失登记表”； 3. 地陪立即向接待社领导或有关人员汇报，安排有关人员与机场、上一站接待社、有关航空公司等单位联系，积极寻找
	抵达饭店后	1. 地陪与全陪、领队一起先在本团内寻找； 2. 如果未找到，应立即与饭店行李部取得联系，请其设法查找； 3. 如果仍找不到行李，地陪应马上向接待社领导或有关部门汇报，请其派人了解旅行社行李员有关情况，设法查找
总结处理措施		1. 仔细分析，找出差错的线索或环节； 2. 做好善后工作； 3. 随时与有关部门联系，询问查找进展； 4. 若行李找回，及时将找回的行李归还失主； 5. 若行李确认已丢失，由责任方负责人向失主出具说明，并表示歉意； 6. 帮助失主根据有关规定向相关部门索赔； 7. 事后出具书面报告

【学生文本任务单】

请各小组根据其他小组提供的情景，完成“证件、财物、行李遗失事故的处理”情景模拟剧的脚本。

证件遗失的情景模拟剧脚本

□：______________________________

□：______________________________

□：______________________________

□：______________________________

□：______________________________

□：______________________________

□：______________________________

□：______________________________

□：______________________________

□：______________________________

□：______________________________

财物遗失的情景模拟剧脚本

□：______________________________

□：______________________________

□：______________________________

□：______________________________

□：______________________________

□：______________________________

□：______________________________

□：______________________________

□：______________________________

□：______________________________

行李遗失的情景模拟剧脚本

_____: ____

_____: ____

_____: ____

_____: ____

_____: ____

_____: ____

_____: ____

【考核评价】

表 5-1-17　学生自评表

<table>
<tr><td colspan="2">评价项目：</td><td colspan="2">班级：</td><td colspan="2">姓名：</td></tr>
<tr><td colspan="2">小组名称：</td><td colspan="4">小组组长：</td></tr>
<tr><td colspan="6">小组成员：</td></tr>
<tr><td rowspan="2">本课学习难度</td><td>非常容易</td><td>比较容易</td><td>可以接受</td><td>比较难</td><td>非常难</td></tr>
<tr><td></td><td></td><td></td><td></td><td></td></tr>
<tr><td rowspan="2">本课学习兴趣</td><td>很有兴趣</td><td>比较有兴趣</td><td>一般</td><td>不大有兴趣</td><td>完全没兴趣</td></tr>
<tr><td></td><td></td><td></td><td></td><td></td></tr>
<tr><td rowspan="2">团队合作情况</td><td>非常愉快</td><td>比较愉快</td><td>可以接受</td><td>比较困难</td><td>非常困难</td></tr>
<tr><td></td><td></td><td></td><td></td><td></td></tr>
<tr><td rowspan="6">学习内容掌握程度（10分）</td><td colspan="3">评价标准</td><td>评分标准</td><td>评分</td></tr>
<tr><td colspan="3">掌握遗失证件、财物、行李的原因及预防措施</td><td>2</td><td></td></tr>
<tr><td colspan="3">掌握证件、财物、行李遗失处理方法</td><td>2</td><td></td></tr>
<tr><td colspan="3">模拟不同证件遗失的处理</td><td>2</td><td></td></tr>
<tr><td colspan="3">模拟不同国籍游客财物遗失的处理</td><td>2</td><td></td></tr>
<tr><td colspan="3">模拟不同地点行李遗失的处理</td><td>2</td><td></td></tr>
<tr><td colspan="4">总分</td><td colspan="2"></td></tr>
<tr><td>学习反思</td><td colspan="5"></td></tr>
</table>

表 5-1-18　小组互评表

<table>
<tr><td colspan="2">评价项目：</td><td colspan="2">班级：</td></tr>
<tr><td colspan="2">小组名称：</td><td colspan="2">小组组长：</td></tr>
<tr><td colspan="4">小组成员：</td></tr>
<tr><td>项目</td><td>指标</td><td>评分标准</td><td>评分</td></tr>
<tr><td rowspan="3">情景模拟剧脚本
（4 分）</td><td>角色分配恰当</td><td>1</td><td></td></tr>
<tr><td>内容完整</td><td>1</td><td></td></tr>
<tr><td>处理事宜规范</td><td>2</td><td></td></tr>
<tr><td rowspan="4">情景模拟剧
（6 分）</td><td>正确、恰当地处理事宜</td><td>2</td><td></td></tr>
<tr><td>语言表达清晰、准确、流畅</td><td>1</td><td></td></tr>
<tr><td>沟通方式恰当、得体，有礼貌</td><td>2</td><td></td></tr>
<tr><td>团队协作能力</td><td>1</td><td></td></tr>
<tr><td colspan="3">总分</td><td></td></tr>
</table>

表 5-1-19　教师评价表

<table>
<tr><td colspan="2">评价项目：</td><td colspan="1">班级：</td><td>姓名：</td></tr>
<tr><td colspan="2">小组名称：</td><td colspan="2">小组组长：</td></tr>
<tr><td colspan="4">小组成员：</td></tr>
<tr><td>考评内容</td><td>评分指标</td><td>评分标准</td><td>得分</td></tr>
<tr><td rowspan="3">落实接待事宜内容
（3 分）</td><td>掌握证件、财物、行李遗失的预防措施与处理方法</td><td>1</td><td></td></tr>
<tr><td>能清晰划分情景剧角色</td><td>1</td><td></td></tr>
<tr><td>脚本完整、规范</td><td>1</td><td></td></tr>
<tr><td rowspan="6">团队模拟表达能力
（7 分）</td><td>完整呈现遗失事故情景</td><td>1</td><td></td></tr>
<tr><td>规范操作处理程序</td><td>1</td><td></td></tr>
<tr><td>遵循落实遗失事故的处理措施</td><td>2</td><td></td></tr>
<tr><td>语言表达与沟通能力</td><td>1</td><td></td></tr>
<tr><td>表演能力与代入感</td><td>1</td><td></td></tr>
<tr><td>团队协作能力</td><td>1</td><td></td></tr>
<tr><td colspan="3">总分</td><td></td></tr>
</table>

工作任务四　游客走失、患病、死亡

【任务要求】

1. 了解游客走失、患病、死亡的预防；
2. 掌握游客走失、患病、死亡的处理措施；
3. 能够正确处理游客走失、患病与死亡事件。

【实施条件】

模拟导游实训室或多媒体教室。

【实施过程】

表 5-1-20　实施过程

实训步骤	操作及说明	注意事项
步骤一	1. 课前教师指导学生准备好导游证、导游旗、麦克风等； 2. 教师指导学生梳理游客走失、患病、死亡的预防与处理措施； 3. 教师分配实训任务，小组进行角色扮演，分别扮演游客、导游； 4. 学生利用书籍、互联网等搜集查阅旅游过程中游客走失、患病、死亡的情景	1. 处理游客走失、患病、死亡过程中，要求学生注意语言、语气、表情等的综合运用； 2. 教师应鼓励小组成员之间加强协作
步骤二	学生情景模拟“游客走失、患病、死亡的预防与处理”： 1. 小组之间两两合作，第一组设定的情景由第二组处理，第二组设定的情景由第一组处理，以此类推； 2. 分角色扮演情景中出现的问题； 3. 各小组情景模拟结束后总结预防措施	
步骤三	模拟过程中，完成学生自评、小组互评、教师点评，对模拟过程中存在的问题在模拟结束后进行反思、总结	

【知识链接】

一、游客走失的预防与处理

表 5-1-21　游客走失的预防与处理

游客走失的原因	1. 导游没有讲清车号、停车位置、景点游览线路； 2. 游客在某旅游点滞留时间过长而脱离团队自己走失； 3. 自由活动、外出购物时未记清饭店位置和线路而走失
游客走失的预防措施	1. 做好提醒工作； 2. 做好各项活动的安排和预报； 3. 时刻和游客在一起，经常清点人数； 4. 地陪、全陪和领队密切配合，做好断后工作； 5. 导游用讲解和服务技巧吸引游客

续表

游客走失的处理措施	游客在旅游景点走失	1. 了解情况，迅速寻找； 2. 寻求帮助； 3. 与饭店联系； 4. 向旅行社报告； 5. 做好善后工作； 6. 写出事故报告
	游客在自由活动时走失	1. 报告旅行社和公安部门； 2. 做好善后工作

二、游客患病、死亡的处理

旅途中，游客常因旅途劳累、气候变化、水土不服、饮食起居不习惯等原因造成身体不适，特别是年老体弱者更容易患病，甚至死亡的情况。旅游过程中，游客常见的疾病有晕车、晕船、失眠、高山反应、中暑、便秘、腹泻、呕吐、心脏病、昏厥、摔伤等。这些疾病会使游客身体不适，情绪不佳，严重影响游客的旅游体验，甚至会影响旅游团队的行程。为此，导游切不可大意，应预防为先，尽量避免游客患病，当游客患病发生时也应采取积极、恰当的应对措施，避免出现更加严重的情况。

（一）游客患病的预防与处理

表 5-1-22　游客患病的预防与处理

游客患病的预防措施	1. 游览项目选择有针对性； 2. 活动安排日程留有余地； 3. 提醒游客注意饮食卫生； 4. 及时报告天气变化		
游客患病的处理措施	一般疾病（如感冒、发烧、水土不服、晕车、失眠、便秘等）		1. 劝其及早就医，注意休息，不要强行游览； 2. 关心患病的游客； 3. 必要时，导游可陪同患者前往医院就医； 4. 严禁擅自给患者用药
	突患重病	前往景点途中	1. 在征得患者、患者亲友或领队同意后，立即将患重病的游客送往近医院治疗，或拦截其他车辆将其送往医院； 2. 必要时，暂时中止旅行，用旅游车将患者直接送往医院； 3. 及时将情况通知接待社有关人员； 4. 一般由全陪、领队、病人亲友同往医院，如无全陪和领队，地陪立即通知接待社请求帮助
		参观游览时	1. 不要搬动患病游客，让其坐下或躺下； 2. 立即拨打电话叫救护车（医疗急救电话：120）； 3. 向景点工作人员或管理部门请求帮助； 4. 及时向接待社领导及有关人员报告
		在饭店	1. 饭店医务人员抢救； 2. 送往医院； 3. 及时报告接待社及领导
		异地转移途中	1. 全陪请求乘务员帮忙，在乘客中寻找医务人员； 2. 通知下一站旅行社做好抢救的各项准备工作

（二）游客患病就医处理注意事项

1. 游客病危，需要送往急救中心或医院抢救时，需由患者家属、领队或其亲友陪同前往。

2. 如果患者是国际急救组织的投保者，导游应提醒其亲属或领队及时与该组织的代理机构联系。

3. 在抢救过程中，需要领队或患者亲友在场，并详细记录患者患病前后的症状及治疗情况，并请接待社领导到现场或与接待社保持联系，随时汇报患者情况。

4. 如果需要做手术，必须征得患者亲属的同意，如果亲属不在，需由领队同意并签字。

5. 若患者病危，但亲属又不在身边时，导游应提醒领队及时通知亲属。如果患者亲属是外国人士，导游要提醒领队通知所在国使、领馆。患者亲属到后，导游要协助其解决生活方面的问题；若找不到亲属，一切按使、领馆的书面意见处理。

6. 有关诊治、抢救或动手术的书面材料，应由主治医生出具证明并签字，要妥善保存。

7. 地陪应请求接待社领导派人帮助照顾患者、办理医院的相关事宜，同时安排好旅游团继续按计划活动，不得将全团活动中断。

8. 患者转危为安但仍需继续住院治疗，不能随团继续旅游或出境时，接待社领导和导游(主要是地陪)要不时去医院探望，帮助患者办理分离签证、延期签证以及出院、回国手续及交通票证等事宜。

9. 患者住院和医疗费用自理。如患者没钱看病，请领队或组团社与境外旅行社、其家人或保险公司联系解决其费用问题。

10. 患者在离团住院期间未享受的综合服务费由中外旅行社之间结算后，按协议规定处理。患者亲属在当地期间的一切费用自理。

（三）游客死亡的处理

1. 如果死者的亲属不在身边，应立即通知亲属前来处理后事；若死者是外国人士，应通过领队或有关外事部门迅速与死者所属国的驻华使、领馆联系，通知其亲属来华。

2. 由参加抢救的医师向死者的亲属、领队及好友详细报告抢救经过，并出示“抢救工作报告”“死亡诊断证明书”，由主治医生签字后盖章，复印后分别交给死者的亲属、领队或旅行社。

3. 对死者一般不做尸体解剖，如果要求解剖尸体，应有死者的亲属、领队，或其所在国家使、领馆有关官员签字的书面请求，经医院和有关部门同意后方可进行。

4. 如果死者属非正常死亡，导游应保护好现场，立即向公安局和旅行社领导汇报，协助查明死因。如需解剖尸体，要征得死者亲属、领队或所在国驻华使、领馆人员的同意，并签字认可。解剖后写出尸体解剖报告(无论属何种原因解剖尸体，都要写尸体解剖报告)，此外，旅行社还应向司法机关办理公证书。

5. 死亡原因确定后，在与领队、死者亲属协商一致的基础上，请领队向全团宣布死亡原因及抢救、死亡经过。

6. 遗体的处理，一般以火化为宜。遗体火化前，应由死者亲属或领队，或所在国家驻华使、领馆写出《火化申请书》并签字后进行火化。

7. 死者遗体由领队、死者亲属护送火化后，火葬场将死者的火化证明书交给领队或死者亲属；我国民政部门发给对方携带骨灰出境证明。各有关事项的办理，我方应予以协助。

8. 死者如在生前已办理人寿保险，我方应协助死者亲属办理人寿保险索赔、医疗费报销等有关证明。

9. 出现因病死亡事件后，除领队、死者亲属和旅行社代表负责处理外，其余团员应当由代理领队带领仍按原计划参观游览。至于旅行社派何人处理死亡事故、何人负责团队游览活动，一律请示旅行社领导决定。

10. 若死者亲属要求将遗体运回国，除需办理上述手续外，还应由医院对尸体进行防腐处理，并办理《尸体防腐证明书》《装殓证明书》《外国人运送灵柩(骨灰)许可证》和《尸体灵柩进出境许可证》等有关证件，方可将遗体运出境。灵柩要按有关规定包装运输，要用铁皮密封，外廓要包装结实。

11. 由死者所属国驻华使、领馆办理一张经由国的通行证，此证随灵柩通行。

12. 有关抢救死者的医疗、火化、身体运送、交通等各项费用，一律由死者亲属或该团队交付。

13. 死者的遗物由其亲属或领队、全陪、死者生前好友代表或所在国驻华使、领馆有关官员共同清点造册，列出清单。清点人要在清单上一一签字，一式两份，并由签字人员分别保存。遗物要交死者亲属或死者所在国家驻华使、领馆有关人员。接收遗物者应在收据上签字，收据上应注明接收时间、地点、在场人员等。

【学生文本任务单】

请各小组根据其他小组提供的情景，撰写“游客走失、患病、死亡事故处理”情景模拟剧的脚本。

游客走失情景模拟剧脚本

□：______________________________

□：______________________________

□：______________________________

□：______________________________

□：______________________________

□：______________________________

□：______________________________

□：______________________________

游客患病情景模拟剧本

□: ____

□: ____

□: ____

□: ____

□: ____

□: ____

□: ____

□: ____

□: ____

□: ____

□: ____

□: ____

□: ____

□: ____

游客死亡情景模拟剧本

□: ____

□: ____

□: ____

□: ____

□: ____

□: ____

□: ____

□: ____

□: ____

□: ____

【考核评价】

表 5-1-23　学生自评表

评价项目：		班级：		姓名：	
小组名称：		小组组长：			
小组成员：					
本课学习难度	非常容易	比较容易	可以接受	比较难	非常难
本课学习兴趣	很有兴趣	比较有兴趣	一般	不大有兴趣	完全没兴趣
团队合作情况	非常愉快	比较愉快	可以接受	比较困难	非常困难
学习内容掌握程度（10分）	评价标准			评分标准	评分
	掌握游客走失的预防与处理措施			2	
	掌握游客患病的预防与处理措施			2	
	掌握游客死亡的预防与处理措施			2	
	模拟游客走失的处理			2	
	模拟游客患病的处理			1	
	模拟游客死亡的处理			1	
总分					
学习反思					

表 5-1-24　小组互评表

评价项目：		班级：	
小组名称：		小组组长：	
小组成员：			
项目	指标	评分标准	评分
情景模拟剧脚本（4分）	角色分配恰当	1	
	内容完整	1	
	处理事宜规范	2	
情景模拟剧（6分）	正确、恰当地处理事宜	2	
	语言表达清晰、准确、流畅	1	
	沟通方式恰当、得体，有礼貌	2	
	团队协作能力	1	
总分			

表 5-1-25　教师评价表

评价项目：	班级：		姓名：
小组名称：	小组组长：		
小组成员：			
考评内容	评分指标	评分标准	得分
落实接待事宜内容（3分）	掌握游客走失、患病、死亡的处理措施	1	
	能清晰划分情景剧角色	1	
	脚本完整、规范	1	
团队模拟表达能力（7分）	完整呈现处理事宜情景	1	
	规范操作处理程序	1	
	遵循游客走失、患病、死亡的处理措施	2	
	语言表达与沟通能力	1	
	表演能力与代入感	1	
	团队协作能力	1	
总分			

工作任务五　游客晕车、中暑的预防与处理

【任务要求】

1. 了解游客晕车、中暑的预防措施；
2. 掌握游客晕车、中暑的处理措施；
3. 能够正确处理旅游过程中出现的游客晕车与中暑。

【实施条件】

模拟导游实训室或多媒体教室。

【实施过程】

表 5-1-26　实施过程

<table>
<tr><th>实训步骤</th><th>操作及说明</th><th>注意事项</th></tr>
<tr><td>步骤一</td><td>1. 课前教师指导学生准备好导游证、导游旗、麦克风等；
2. 教师指导学生梳理游客晕车、中暑的预防与处理措施；
3. 教师分配实训任务，小组进行角色扮演，分别扮演游客、导游；
4. 学生利用书籍、互联网等搜集整理游客晕车与中暑的情景</td><td rowspan="3">1. 处理游客晕车与中暑过程中，要求学生注意语言、语气、表情等的综合运用；
2.教师应鼓励小组成员之间加强协作</td></tr>
<tr><td>步骤二</td><td>学生情景模拟“游客晕车、中暑的预防与处理”：
1.小组之间两两合作，第一组设定的情景由第二组处理，第二组设定的情景由第一组处理，以此类推。
2.小组扮演角色处理情景中出现的问题：
(1)晕车；
(2)轻微中暑；
(3)重度中暑，心脏骤停。
3.各小组情景模拟结束后总结预防措施</td></tr>
<tr><td>步骤三</td><td>模拟过程中，完成学生自评、小组互评、教师点评，对模拟过程中存在的问题在模拟结束后进行反思、总结</td></tr>
</table>

【知识链接】

一、晕车的预防与处理

晕车，即晕动病，又称运动病，即人们平日常说的“晕车、晕船、晕机”等，包括在微重力条件下发生的宇航病等，是由多种因素导致人体对运动状态错误感知的一系列生理反应。晕车常见于乘坐交通工具时，表现为头晕、恶心、呕吐、上腹部不适、面色苍白、出冷汗等，通常症状在停止乘坐之后可缓解，不构成生命威胁，但可以通过预防措施减轻旅途中游客身体的不适感。

表 5-1-27　晕车的预防与处理

晕车	预防措施	1. 避免旅途过度疲劳； 2. 开车前半小时服用晕车药； 3. 坐车前不能空腹或吃得过饱、油腻； 4. 坐车前不喝酒； 5. 前排、正向就座； 6. 不直视近物，如看书、看手机； 7. 不盯着窗外快速移动的景物
	处理办法	1. 为游客递送纸巾、水杯等； 2. 让晕车游客前排、正向位置就座； 3. 少量使用清凉油、风油精缓解症状(孕妇禁用)； 4. 提醒游客扎紧裤腰带，减少腹腔内脏震荡，缓解不适； 5. 为游客准备好垃圾袋、纸巾，尽快打扫呕吐物； 6. 通风透气或停车休息； 7. 按压合谷穴、内关穴

注：合谷穴位于手的背侧，第一、二掌骨间，第二掌骨的中点下缘的位置。取穴方法，可用一侧拇指第一横纹放在虎口位置，手指往下压，拇指指尖位置即合谷穴。

内关穴位于手掌面关节横纹的中央，往上约三指宽的中央凹陷处。即从手腕横纹向上，手三指并排的距离，正好在中间(肌腱内)。取此穴道时要患者采用正坐或仰卧，仰掌的姿势。

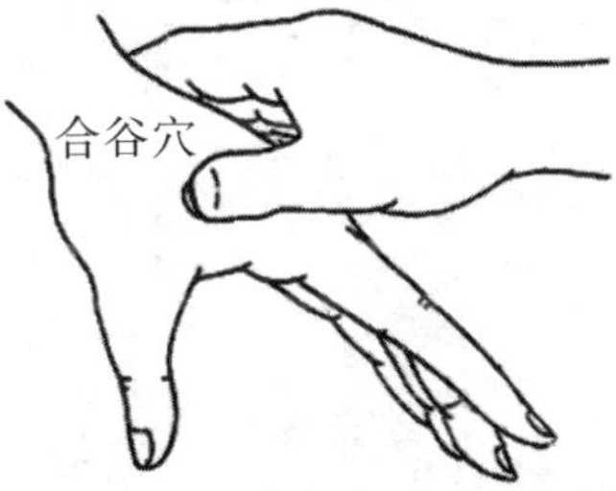

图 5–1–1　合谷穴的位置

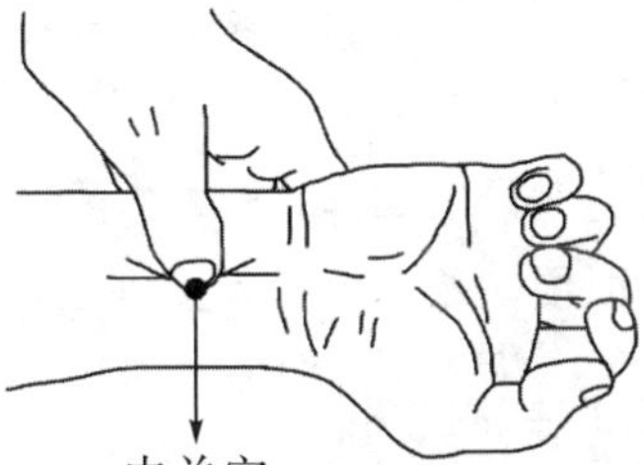

图 5–1–2　内关穴的位置

二、中暑的预防与处理

中暑是指在高温和热辐射的长时间作用下，机体体温调节障碍，水、电解质代谢紊乱及神经系统功能损害症状的总称。中暑按程度可以分为三级：①先兆中暑。大量出汗、口渴、头昏、耳鸣、胸闷、心悸、恶心、四肢无力、注意力不集中，体温不超过 37.5℃。②轻度中暑。具有先兆中暑的症状，同时体温在 38.5℃以上，并伴有面色潮红、胸闷、皮肤灼热等现象，或者皮肤湿冷、呕吐、血压下降、脉搏细而快的情况。③重症中暑。除以上症状外，发生昏厥、痉挛，或不出汗，体温在 40℃以上。重症中暑也就是常说的热射病，这是一种致命性急症，主要表现为高热和神志障碍，早期受影响的器官依次为脑、肝、肾和心脏。此种患者可发生急性肾衰竭、肝衰竭或多器官功能衰竭，病死率较高。可见，中暑是一种威胁生命的急诊病，若不给予迅速有力的治疗，可引起永久性脑损害或肾脏衰竭、抽搐和死亡。因此，在带团过程中，导游应做好预防工作，尽可能避免游客出现这一症状。那么炎炎夏日，旅途中如何做好中暑预防与处理工作呢?

（一）中暑的预防

1. 户外活动夏季避开正午，建议游客防暑。

正午时分导游可以安排室内旅游活动。夏季户外活动期间不要长时间讲解，应适当缩短讲解时间，讲解时让游客站在可以避暑的地方，减少日光直晒时间；游览过程中可提醒游客戴遮阳帽、墨镜、涂抹防晒霜，尽量在阴凉处行走。出团之前通知游客最好随身携带防暑药物，如人丹、清凉油等，若出现中暑症状可及时服用防暑药品缓解病情。

2. 提醒游客保存体力，多喝水。

提醒游客晚上要有良好的睡眠，在旅途中量力而行，保存体力；热天多喝凉开水，保证身体对水分的需要，千万不要等口渴时才饮水，因为口渴表示身体已经缺水了。可以饮用盐开水或含有钾、镁等微量元素的运动型饮料补充盐分和矿物质。不能为了贪图一时凉快而饮用冰冻饮料，以免造成胃部痉挛；或饮用酒精性饮料、高糖分饮料，以致人体失去更多水分。

3. 建议游客穿透气性好、宽松的衣服。

最好能在前一天晚上提醒游客天气情况，第二天如果天热，提醒游客穿透气性好、宽松、浅色的衣服。

4. 提醒游客避免饥饿或劳累。

天气热、旅途劳累，许多游客不想吃饭，这时应鼓励游客尽量多吃点、吃饱，以保证在盛夏旅行时的体力需要。旅游团餐可帮客人安排清热降暑的饮食，如番茄汤、绿豆汤、豆浆、酸梅汤等。

做好前期预防工作，能大大降低游客中暑的风险。同时，我们应掌握一些基本的中暑急救知识，以便在专业救护人员到达之前给游客一些应急帮助，以免耽误病情。

（二）中暑的处理

表 5-1-28　中暑的处理步骤

中暑	预防措施	1. 户外活动夏季避开正午，建议旅游者防暑； 2. 提醒游客保存体力，多喝水； 3. 建议游客穿透气性好、宽松衣服； 4. 提醒游客避免饥饿或劳累
	处理办法	1. 转移病人； 2. 帮助病人呼吸； 3. 帮助病人散热；

续表

中暑	处理办法	4. 涂擦药物或服用药物； 5. 若患者神志不清可按压人中穴；若是轻症中暑可以按压合谷穴缓解身体不适； 6. 喝点凉盐水； 7. 休息； 8. 如果出现昏迷、休克症状立即送往医院； 9. 如果游客迅速出现了心跳骤停的情况，给游客以心肺复苏急救

1.合谷穴、人中穴位置与取穴方法。

合谷穴的位置和取穴方法前文已经介绍过，此处不再赘述。

人中穴位于上唇正中皮肤表面纵行的垂直浅沟，在人中沟的上 1/3 与下 2/3 的交点处，是一急救穴位。每遇昏迷、中暑、溺水等急性病症，现场无医护人员或缺乏有效抢救手段时，若及时在人中穴施以针刺或用手指切掐刺激，可使一些轻度昏迷患者即刻苏醒；对重症昏迷患者也可起到促醒作用，为减轻痛苦、挽救患者生命争取时机。

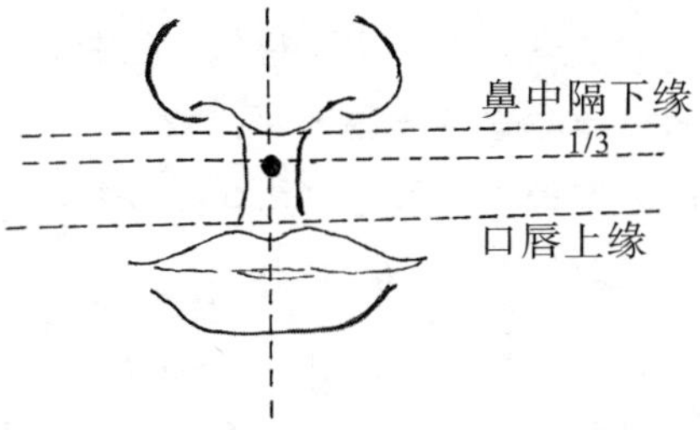

图 5–1–3　人中穴

2. 心肺复苏与人工呼吸。

心搏骤停一旦发生，如得不到即刻及时地抢救复苏，4 ~ 6 分钟后会造成患者脑和其他人体重要器官组织的不可逆的损害，因此心搏骤停后的心肺复苏必须在现场立即进行。

（1）看反应。

应看客人的面色、形态判断患者有无意识与反应，轻拍患者肩部，并高声呼叫："喂！你怎么啦？"摸病人的股动脉，听病人的呼吸音。

（2）寻求救助。

如发现患者无反应，应立即拨打急救电话 120，并高声呼救，寻求其他游客的帮助。

（3）置于复苏体位。

将患者置于复苏体位，成为仰卧位，患者应仰卧在坚实的平面，而不应是软床或沙发，尽量减少搬动病人。

（4）开放气道。

开放气道，采用仰额举颌法，将下颌前推移，同时头部后伸可使气道开放。发现口腔内有异物，如食物、呕吐物、血块脱落的牙齿、泥沙、假牙等，均应尽快清理，否则也可造成气道阻塞。

（5）判断有无呼吸。

打开气道后，立即将一侧耳部贴近患者的口鼻部，通过一看、二听、三感觉来判断患者有无呼吸。判断时间不得超过 10 秒钟，并应以看为主。一看，即用眼睛观察患者胸部有无起伏运动；二听，即用耳朵听患者是否有呼吸音；三感觉，即用面颊感觉患者是否有气流呼出。

（6）人工呼吸。

人工呼吸(口对口、口对鼻、口对口鼻)，即口对口吹气，如口腔严重损伤，不能口对口吹气时，可口对鼻吹气。深吸气后用自己的嘴严密包绕患者的嘴，同时用食、中指紧捏患者双侧鼻翼，缓慢向患者肺内吹气两次。每次吹气持续 2 秒钟，每分钟平均完成 12 次人工呼吸，吹气时见到患者胸部出现起伏即可。吹气时如无胸部起伏或感觉阻力增加，应考虑气道未开放或气道内存在异物阻塞。如果患者一开始就已经没有脉搏，或者人工呼吸进行 1 分钟后还是没有触及脉搏，则需进行胸外心脏按压。

（7）胸外心脏按压。

胸外心脏按压施救者先要找到按压的部位，沿着最下缘的两侧肋骨从下往身体中间摸到交接点的剑突，以剑突为点向上在胸骨上定出两横指的位置，也就是胸骨的中下 1/3 交界线处，这里就是实施点。施救者以一手叠放于另一手手背，十指交叉，将掌根部置于实施点，依靠上半身的力量垂直向下压，胸骨的下陷距离为 4 ~ 5 厘米，双手臂必须伸直，不能弯曲，压下后迅速抬起，频率控制在每分钟 80 ~ 100 次。

（8）注意事项。

必须控制力道，不可太过用劲，因为力道太大容易引起肋骨骨折，从而造成肋骨刺破心肺肝脾等重要脏器。若患者是老年人时，因其骨质更脆，更要加倍注意。

单人施救时，每做 15 次胸外心脏按压，做 2 次人工呼吸；双人施救，则每做 1 次人工呼吸，就做 5 次胸外心脏按压。

（9）停止心肺复苏的指证。

在施救的同时也要时刻观察患者的生命体征，触摸患者的手足若温度有所回升，则进一步触摸颈动脉，发现有搏动即可停止心肺复苏，尽快把患者送往医院做进一步的治疗。

【学生文本任务单】

1. 请各位同学根据课内所学知识，在同学身上取穴(人中穴、合谷穴、内关穴)，并拍照留存。

2. 请各小组同学互相配合，利用假人拍摄人工呼吸与心肺复苏急救过程。

【考核评价】

表 5-1-29　学生自评表

评价项目：		班级：		姓名：	
小组名称：		小组组长：			
小组成员：					
本课学习难度	非常容易	比较容易	可以接受	比较难	非常难
本课学习兴趣	很有兴趣	比较有兴趣	一般	不大有兴趣	完全没兴趣
团队合作情况	非常愉快	比较愉快	可以接受	比较困难	非常困难
学习内容掌握程度（10 分）	评价标准			评分标准	评分
	掌握游客晕车的预防与处理措施			1	
	掌握游客中暑的预防与处理措施			2	
	掌握游客心脏骤停的处理措施			1	
	模拟游客晕车的处理			2	
	模拟游客中暑的处理			2	
	模拟游客心脏骤停的处理			2	
总分					
学习反思					

表 5-1-30　小组互评表

评价项目：		班级：	
小组名称：		小组组长：	
小组成员：			
项目	指标	评分标准	评分
情景模拟剧脚本（4 分）	角色分配恰当	1	
	内容完整	1	
	处理事宜规范	2	
情景模拟剧（6 分）	正确、恰当地处理事宜	2	
	语言表达清晰、准确、流畅	1	
	沟通方式恰当、得体，有礼貌	2	
	团队协作能力	1	
总分			

表 5-1-31　教师评价表

评价项目：		班级：	姓名：
小组名称：		小组组长：	
小组成员：			
考评内容	评分指标	评分标准	得分
落实接待事宜内容（3 分）	掌握游客晕车、中暑、心脏骤停的处理措施	2	
	能清晰划分情景剧角色	1	
团队模拟表达能力（7 分）	完整呈现处理事宜情景	1	
	规范操作处理程序	1	
	遵循游客晕车、中暑、心脏骤停的处理措施	2	
	语言表达与沟通能力	1	
	表演能力与代入感	1	
	团队协作能力	1	
总分			

项目二　旅游安全事故的处理

项目介绍

当今社会，旅游活动日渐成为人们日常生活的重要组成部分。旅游活动过程中旅游安全事故时有发生，这类事故会给游客生命造成不同程度的伤害，也会对游客的财产安全造成损失，必须引起高度重视。该模块简明扼要、生动形象地介绍了游客在旅游活动中如何预防发生旅游安全事故，以及遭遇各类旅游安全事故时的应急处置方法，以期尽量避免此类事故的发生，或在遇到旅游安全事故时能将其损害程度降到最低。

学习目标

1. 知识目标：

（1）掌握交通事故的预防措施与处理程序；

（2）掌握治安事故的预防措施与处理程序；

（3）掌握火灾事故的预防措施与处理程序；

（4）掌握食物中毒的预防措施与处理程序。

2. 能力目标：

（1）能够预防并正确处理交通事故；

（2）能够预防并正确处理治安事故；

（3）能够预防并正确处理火灾事故；

（4）能够预防并正确处理食物中毒。

3. 素质目标：

（1）增强导游的应变能力及应变技巧；

（2）提高学生的职业道德和心理素质；

（3）培养导游关心照顾游客的意识。

工作情景描述

2022 年 3 月 4 日，导游小张按照旅游接待计划带领“梦之旅”旅游团一行 12 人于当天 22:00 入住万达 WH 大酒店。23：26，旅游团入住的 6 楼布草间发生不明原因的起火，烟雾开始在楼层弥漫时，地陪导游小张最先发现了火情，请问该如何正确处理这种情况？

工作任务一　旅游交通事故

【任务要求】

1. 了解旅游过程中交通事故的预防；
2. 掌握旅游过程中交通事故的处理措施；
3. 能够正确处理旅游过程中出现的交通事故。

【实施条件】

模拟导游实训室或多媒体教室。

【实施过程】

表 5-2-1　实施过程

实训步骤	操作及说明	注意事项
步骤一	1. 课前教师指导学生准备好导游证、导游旗、麦克风等； 2. 教师指导学生梳理旅游交通事故的预防与处理措施； 3. 教师分配实训任务，小组进行角色扮演，分别扮演游客、导游； 4. 学生利用书籍、互联网等搜集查阅旅游过程中交通事故的情景	1. 处理旅游交通事故过程中，要求学生注意语言、语气、表情等的综合运用； 2. 教师应鼓励小组成员之间加强协作
步骤二	学生情景模拟“旅游交通事故的预防与处理”： 1. 小组之间两两合作，第一组设定的情景由第二组处理，第二组设定的情景由第一组处理，以此类推； 2. 各小组扮演角色处理情景中出现的问题； 3. 各小组情景模拟结束后总结预防措施	
步骤三	模拟过程中完成学生自评、小组互评、教师点评，对模拟过程中存在的问题在模拟结束后进行反思、总结	

【知识链接】

一、旅游安全事故等级划分

表 5-2-2　旅游安全事故等级划分

事件类型	造成或可能造成人员伤亡	滞留超过 24 小时以上的人数	对当地生产生活造成的影响程度	境内外产生的影响程度	对游客人身、财产安全造成的威胁程度
特别重大旅游突发事件	死亡（含失踪）30（含）人以上；重伤 100（含）人以上	500（含）人以上	严重	重大	重大
重大旅游突发事件	死亡（含失踪）10（含）人～30（含）人；重伤 50（含）人～100 人（含）	200（含）人以上	较严重	重大	重大

续表

事件类型	造成或可能造成人员伤亡	滞留超过24小时以上的人数	对当地生产生活造成的影响程度	境内外产生的影响程度	对游客人身、财产安全造成的威胁程度
较大旅游突发事件	死亡(含失踪)3(含)人～10(含)人；重伤10(含)人～50人(含)	200(含)人以下	较大	较大	较大
一般旅游突发事件	死亡(含失踪)3(含)人以下；重伤10(含)人以下	50(含)以下	一定	一定	一定

二、交通事故的预防和处理

（一）交通事故的预防措施

1. 司机开车时，不与其聊天；
2. 安排游览日程时，在时间上留有余地；
3. 不催促司机开快车；
4. 如遇天气不好、交通堵塞、路况不好等，提醒司机谨慎驾驶；
5. 如天气恶劣，可对日程安排做适当灵活调整；
6. 如遇道路不安全情况，可改变行程，必须把安全放在第一位；
7. 阻止非本车司机开车；
8. 提醒司机经常检查车辆。

（二）交通事故的处理措施

1. 立即组织抢救。

导游若力所能及应立即组织现场人员积极开展自救，尽早拨打急救电话(医疗急救中心电话：120)或拦车将伤员送往医院，同时应全力抢救受伤的游客，对重伤游客积极采取止血、包扎、夹板固定等急救处置，为受伤游客的救治积极争取时间。

2. 立即报案，保护好现场。

导游在组织人员展开自救的过程中要有意识地保护好现场，尽早尽快拨打报警电话(交通事故报警电话：122)，以便能明确事故责任；同时要及时组织游客离开事故车辆，避免次生事故的发生。

3. 迅速向旅行社报告。

地陪导游应迅速向旅行社报告，说明事故发生的原因和游客伤亡情况，在旅行社领导的指导下积极开展工作，也可以请旅行社派出工作人员或车辆给予支援和帮助。

（三）交通事故的善后处理

1. 做好安抚工作。

交通事故处理后，导游和旅行社领导应对全体团员做好安抚工作，以免事故对他们造成更大的心理伤害，积极争取健康的游客按照原计划继续进行参观游览活动。事后，还应由旅行社领导出面为全体游客说明事故发生的原因和处理结果。

2. 办理善后事宜。

事故后还应请医院出具诊断证明书、医疗证明书，由公安局出具交通事故证明书，以便向保险公司索赔。

3. 写出书面报告。

交通事故处理完成后，导游应写出事故报告，具体包括：事故发生的原因、处理经过、人员伤亡情况与诊断结果、事故责任的认定、处理结果、游客反映等。

【学生文本任务单】

请每位同学梳理旅游交通事故的处理流程，绘制旅游交通事故的处理流程图。

【考核评价】

表 5-2-3　学生自评表

<table>
<tr><td colspan="2">评价项目：</td><td>班级：</td><td colspan="3">姓名：</td></tr>
<tr><td colspan="2">小组名称：</td><td colspan="4">小组组长：</td></tr>
<tr><td colspan="6">小组成员：</td></tr>
<tr><td rowspan="2">本课学习难度</td><td>非常容易</td><td>比较容易</td><td>可以接受</td><td>比较难</td><td>非常难</td></tr>
<tr><td></td><td></td><td></td><td></td><td></td></tr>
<tr><td rowspan="2">本课学习兴趣</td><td>很有兴趣</td><td>比较有兴趣</td><td>一般</td><td>不大有兴趣</td><td>完全没兴趣</td></tr>
<tr><td></td><td></td><td></td><td></td><td></td></tr>
<tr><td rowspan="2">团队合作情况</td><td>非常愉快</td><td>比较愉快</td><td>可以接受</td><td>比较困难</td><td>非常困难</td></tr>
<tr><td></td><td></td><td></td><td></td><td></td></tr>
<tr><td rowspan="6">学习内容掌握程度（10 分）</td><td colspan="3">评价标准</td><td>评分标准</td><td>评分</td></tr>
<tr><td colspan="3">掌握旅游安全事故等级划分</td><td>2</td><td></td></tr>
<tr><td colspan="3">掌握旅游交通事故的预防措施</td><td>2</td><td></td></tr>
<tr><td colspan="3">掌握旅游交通事故的处理措施</td><td>2</td><td></td></tr>
<tr><td colspan="3">模拟旅游交通事故的处理</td><td>2</td><td></td></tr>
<tr><td colspan="3">模拟旅游交通事故的善后处理</td><td>2</td><td></td></tr>
<tr><td colspan="4">总分</td><td colspan="2"></td></tr>
<tr><td>学习反思</td><td colspan="5"></td></tr>
</table>

表 5-2-4　小组互评表

<table>
<tr><td colspan="2">评价项目：</td><td colspan="2">班级：</td></tr>
<tr><td colspan="2">小组名称：</td><td colspan="2">小组组长：</td></tr>
<tr><td colspan="4">小组成员：</td></tr>
<tr><td>项目</td><td>指标</td><td>评分标准</td><td>评分</td></tr>
<tr><td rowspan="3">情景模拟剧脚本（4 分）</td><td>角色分配恰当</td><td>1</td><td></td></tr>
<tr><td>内容完整</td><td>1</td><td></td></tr>
<tr><td>处理事故规范</td><td>2</td><td></td></tr>
<tr><td rowspan="4">情景模拟剧（6 分）</td><td>正确、恰当地处理交通事故</td><td>2</td><td></td></tr>
<tr><td>语言表达清晰、准确、流畅</td><td>1</td><td></td></tr>
<tr><td>沟通方式恰当、得体，有礼貌</td><td>2</td><td></td></tr>
<tr><td>团队协作能力</td><td>1</td><td></td></tr>
<tr><td colspan="2">总分</td><td colspan="2"></td></tr>
</table>

表 5-2-5　教师评价表

<table>
<tr><td colspan="2">评价项目：</td><td>班级：</td><td>姓名：</td></tr>
<tr><td colspan="2">小组名称：</td><td colspan="2">小组组长：</td></tr>
<tr><td colspan="4">小组成员：</td></tr>
<tr><td>考评内容</td><td>评分指标</td><td>评分标准</td><td>得分</td></tr>
<tr><td rowspan="3">落实接待事宜内容（3 分）</td><td>掌握旅游交通事故的预防与处理措施</td><td>1</td><td></td></tr>
<tr><td>能清晰划分情景剧角色</td><td>1</td><td></td></tr>
<tr><td>流程图完整、规范、符合逻辑</td><td>1</td><td></td></tr>
<tr><td rowspan="6">团队模拟表达能力（7 分）</td><td>完整呈现旅游交通事故处理情景</td><td>1</td><td></td></tr>
<tr><td>规范操作处理程序</td><td>1</td><td></td></tr>
<tr><td>遵循落实处理旅游交通事故的措施</td><td>2</td><td></td></tr>
<tr><td>语言表达与沟通能力</td><td>1</td><td></td></tr>
<tr><td>表演能力与代入感</td><td>1</td><td></td></tr>
<tr><td>团队协作能力</td><td>1</td><td></td></tr>
<tr><td colspan="2">总分</td><td colspan="2"></td></tr>
</table>

工作任务二　治安事故

【任务要求】

1. 能够采取一定措施防止治安事故的发生；
2. 能够正确处理治安事故。

【实施条件】

模拟导游实训室或多媒体教室。

【实施过程】

表 5-2-6　实施过程

实训步骤	操作及说明	注意事项
步骤一	1. 课前教师指导学生准备好导游证、导游旗、麦克风等； 2. 教师指导学生梳理治安事故的预防与处理措施； 3. 教师分配实训任务，小组进行角色扮演，分别扮演游客、导游等； 4. 学生利用书籍、互联网等搜集查阅旅游过程中交通事故的情景	1. 处理旅游治安事故过程中，要求学生注意语言、语气、表情等的综合运用； 2. 教师应鼓励小组成员之间加强协作
步骤二	学生情景模拟“旅游治安事故的预防与处理”： 1. 小组之间两两合作，第一组设定的情景由第二组处理，第二组设定的情景由第一组处理，以此类推； 2. 小组扮演角色处理情景中出现的问题； 3. 各小组情景模拟结束后总结预防措施	
步骤三	模拟过程中完成学生自评、小组互评、教师点评，对模拟过程中存在的问题在模拟结束后进行反思、总结	

【知识链接】

治安事故是指在旅游活动中，遇到不法分子行凶、诈骗、偷窃、抢劫等，导致游客身心及财产受到损害的事故。导游在工作中要时刻提高警惕，采取有效措施，尽量防止治安事故的发生。如果发生治安事故，导游一般应该按照如下程序进行处理：

一、全力保护游客

1. 临危不惧，挺身而出，勇敢保护游客，将游客转移到安全地点；
2. 力争与在场群众或者其他人员一道缉拿罪犯，追回钱物；
3. 但不能鲁莽行事，要以游客和自身的生命安全为重；
4. 有游客受伤，应立即组织抢救，并拨打 120 送伤者去医院。

二、立即报案

1. 立即向当地公安部门报案，介绍事故发生的时间、地点、案情和经过，作案人特征，受害者的姓名、性别、国籍、伤势以及损失物品的名称、数量、型号、价值等。

2. 如果罪犯已逃脱，导游要积极协助公安部门破案。

三、报告领导

及时向旅行社领导报告情况并请求指示，情况严重时请领导赶到现场指挥、处理。

四、稳定游客

稳定游客情绪，尽力使旅游活动继续进行下去。

五、写出报告

1. 介绍事故发生的时间、地点、案情和经过，作案人特征，受害者的姓名、性别、国籍、伤势以及损失物品的名称、数量、型号、价值等。

2. 写明案件的性质、采取的应急措施、侦破情况、受害者和旅游团其他成员的情绪以及有何意见、要求等。

六、处理善后事宜

导游应该在有关领导的指挥下，准备好必要的证明、资料，处理好受害者的补偿、索赔等各项善后事宜。

【学生文本任务单】

1. 如果你是导游，为了防止旅游治安事故的发生，你会怎样提醒游客?

例如：(在住宿酒店)“请大家把贵重物品存酒店前台代为保管”“住宿期间，请不要给陌生人随意开门”……

____

____

____

____

____

____

____

其他场景：

2. 情景模拟：

时间：2022 年 6 月 30 日

地点：嘉峪关文物景区商业一条街

人物：地陪小张、全陪小刘、游客孙先生、旅游纪念品商店店主、旅行社周总

事件：孙先生在购物时因为讨价还价与店主发生争执，结果被店主打得头破血流。

角色扮演：

（旅游纪念品商店门口围着的众人一片骚动，地陪小张和全陪小刘闻讯赶来）

小张：

店主：我没见过这样的客人，打的就是他这样的！

小刘：

孙先生：不要拦着我，我今天非要和他拼个你死我活。

小张：

小张向旅行社周总报告：

周总：

小张：

工作任务三　火灾事故

【任务要求】

1. 能够采取一定措施预防火灾事故的发生；
2. 能够正确处理火灾事故。

【实施条件】

模拟导游实训室或多媒体教室。

【实施过程】

表 5-2-7　实施过程

实训步骤	操作及说明	注意事项
步骤一	1. 课前教师指导学生准备好导游证、导游旗、麦克风等； 2. 教师指导学生梳理火灾事故的预防与处理措施； 3. 教师分配实训任务，小组进行角色扮演，分别扮演游客、导游等； 4. 学生利用书籍、互联网等搜集查阅旅游过程中火灾事故的情景	1. 处理火灾事故过程中，要求学生注意语言、语气、表情等的综合运用； 2. 教师应鼓励小组成员之间加强协作
步骤二	1. 教师示范讲解不同种类灭火器的使用方法； 2. 学生实操使用不同种类的灭火器	
步骤三	学生情景模拟“火灾事故的预防与处理”： 1. 小组之间两两合作，第一组设定的情景由第二组处理，第二组设定的情景由第一组处理，以此类推； 2. 各小组扮演角色处理情景中出现的问题； 3. 各小组情景模拟结束后总结预防措施	
步骤四	模拟过程中完成学生自评、小组互评、教师点评，对模拟过程中存在的问题在模拟结束后进行反思、总结	

【知识链接】

一、火灾的预防

1. 提醒游客不要携带易燃易爆物品；
2. 提醒游客不要在酒店床上吸烟；
3. 提醒游客吸完的烟头一定要熄灭，不要随处乱丢；
4. 在客房内不要使用功率过大的电器，以免短路后引发火灾；
5. 要认真阅读客房内的消防疏散线路图，熟悉酒店安全出口；
6. 不要在林区等游览点野炊等。

二、火灾的处理措施

（一）观察火情，灵活处理

1. 导游应及时查看火势大小、着火点位置、燃烧物质、能否进行扑救。

2. 导游应立即判断是否需要组织团队游客撤离。

（二）谨慎判断，及时处理

1. 导游如果发现火势很小，自己可以解决，应及时灭火，以免造成更大的灾害。

2. 如果火势很大，导游判断自己无法解决，应首先拨打 119 火警电话。拨打时说清火灾的具体地点、起因、火势大小、报警人姓名和联系方式。

（三）确有条件，及时撤离

1. 导游拨打报警电话的同时，如果有撤离条件，应通知领队、全陪、工作人员与自己一起立刻组织团队游客有序疏散。

2. 组织全体游客用湿毛巾捂住口鼻，将床单被套打湿披在身上，压低身体顺着安全出口往下走，提醒游客不可搭乘电梯逃生。

3. 下楼过程中要求游客听从指挥有序下楼，避免发生踩踏事故。

4. 注意安全出口的门把手是否发烫，如果发烫不要贸然打开，直到到达安全地点。

（四）没有条件，无法撤离

1. 如果没有撤离条件，导游应通过电话通知被困的团队游客关闭所有门窗。

2. 去掉门窗位置的易燃物，用湿床单、衣服或被套打湿堵住门缝、窗缝，或用牙膏堵住门缝，给门板泼水降温。

3. 在房间安全一侧用色彩鲜艳的衣物为信号，寻求救援。

（五）积极善后，安抚情绪

1. 游客得救后，导游应立即组织抢救受伤者；有重伤者迅速送往医院，并安抚其他游客的情绪；若有人员死亡，应该按有关规定处理。

2. 立即通知旅行社和有关人员。

3. 事后应派专人进入房间进行检查，以防因疏漏而造成损失。

4. 解决游客生活上的困难，设法使旅游活动继续进行。

5. 火灾过后，导游写出详细的书面报告。

三、灭火器的分类

（一）灭火器按充装的灭火剂可分为 5 类

1. 干粉类的灭火器：充装的灭火剂主要有两种，即碳酸氢钠和磷酸铵盐灭火剂。

2. 二氧化碳灭火器。

3. 泡沫型灭火器。

4. 水型灭火器。

5.卤代烷型灭火器(俗称“1211”灭火器和“1301”灭火器)。

（二）灭火器按驱动灭火器的压力型式可分为 3 类

1. 贮气式灭火器：灭火剂由灭火器上的贮气瓶释放的压缩气体的或液化气体的压力驱动的灭火器。

2. 贮气式灭火器：灭火剂由灭火器同一容器内的压缩气体或灭火蒸气的压力驱动的灭火器。

3. 化学反应式灭火器：灭火剂由灭火器内化学反应产生的气体压力驱动的灭火器。

四、灭火器的使用方法

常见灭火器的使用方法基本相同，具体操作应遵照灭火器上粘贴的说明书进行。

1. 拔去保险销；

2. 手握灭火器橡胶喷嘴，对向火焰根部；

3. 将灭火器上部手柄压下，灭火剂喷出；

4. 灭火时，灭火器要保持直立，不宜水平或颠倒使用。

【学生文本任务单】

1. 如果你是导游，请判断以下火灾处理方法是否正确，若不正确请修正？

表 5-2-8　火灾处理方法

序号	火灾处理方法	得分
1	一般情况下，消防疏散图在前厅墙壁，入住登记的时候要详细查看	
	判断对错，并修正：	
2	入住时，导游不需要记住游客的房号，起火时在楼道大声喊都可以听到	
	判断对错，并修正：	
3	起火时要及时拨打 110 和 120	
	判断对错，并修正：	
4	火灾袭来时，导游要督促游客迅速逃生，并拿上贵重物品	
	判断对错，并修正：	
5	受到火势威胁时，为了快速到达楼下安全地带，可以乘坐电梯	
	判断对错，并修正：	

续表

序号	火灾处理方法	得分
6	穿过浓烟逃生时，要尽快跑，并用手捂住口鼻	
	判断对错，并修正：	
7	逃生路线被大火封锁，要立即返回室内，想办法从窗户跳楼逃生	
	判断对错，并修正：	
8	身上着火，一定要快速跑到空旷处，再脱衣服	
	判断对错，并修正：	
9	无论什么原因导致的火灾，都可以使用干粉灭火器	
	判断对错，并修正：	
10	火灾发生后，后续的旅游活动就中止了	
	判断对错，并修正：	
合计(每题1分，满分10分)		

班级： 姓名：

2. 请手绘常用灭火器的使用方法?

常用灭火器使用方法手绘图解
得分：
评价方式：生生互评(盲抽、满分10分) 注意：灭火器关键部位手绘准确、灭火流程准确

工作任务四　食物中毒

【任务要求】

1. 能够采取一定措施预防食物中毒事件的发生；
2. 能够进行游客食物中毒后的救治和处理。

【实施条件】

模拟导游实训室或多媒体教室。

【实施过程】

表 5-2-9　实施过程

<table>
<tr><th>实训步骤</th><th>操作及说明</th><th>注意事项</th></tr>
<tr><td>步骤一</td><td>1. 课前教师指导学生准备好导游证、导游旗、麦克风等；
2. 教师指导学生梳理食物中毒的预防与处理措施；
3. 教师分配实训任务，小组进行角色扮演，分别扮演游客、导游等；
4. 学生利用书籍、互联网等搜集查阅旅游过程中火灾事故的情景</td><td rowspan="3">1. 处理食物中毒过程中，要求学生注意语言、语气、表情等的综合运用；
2. 教师应鼓励小组成员之间加强协作</td></tr>
<tr><td>步骤二</td><td>学生情景模拟“食物中毒的预防与处理”：
1. 小组之间两两合作，第一组设定的情景由第二组处理，第二组设定的情景由第一组处理，以此类推；
2. 小组扮演角色处理情景中出现的问题；
3. 各小组情景模拟结束后总结预防措施</td></tr>
<tr><td>步骤三</td><td>模拟过程中完成学生自评、小组互评、教师点评，对模拟过程中存在的问题在模拟结束后进行反思、总结</td></tr>
</table>

【知识链接】

一、食物中毒的预防

1. 了解游客的饮食禁忌。导游应该知晓个别游客因体质或者疾病对某些食物的过敏情况。

2. 选择干净卫生的就餐场所。导游应该安排游客到旅行社协议酒店用餐，发现食物不洁、变质时应立即要求更换，要求餐厅负责人道歉，必要时向旅行社领导汇报。

3. 提醒游客不从小摊购买食物。

4. 提醒游客在户外不要随意采食野果。

二、食物中毒的救治

（一）食物中毒的症状

食物中毒时，一般在进餐 1 ~ 6 小时内就会发病，游客会出现一些明显的症状，如上吐下泻、腹痛、恶心、畏寒、发烧，甚至脱水、休克等。

（二）食物中毒的处理

1. 先观察。观察周围情况，判断游客食物中毒的原因是什么，观察游客是否有上吐下泻、腹痛、恶心的情况。

2. 必要时及时送医。如果情况严重可以用旅游车送往就近的医院或立即拨打 120。急救车到来之前，采取自救措施：

（1）停止进食。立即让游客停止食用可疑食物。

（2）催吐。食用不久而无明显呕吐者，可饮用 5000 ~ 8000 毫升的温水，饮用后扣喉催吐。要尽量多催吐几次，使胃肠道内的呕吐物排出时尽量呈无色无味澄清状，以减少毒素的吸收。呕吐物中发现血性液体，可能出现了消化道或咽部出血，应暂停催吐。

（3）导泻。进食超过 2 小时，但精神状态较好，可以服用泻药，使受污染的食物尽快排出体外。泻药的种类和用量要根据游客的年龄由医生指导服用。

（4）取证。导游要记得保留食物样本，提供给医院进行检测。如果没有食物样本，也可保留患者的呕吐物和排泄物，以方便医生确诊和救治。请医生开具“诊断证明”。

（5）追责。导游应迅速向旅行社领导汇报，并将“诊断证明”复印备案。根据已经掌握的情况，联系相关负责人追究相关责任。旅行社指派工作人员调查相关供餐单位或个人责任，并将事故处理结果记录备案。

【学生文本任务单】

情景模拟：

导游小李于 2022 年 7 月 20 日接到南方某旅游团赴甘肃 7 日游，第一站兰州。当天，小李带领游客入住，并于车内介绍兰州各类美食，游客兴趣陡增。当晚，游客结伴出游品尝路边小摊。午夜，小李被一阵急促的电话声吵醒，酒店前台打来电话，告诉小李几个游客突然感觉腹痛，有的伴有上吐下泻症状。小李马上起床查看，通过询问得知这几名游客傍晚都食用了某路边摊上的特色小吃，小李分析可能是路边摊食物不卫生而导致的食物中毒。小李马上打电话给旅行社领导请示，在领导的安排和指示下，将游客送往医院。由于送医及时，没有产生更严重的后果。小李责怪游客乱吃东西而导致食物中毒。游客在已经元气大伤的情况下被小李抱怨，纷纷取消了后面的行程，导致旅行社经济受损。请问导游应该如何正确处理游客食物中毒？案例中，小李的做法有不妥的地方吗？如果你是小李，你会怎么做？

【考核评价】

表 5-2-10　学生自评表

评价项目：		班级：		姓名：	
小组名称：		小组组长：			
小组成员：					
本课学习难度	非常容易	比较容易	可以接受	比较难	非常难
本课学习兴趣	很有兴趣	比较有兴趣	一般	不大有兴趣	完全没兴趣
团队合作情况	非常愉快	比较愉快	可以接受	比较困难	非常困难
学习内容掌握程度（10分）	评价标准			评分标准	评分
	掌握旅游治安事故的预防措施			1	
	掌握旅游治安事故的处理措施			2	
	掌握旅游火灾事故的预防措施			1	
	掌握旅游火灾事故的处理措施			3	
	掌握食物中毒的预防措施			1	
	掌握食物中毒的处理措施			2	
总分					
学习反思					

表 5-2-11　小组互评表

评价项目：		班级：	
小组名称：		小组组长：	
小组成员：			
项目	指标	评分标准	评分
情景模拟剧脚本（4分）	角色分配恰当	1	
	内容完整	1	
	处理事故规范	2	
情景模拟剧（6分）	正确、恰当地处理事故	2	
	语言表达清晰、准确、流畅	1	
	沟通方式恰当、得体，有礼貌	2	
	团队协作能力	1	
总分			

表 5-2-12　教师评价表

评价项目：		班级：	姓名：
小组名称：		小组组长：	
小组成员：			
考评内容	评分指标	评分标准	得分
落实接待事宜内容（4 分）	掌握各类事故的预防与处理措施	3	
	能清晰划分情景剧角色	1	
团队模拟表达能力（6 分）	完整呈现事故处理情景	1	
	遵循落实处理事故的措施与规程	3	
	语言表达与沟通能力，表演能力与代入感	1	
	团队协作能力	1	
总分			

模块六 送团服务

项目一 离站服务

项目介绍

近因效应，是指在多种刺激出现的时候，印象的形成主要取决于后来出现的刺激，即交往过程中，我们对他人最新的认识占了主体地位，掩盖了以往形成的对他人的评价，人际交往中最后的印象往往是最强烈的。因此，导游工作必须善始善终，以保证导游接待服务圆满完成。否则，很容易使游客对整个旅游行程产生不良评价。本阶段，导游应尽力保证游客顺利、安全离开本地，妥善处理游客的各种遗留问题。

学习目标

1. 知识目标：

（1）掌握送团服务的具体工作流程；

（2）掌握欢送词的写作方法；

（3）掌握善后工作的处理方法。

2. 能力目标：

（1）能妥善做好送团准备工作；

（2）能规范讲解欢送词；

（3）能正确处理各项遗留工作。

3. 素质目标：

（1）培养学生工作责任意识、团队精神和集体意识；

（2）培养学生分析问题、解决问题的能力；

（3）培养学生良好的职业素养和职业道德。

工作情景描述

从日本东京来中国丝绸之路旅游的“梦之旅”旅游团一行 12 人，于 3 月 2 日晚抵达兰州，在兰州游览 3 天后，将在 3 月 4 日 19：42 搭乘航班 MU9997 离开兰州赴敦煌。你作为甘肃 SC 国际旅行社的地陪导游，请做好送团工作。

工作任务一　送团前的工作

【任务要求】

1. 掌握送团前的工作流程；
2. 能够妥善做好送行前工作。

【实施条件】

模拟导游实训室或多媒体教室。

【实施过程】

表 6-1-1　实施过程

实训步骤	操作及说明	注意事项
步骤一	1. 教师带领学生回顾送行前工作流程； 2. 教师分配工作任务，学生小组内选定成员扮演游客、行李员、饭店前厅接待员等角色； 3. 受测学生分别扮演地陪、全陪、领队，接受接待计划书	1. 剧情所需游客由教师在课前指定学生扮演，并根据需要设定不同个性化服务要求的游客； 2. 教师应提前设定剧情，并分小组安排模拟演练内容及相关道具
步骤二	学生情景模拟演练“送行前的工作”： 1. 核实交通票据； 2. 商定出行李的时间； 3. 商定叫早、早餐、集合及出发时间； 4. 提醒结账； 5. 及时归还证件； 6. 集中交运行李； 7. 办理退房手续； 8. 集合登车	
步骤三	模拟过程中完成学生自评、小组互评、教师点评，对模拟过程中存在的问题在模拟结束后进行反思、总结	

【知识链接】

送行前的工作流程具体如下：

一、核实交通票据

（一）核实交通票据

1. 基本信息：

团体机票，核对内容包括团名、代号、人数、全陪的姓名；

非团体机票，核对每一位游客的姓名是否与有效证件吻合。

2. 班次信息：

核对团队去向、出发交通港、班次。

3. 时间信息：

核对始发时间、到达时间、起飞时间(时间四核实：计划时间、时刻表时间、票面时间、问询时间)。

（二）移交给全陪

将游客移交给全陪，并做好交接。

特别提示：如交通工具班次有变更，应问清旅行社计调是否已通知下一站，以免漏接。

二、商定出行李的时间

1. 了解旅行社行李员与饭店行李员交接行李的时间。
2. 地陪与饭店礼宾部商定地陪、全陪、领队与饭店行李员四方交接行李的时间。
3. 地陪与领队、全陪商定游客出行李的时间。
4. 通知游客，讲清行李托运的具体规定和注意事项。

三、商定集合出发时间

1. 地陪先与司机商定。
2. 地陪与领队、全陪商议。
3. 地陪应通知游客。

四、商定叫早、早餐时间

1. 地陪与领队、全陪商议。
2. 地陪通知饭店和游客。

特别提示：旅游团若乘早班交通工具离开，需要改变用餐安排，地陪要提前做好安排工作。

五、提醒结账

1. 地陪应及时提醒游客与饭店结清与其有关的费用，主要包括：长途电话费及房间酒水饮料费等。
2. 若游客损坏了客房设备，地陪应协助饭店妥善处理赔偿事宜。
3. 地陪应及时通知饭店总台团队离店时间，提醒其及时与游客结清账目。

六、及时归还证件

地陪应检查自身物品，若保留有游客的证件、票据应立即归还，当面点清。

七、集中交运行李

1. 地陪与领队、全陪和饭店行李员共同确认托运行李的件数，检查行李箱(是否上锁、是否牢固、是否破损)。

2. 行李交给饭店行李员，填写行李交运卡。

八、办理退房手续

1. 地陪将游客的房卡交饭店总台，并及时办理退房手续。
2. 退房时，核对用房数，无误后按规定结账签字。

九、集合登车

1. 引领游客登车。
2. 协助放好随身行李。
3. 仔细清点实到人数。
4. 提醒游客清点随身携带物品。
5. 提示司机开车。

【学生文本任务单】

请各小组完成“送行前工作”情景模拟剧的脚本。

送行前工作情景模拟剧脚本

☐：____

☐：____

☐：____

☐：____

☐：____

☐：____

☐：____

☐：____

☐：____

☐：____

☐：____

☐：____

☐：____

□：____

□：____

□：____

□：____

□：____

□：____

□：____

□：____

□：____

□：____

□：____

□：____

【考核评价】

表 6-1-2　学生自评表

评价项目：		班级：		姓名：	
小组名称：		小组组长：			
小组成员：					
本课学习难度	非常容易	比较容易	可以接受	比较难	非常难
本课学习兴趣	很有兴趣	比较有兴趣	一般	不大有兴趣	完全没兴趣
团队合作情况	非常愉快	比较愉快	可以接受	比较困难	非常困难
学习内容掌握程度（10 分）	评价标准			评分标准	评分
	明确准备工作流程			3	
	掌握商定时间的工作程序			2	
	能够解决实际问题			5	
总分					
学习反思					

表 6-1-3　小组互评表

<table>
<tr><td colspan="2">评价项目：</td><td colspan="2">班级：</td></tr>
<tr><td colspan="2">小组名称：</td><td colspan="2">小组组长：</td></tr>
<tr><td colspan="4">小组成员：</td></tr>
<tr><td>项目</td><td>指标</td><td>评分标准</td><td>评分</td></tr>
<tr><td rowspan="3">学生文本任务单
（4 分）</td><td>内容正确、完整、规范</td><td>1</td><td></td></tr>
<tr><td>流程清晰、正确</td><td>1</td><td></td></tr>
<tr><td>能准确把握处理原则</td><td>2</td><td></td></tr>
<tr><td rowspan="4">情景模拟剧
（6 分）</td><td>情景模拟正确、恰当</td><td>2</td><td></td></tr>
<tr><td>语言表达清晰、准确、流畅</td><td>1</td><td></td></tr>
<tr><td>沟通方式恰当、得体，有礼貌</td><td>2</td><td></td></tr>
<tr><td>团队协作能力</td><td>1</td><td></td></tr>
<tr><td colspan="2">总分</td><td colspan="2"></td></tr>
</table>

表 6-1-4　教师评价表

<table>
<tr><td colspan="2">评价项目：</td><td colspan="2">班级：</td><td>姓名：</td></tr>
<tr><td colspan="2">小组名称：</td><td colspan="3">小组组长：</td></tr>
<tr><td colspan="5">小组成员：</td></tr>
<tr><td>考评内容</td><td colspan="2">评分指标</td><td>评分标准</td><td>得分</td></tr>
<tr><td rowspan="3">模拟实
操能力
（6 分）</td><td colspan="2">情景模拟剧文本完成完整、规范</td><td>2</td><td></td></tr>
<tr><td colspan="2">能正确、规范操作送团前的业务安排</td><td>2</td><td></td></tr>
<tr><td colspan="2">能正确、规范商定出发前的各项时间</td><td>2</td><td></td></tr>
<tr><td rowspan="4">素质
能力
（4 分）</td><td colspan="2">遵循送团前服务工作的处理原则</td><td>1</td><td></td></tr>
<tr><td colspan="2">语言表达与沟通能力</td><td>1</td><td></td></tr>
<tr><td colspan="2">表演能力与代入感</td><td>1</td><td></td></tr>
<tr><td colspan="2">团队协作能力</td><td>1</td><td></td></tr>
<tr><td colspan="3">总分</td><td colspan="2"></td></tr>
</table>

工作任务二　送团服务与后续工作

【任务要求】

1. 掌握送团服务与后续工作流程；
2. 掌握欢送词的写作方法并能熟练讲解；
3. 能规范地模拟完成送团服务与后续工作。

【实施条件】

模拟导游实训室或多媒体教室。

【实施过程】

表 6-1-5　实施过程

实训步骤	操作及说明	注意事项
步骤一	1. 根据教师分配，各小组承担不同类型团队的送团任务； 2. 教师引导学生梳理欢送词的结构、送团服务流程； 3. 各小组完成欢送词与情景模拟的文本工作	1. 剧情所需游客由教师在课前指定学生扮演，并根据所学知识设定不同需求的游客； 2. 教师应提前设定剧情，并分小组安排模拟演练内容，准备相关道具
步骤二	小组进行“送团服务与后续工作”的情景模拟： 1. 学生致欢送词。 2. 地陪给游客分发“旅游服务质量评价意见表”。 3. 照顾游客下车。 4. 办理离站手续： (1) 交通票据交给全陪，请其清点核实； (2) 协助游客办行李托运等手续(国内)； (3) 地陪核实行李后，交给游客，由其自行托运行李，可协助游客办理退税手续(出境)； (4) 地陪向领队或游客介绍办理出境手续的程序； (5) 送游客进入安检区域，与他们热情告别，待旅游团进入隔离区后即可离开。 5.与司机结账。 6.后续工作： (1) 处理遗留问题； (2) 结账； (3) 接团小结； (4) 提交物品	
步骤三	模拟过程中完成学生自评、小组互评、教师点评，对模拟过程中存在的问题在模拟结束后进行反思、总结	

【知识链接】

一、欢送词结构

1. 回顾语；
2. 感谢语；
3. 征求意见语；
4. 惜别语；
5. 祝愿语。

欢送词

各位亲爱的游客朋友们，愉快的时光总让人感觉分外短暂，不知不觉中大家兰州的3天行程马上就要结束了。这3天里我们欣赏了陇原大地上留存的无数璀璨瑰丽的历史文化艺术珍品、有中国旅游标志铜奔马，中国邮政标志魏晋墓砖壁画“驿使图”，还有许许多多精美的彩陶器。这3天我们沿黄河百里风情线带大家在黄河母亲像、中山桥、白塔山、水车博览园等兰州网红打卡地打卡、拍照。我们带大家感受了惊险刺激的羊皮筏子，观赏了大型历史舞台剧《大梦敦煌》，品尝了兰州许多特色美食——牛肉面、肥肠面、牛奶鸡蛋醪糟、手抓羊肉、烤肉……这3天看到的是大家一张张开心的、满足的笑脸，听到的是大家欢快的歌声和笑声。这几天行程中，非常感谢大家对我们团队工作的支持、理解与配合，也非常感谢亿万人中我们能相逢，感谢大家在我的生命里留下了这么快乐的一段旅程，谢谢大家！

说话间兰州段旅程就要跟大家说再见了，不知在这3天的行程中小王有没有哪些地方做得不够好，需要改进的地方，也恳请各位游客朋友告诉我，帮助我提高、进步。谢谢大家！

快乐的日子总是短暂的，感觉大家才来不久就要离开了，真的非常不舍，但我想有缘千里再相见，我觉得我们肯定还会再见，希望下次我们能一起开启一段新的、愉快的旅程。接下来，大家在丝绸之路上还有十几天的行程，小王在这里祝大家旅途一顺百顺，事事顺，千好万好，人人好。愿大家旅途如意、愉快！

二、提前到达交通港，照顾游客下车

（一）提前到达交通港

1. 出境航班，提前3小时；
2. 国内航班，提前2小时；
3. 火车、轮船提前1小时。

特别提示：或按照航空公司规定的时间。

（二）照顾游客下车

1. 提醒游客带齐随身行李物品；
2. 照顾游客下车；

3. 检查车内有无遗留物品。

三、办理离站手续

1. 交通票据交给全陪，请其清点核实；
2. 协助游客办行李托运等手续(国内)；
3. 地陪核实行李后，交给游客，由其自行托运行李，可协助游客办理退税手续(出境)；
4. 地陪向领队或游客介绍办理出境手续的程序；
5. 送游客进入安检区域，与他们热情告别，在旅游团进入隔离区后即可离开。

四、与司机结账

送走旅游团后，地陪应根据旅行社的规定与司机办理结账手续，或在用车单据上签字，并保存好单据。

五、处理遗留问题

1. 按有关规定办理游客托办事宜；
2. 必要时请示领导后再办理。

六、结账

1. 填写财务结算表格；
2. 将单据、活动日程表、结算表格上交，并结清账目。

七、带团小结

地陪应根据带团时的实际情况完成导游日志，客观地汇报接团情况。

1. 因自身原因导致接团时出现问题的，地陪要认真反思与总结，不断提升业务能力。
2. 涉及履行辅助人的，地陪应客观反映情况，以便旅行社向其反映游客的意见或感谢。
3. 涉及游客意见较大或比较严重的问题时，地陪要整理书面材料，客观反映情况，以便旅行社与相关单位进行交涉。
4. 若发生突发事故，导游应写出事故报告，及时向旅行社和组团社汇报。

八、提交物品

团队工作全部结束，地陪应提交导游日志和旅游服务质量评价表，并及时归还所借物品。

【学生文本任务单】

请各小组根据教师设定的情景任务单，完成“送行服务与后续工作”情景模拟剧的脚本。

送行服务与后续工作情景模拟剧脚本

【考核评价】

表 6-1-6　学生自评表

<table>
<tr><td colspan="2">评价项目：</td><td colspan="2">班级：</td><td colspan="2">姓名：</td></tr>
<tr><td colspan="2">小组名称：</td><td colspan="4">小组组长：</td></tr>
<tr><td colspan="6">小组成员：</td></tr>
<tr><td rowspan="2">本课学习难度</td><td>非常容易</td><td>比较容易</td><td>可以接受</td><td>比较难</td><td>非常难</td></tr>
<tr><td></td><td></td><td></td><td></td><td></td></tr>
<tr><td rowspan="2">本课学习兴趣</td><td>很有兴趣</td><td>比较有兴趣</td><td>一般</td><td>不大有兴趣</td><td>完全没兴趣</td></tr>
<tr><td></td><td></td><td></td><td></td><td></td></tr>
<tr><td rowspan="2">团队合作情况</td><td>非常愉快</td><td>比较愉快</td><td>可以接受</td><td>比较困难</td><td>非常困难</td></tr>
<tr><td></td><td></td><td></td><td></td><td></td></tr>
<tr><td rowspan="5">学习内容掌握程度（10 分）</td><td colspan="3">评价标准</td><td>评分标准</td><td>评分</td></tr>
<tr><td colspan="3">明确送行服务与后续工作流程</td><td>2</td><td></td></tr>
<tr><td colspan="3">文本工作完成规范、完整</td><td>2</td><td></td></tr>
<tr><td colspan="3">掌握欢送词的结构</td><td>2</td><td></td></tr>
<tr><td colspan="3">能够规范完成情景模拟工作</td><td>4</td><td></td></tr>
<tr><td colspan="4">总分</td><td colspan="2"></td></tr>
<tr><td>学习反思</td><td colspan="5"></td></tr>
</table>

表 6-1-7　小组互评表

<table>
<tr><td colspan="2">评价项目：</td><td colspan="2">班级：</td></tr>
<tr><td colspan="2">小组名称：</td><td colspan="2">小组组长：</td></tr>
<tr><td colspan="4">小组成员：</td></tr>
<tr><td>项目</td><td>指标</td><td>评分标准</td><td>评分</td></tr>
<tr><td rowspan="3">学生文本任务单（4 分）</td><td>内容正确、完整、规范</td><td>1</td><td></td></tr>
<tr><td>流程清晰、正确</td><td>1</td><td></td></tr>
<tr><td>能准确把握处理原则</td><td>2</td><td></td></tr>
<tr><td rowspan="4">情景模拟剧（6 分）</td><td>情景模拟正确、恰当</td><td>2</td><td></td></tr>
<tr><td>语言表达清晰、准确、流畅</td><td>1</td><td></td></tr>
<tr><td>沟通方式恰当、得体，有礼貌</td><td>2</td><td></td></tr>
<tr><td>团队协作能力</td><td>1</td><td></td></tr>
<tr><td colspan="2">总体</td><td colspan="2"></td></tr>
</table>

表 6-1-8　教师评价表

评价项目：		班级：	姓名：
小组名称：		小组组长：	
小组成员：			
考评内容	评分指标	评分标准	得分
模拟实操能力（6 分）	情景模拟剧文本完成完整、规范	1	
	能正确、规范操作送团服务的业务安排	2	
	能正确、规范完成后续工作	2	
	欢送词内容完整	1	
素质能力（4 分）	遵循送团服务与后续工作的处理原则	1	
	语言表达与沟通能力	1	
	表演能力与代入感	1	
	团队协作能力	1	
总分			

附　录　相关法律法规

参考文献

[1] 王虹. 导游业务[M]. 合肥：安徽人民出版社，2010.

[2] 傅远柏，章平. 模拟导游[M]. 北京：清华大学出版社，2010.

[3] 赵年顺. 模拟导游实训教程[M]. 北京：科学出版社，2011.

[4] 曾艳，濮元生. 模拟导游实训教程[M]. 北京：中国轻工业出版社，2017.

[5] 高亚芳，吴昱群，许波. 甘肃导游教程[M]. 北京：旅游教育出版社，2018.

[6] 车秀英. 导游服务实务[M]. 大连：东北财经大学出版社，2019.

[7] 李菊香. 模拟导游实训教程[M]. 厦门：厦门大学出版社，2020.

[8] 岳冬菊. 导游创新创意实训教程[M].西安：西安交通大学出版社，2021.

[9] 史博娇，安群. 旅行社运营实务[M]. 北京：北京理工大学出版社，2021.

[10] 陈波，雷鸣. 模拟导游[M]. 北京：旅游教育出版社，2022.

[11] 全国导游资格考试统编教材专家编写组. 导游业务[M].北京：中国旅游出版社，2022.

[12] 全国导游资格考试统编教材专家编写组. 政策与法律法规[M]. 北京：中国旅游出版社，2022.

[13] 全国导游资格考试统编教材专家编写组. 导游基础知识[M]. 北京：中国旅游出版社，2022.